Louis Barron

La Garonne

Les
Fleuves
de
France

H. LAURENS
Éditeur. Paris.

LES FLEUVES DE FRANCE

LA GARONNE

DU MÊME AUTEUR

LA LOIRE. 1 volume, 134 dessins (collection des *Fleuves de France*).
LA SEINE. 1 volume, 175 dessins (— — —).
LES ENVIRONS DE PARIS. 1 volume grand in-8 illustré.

LES FLEUVES DE FRANCE

LA GARONNE

PAR

LOUIS BARRON

Ouvrage orné de 153 dessins par A. Chapon

L'Art. — L'Histoire. — La Vie.

PARIS

LIBRAIRIE RENOUARD

HENRI LAURENS, ÉDITEUR

6, RUE DE TOURNON, 6

LA GARONNE

LES PYRÉNÉES

CHAPITRE PREMIER

LES SOURCES

Bagnères-de-Luchon ! tout le monde descend !... Descendons. Nous ne sommes pas au but de notre voyage, mais au point terminus du chemin de fer. Impossible d'aller plus loin sans faire un détour et sans un guide : résignons-nous à voir la « perle des Pyrénées ».

Résignation facile à la douceur, à la caresse, au charme d'un paradis. La perle des Pyrénées, sous les feux d'août, brille de tout son éclat, dans son écrin de montagnes aux flancs bleuâtres, aux pôles d'argent. Il s'exhale de la vallée féconde, lentement échauffée, des vapeurs moites, embaumées, langoureuses et vivifiantes, aromes de sapins, de plantes balsamiques et d'eaux thermales, dont les poumons s'abreuvent avec délices. On éprouve bientôt leur puissance salutaire. Le sang, à leur contact, coule plus rapide dans les artères, les nerfs surexcités se calment, les fièvres du cerveau s'apaisent, l'être entier se rajeunit, se sent capable d'agir sans efforts. Mais que faire? Travailler, étudier, penser?... Non. Semblable à de l'opium, l'atmosphère que vous respirez ne le permet pas, mais laissez aller votre tête où bon lui semble, vos jambes où il leur plaira, guérissez-vous par le rêve, la promenade et la paresse des soucis de la vie opulente ou des fatigues de la vie laborieuse. Vous êtes ici pour cela, chez les nymphes secourables. Et que vous le vouliez ou non, vous subirez l'influence bienfaisante du génie du lieu, de ce dieu Lixon, à qui, quinze ou seize siècles avant votre arrivée, la jeune patricienne Pauline, fille de Flavius Rufus, « guérie de sa maladie », — était-ce la névrose? — dédia la pierre votive encore lisible à l'entrée des thermes modernes, encastrée au-dessus de la porte.

Vous êtes tenté, décidé, bien. Choisissez un gîte; c'est embarrassant et très gai. Dix voitures d'hôtels vous attendent devant la gare et vous sollicitent, vingt propriétaires vous guettent et vous supplient d'opter pour leur villa, leur appartement ou leur simple chambre meublés. Auquel donner ses bagages? Tous énoncent des mérites séduisants : ils sont au cœur de la ville élégante, près du Casino ou des Bains, en face du Parc ou sur les allées d'Étigny : l'un promet la vue du Pic du Midi de Bigorre, l'autre celle du glacier de la Maladetta, celui-ci de magnifiques couchers de soleil, celui-là d'éblouissantes aurores. Entre tant de « services de premier ordre » on n'ose exprimer une préférence. On a peur de mécontenter des hôtes si obligeants, si polis, si câlins, dont les regards enjôleurs, le sourire mielleux et la parole insinuante savent si bien flatter vos goûts ou votre vanité, magnétiser votre désir et votre bourse. Comment se soustraire à la musique de leur voix, à la souplesse enlaçante de leurs gestes? Il faudrait avoir dans les oreilles la cire des compagnons d'Ulysse et sur les yeux la taie du vieux Tobie. Ces astucieux marchands, à la langue dorée, sont les Orientaux de notre midi, des Français mâtinés d'Arabes, issus des grandes invasions sarrasines du huitième et du neuvième siècle qui n'ont pas submergé le pays des Toloses et des Convènes sans mélanger le sang africain au sang indigène, et greffer la race de Cham sur la race aryenne. Ne reconnaissez-vous pas les rejetons, diminués par la montagne, des vaincus de Charles Martel en ces petits hommes trapus, bruns, adroits et lestes, cavaliers agiles et sûrs, piétons infatigables, dont la taille, serrée par une ceinture rouge ou bleue, se cambre dans un costume de velours, coquet et brillant? Tout à l'heure, ces guides naturels d'une région âpre et périlleuse vous proposeront une excursion aux sites célèbres, une ascension aux cimes consacrées; en attendant, voici la ville.

Les villes, plutôt. Le vieux Luchon, dans l'ombre de ses rues étroites, ne ressemble pas plus au Luchon moderne, large et clair, que la nuit au jour : il lui sert de repoussoir et de domestique. Ses maisons basses et pauvres, échappées à l'incendie de 1723, ses auberges, ses boutiques enfumées se groupent autour de deux églises romanes un peu sculptées, et la plus grande, la paroissiale, ornée, comme la salle des Thermes, d'assez jolies fresques à teintes plates de Romain Cazes, symbolisant les vertus curatives, ici providentielles, et

LUCHON — BUVETTE DU PRÉ

là païennes, des sources sulfureuses. Au Luchon neuf la splendeur, l'élégance, les parfums ; les allées d'Étigny le traversent, conduisant aux Bains, au Parc. Elles rassemblent, après l'heure de la baignade ou de la douche, de l'absinthe ou de la sieste, l'essaim des promeneuses en toilettes légères, ravissantes de grâce et de fraîcheur. A l'unisson de la nature, rivales des fleurs, les femmes déploient, sur cette terre bénie, toutes les séductions, toutes les ressources de la parure, tous les chatoiements

TROU D'ENFER

de l'étoffe. Elles semblent ne pas toucher le sol, elles se balancent, elles glissent ; on dirait qu'un nuage les porte, comme des divinités. Ces mondaines, si elles sont malades, si elles « suivent un traitement », mettent à le dissimuler un art accompli. Mais sont-elles malades? Ni plus ni moins sans doute que les hommes « à la mode » qui pourchassent à Luchon le plaisir comme à Paris et le jeu comme à Monaco.

Des allées d'Étigny, du parc, des avenues rayonnent, vont border de leurs platanes les façades d'hôtels luxueux et coûteux, les grilles de villas somptueuses et de jardins exquis, le Casino banal : écurie de *petits chevaux*, temple du baccarat, asile de grecs. Mais on trouve partout où sévit le *high life* des caravansérails confortables, des nids douillets et des tripots; l'intérêt de Luchon est ailleurs ; regardons.

D'abord les Thermes; puis nous gravirons, pour embrasser la vallée dans son étendue complète, la première montagne des Pyrénées qui soit à portée de nos jarrets : Superbagnères, et du sommet, de 1 200 mètres d'altitude (Luchon déjà est à 628 mètres), nous distinguerons à quelques saillies les lointains des promenades fameuses : la vallée du Lys, la rue d'Enfer, l'hospice de France, le port d'Oo...

L'établissement thermal actuel a été construit en 1848, mais à la place même où, peut-être, les Gallo-Romains avaient leur balneum, et nos aïeux du moyen âge quelques baignoires creusées, comme des barques, dans un cœur de chêne. Luchon, si estimé des anciens, était dédaigné, presque oublié, lorsque au milieu du dix-huitième siècle, la jeune chimie découvrant par l'analyse les propriétés thérapeutiques des eaux sulfureuses et la jeune médecine les prescrivant, il devint à la mode... chez nos voisins les Anglais, d'y aller faire une saison. D'Étigny, l'admirable intendant de la généralité d'Auch et du Béarn, devina l'avenir de la petite ville, l'embellit, la transforma ; elle doit au soin de cet administrateur modèle sa vogue auprès des étrangers, sa prospérité rapide. Tardivement reconnaissante, elle lui a dressé, à côté des bains, une statue de bronze, dont le socle transmet de belles pensées de l'intendant, des préceptes pleins de sagesse et d'humanité, à méditer par les fonctionnaires et par les naïfs contempteurs du passé, qui s'imaginent que la France progressive n'existait pas avant 1789.

Aujourd'hui, les Thermes, organisés largement, sagement, recueillent plus de soixante sources d'eaux sulfureuses ou salines, abondantes, énergiques, et les distribuent dans quantité de cellules à baignoires de marbre noir ou blanc, en des salles de douche, dans des piscines de natation; ils sont desservis, c'est justice à rendre, par un personnel zélé, instruit, prévenant. Guérissent-ils ? La question serait délicate ; assurément ils soulagent, ils réconfortent; mais l'air ambiant, la quiétude, les distractions, la marche à dose modérée, font les trois quarts de leur efficacité.

Au-dessus des bains monte Superbagnères, couvert à la base de bosquets d'agrément, de prés au delà, et

sillonné de sentiers en lacets, aisés au début, pierreux
et rudes ensuite : y grimper est d'un bon apprentissage
pour les ascensions futures. On se repose à mi-chemin
au gentil cabaret de la Fontaine d'Amour ; plus d'un y
reste sous un berceau de vigne vierge à contempler le
paysage : tout le monde n'a pas des jambes d'alpiniste.

CHUTE DE LA PIQUE

Mais à celui-ci la gloire et le plaisir ; il découvrira
sans bornes importunes le tour de la vallée, un large
espace elliptique étalant d'intenses verdures entre des
hauteurs bleues, d'où ruissellent çà et là des cascades ;
dix villages florissants, curieusement situés : Saint-
Mamet, Montauban, Juzet, Salles, Antignac, où se place
l'indispensable champ de courses, Sourrouille, aux

sources arsenicales, et les vieilles tours à signaux de

VALLÉE DU LYS

Monstajou et de Castelvieil, et la tête neigeuse, étincelante au soleil, des pics de Crabère, de Mauberne, des monts Maudits et du pic Posets. Ce panorama très étendu, très nuancé, lui révèle l'importance pittoresque de Bagnères-de-Luchon, centre commode d'excursions étendues. C'est de là qu'il partira, sans guide s'il lui convient, tant les routes sont aisées, pour explorer les vallées du Lys, de l'Arboust et d'Oo, qui s'y rejoignent; de là qu'il ira visiter l'antique église de Saint-Aventin, ses reliques, ses peintures murales, les moraines glacières de Garin et sa chapelle de Saint-Pé, la charmante cascade du Cœur, bouillonnante dans un ovale de granits, la redoutable brèche de la Rue d'Enfer, et, dans le mont d'Oo, au-dessus du lac Seculejo, nappe d'azur dans un lit de roches écroulées, une chute de neige fondue, d'écume impalpable, de mousse d'argent, tombant avec la sonorité de la foudre, d'une muraille porphyroïde, dressée à 3oo mètres de hauteur, contre laquelle elle se brise à mi-chemin, puis s'étale en gerbes énormes de lumière fluide, pareille à des coulées d'escarboucles.

Pour nous aussi, Luchon est un point essentiel. Des torrents, où se déversent les glaciers d'alentour, nous verrons se former et grossir la Garonne française. L'Orme, le Lys, la Pique, alimentés par des cascades et des ruisseaux sans nombre, s'y réunissent dans le seul cours de la Pique, pour confondre leurs eaux bleues dans le fleuve jaune une lieue au nord de Saint-Béat. A l'ouest, une grande vallée parallèle, la vallée d'Arreau ou d'Aure, reçoit une inépuisable fertilité, une grâce merveilleuse, des *Nestes* puisées aux montagnes d'Arbizon, de Néouvieille, de Batoua, d'Oo. Errer entre les sources, les chutes, les caprices de ces rivières céruléennes, gravir les cimes où elles naissent, se glisser entre les défilés où elles sinuent, assister à l'éveil de leurs forces, mesurer leurs bonds, s'effrayer de leurs abîmes ; en passant, botaniser, cueillir, pour un herbier précieux, la fleur de l'antherium liliastrum (lys des Pyrénées ou lys de Saint-Bruno), la tritonia à grappe rouge, ou la cyrrhis odorata ; butiner des impressions puissantes et variées, noter mille effets de forme et de couleur, extrêmement fugitifs : rare et délicate volupté, dont se régalent les valétudinaires ingambes ou les oisifs curieux. Mais nous, le temps nous manque pour la goûter tout entière ; le devoir nous appelle aux sources mêmes de la Garonne, dans une petite province espagnole, au val d'Aran.

Ce pays n'est pas très fréquenté, les touristes le dédaignent. Heureux pays, son attrait pour nous en devient plus vif. Mais quel chemin prendre ? Nous consulterons un guide, et lui, de son accent le plus enchanteur :

— Nous irons par le Portillon, dans la vallée de Burle, nous déjeunerons à Bosost, le val d'Artigue du Lin nous acheminera au Goueil de Joueou (œil de Dieu ou de Jupiter), superbe source de la Garonne occidentale, et par l'Entecade, nous atteindrons le Pla-de-Beret, où la

Garonne orientale ouvre ses ojos (ses yeux). Magnifique voyage, monsieur, peu connu, difficile. Vous serez les seconds de cette année à l'entreprendre. Fiez-vous à moi, voiture ou chevaux de selle, j'ai ce qu'il vous faut. Bons aubergistes sur la route, tous mes amis : señor Abadie à Viella, señor Rostre à Salardu. Allez-y de ma part.

— Bien, mais vos prix, camarade?

Du même ton de sirène l'homme énonce des prix exorbitants, tant pour lui, tant pour notre cheval, tant pour le sien, logis en sus et pitance comme de raison, et le total monte, monte, imposant. Décidément, señor guide, il en coûterait trop d'écus à notre modeste escarcelle d'écrivain pour nous mirer dans les yeux de la Garonne, nous y renoncerons à regret.

Et lui, son imperturbable sourire aux lèvres :

— Que voulez-vous, monsieur? Je compte au plus juste et tiens à vous conduire. Je vous sacrifierai même une fructueuse journée; nous avons les courses d'Antignac après-demain.

— Merci! — Nous irons pourtant; la Garonne elle-même nous guidera. Elle fraye la seule issue carrossable du val d'Aran, dont l'aire étroite, cernée de tous les autres côtés par des montagnes, n'offre entre elles que des cols ou *ports* à peu près inaccessibles, labyrinthes où les seuls contrebandiers déroulent le fil d'Ariane assez bien pour ne pas s'égarer. Le fâcheux serait de partir seul en pays étranger, mais l'un de nos commensaux de Luchon, le colonel de Reinach, vient avec nous. Tant mieux! Pour franchir la frontière, interpréter l'espagnol, courir les sentiers, les posadas et les aventures, ce n'est pas trop de deux Français unissant leurs facultés.

L'itinéraire est simple. On quitte à Mérignac, quatrième station au-dessus de Luchon, le chemin de fer

LUCHON — VUE PRISE DU VILLAGE D'OO

pour la diligence de Saint-Béat, dernière ville française à traverser. La route, macadamisée avec les déchets et la poussière des carrières de marbre, circule entre des hauteurs à pic, rousses, tachetées de gris, cuites par le soleil, dont elles réfractent sur nous les rayons aveuglants. Aux sommets, par places, une végétation brune, presque noire, s'accroche comme une tignasse de nègre, dans le tuf, encore accusant les tons rudes de ces roches farouches. — Ne se croirait-on pas en Kabylie, mon colonel ? — A deux pas de Saint-Béat, dans un creux une mare croupissante luit comme un miroir embrasé, fume, et sans qu'il y ait un souffle d'air, s'agite : des myriades de reptiles, de batraciens et d'insectes grouillent, nous dit-on, dans cette boue liquide en fermentation, où cependant, bravant la bave des crapauds et la piqûre des vipères, des malades se plongent volontiers pour soigner leurs rhumatismes, bel exemple de courage à la gribouille !

Nous avons une heure pour visiter Saint-Béat; il faut au moins cela pour apprécier une vraie petite ville fort ancienne, d'un aspect moyennageux et moderne très agréable, avec des ruines féodales sur une roche escarpée dominant la Garonne, des rues propres, des maisons bien bâties, de frais jardins, une charmante promenade et un air remarquable de fière bourgeoisie, qui donne à réfléchir. On s'y souvient naturellement du passé de Saint-Béat, chef-lieu, jadis, d'une république indépendante, dans le genre de celle d'Andorre et de Saint-Marin, comme en témoigne une inscription documentaire, en latin bizarre, lisible à la façade d'une antique maison de la grand'rue. Cette inscription paraît dater du quinzième siècle, mais les institutions libres de la république Saint-Béatienne survécurent à la conquête française. L'archéologue se plaît à voir encore, sur la hauteur historique, le donjon carré et la jolie chapelle seigneuriale, près de laquelle s'élève une statue de la vierge, que l'on peut croire en marbre blanc, rien n'étant si commun que le marbre dans la cité et aux alentours, où d'abondantes carrières en ont depuis longtemps vulgarisé l'usage. De qualité diverse, il est parfois très beau et se travaille aisément. Les vieilles églises des pays de Comminges, du Toulousain et d'Aran lui doivent des colonnes, des parements d'un poli admirable et des bas-reliefs d'une conservation parfaite, il fournit même à nos sculpteurs, à l'éminent Falguières entre autres, des blocs comparables au Carrare pour la finesse du grain et la pureté de la veine. Que de chefs-d'œuvre encore endormis dans les entrailles de Saint-Béat !

De Saint-Béat à la frontière le pays offre un caractère bien marqué. Le fleuve coule dans une assez large vallée fertile, engraissée par les alluvions de terre végétale dont la fonte des neiges, les orages dépouillent à son profit les plateaux et les versants des montagnes. D'un côté s'étendent des plaines vertes et jaunes, de riches cultures, des vignes aux ceps vigoureux, plantés en *hautains*, c'est-à-dire appuyés, comme dans le midi tout entier, à cette latitude, à des pêchers, des arbres verts, ou à d'autres tuteurs productifs. De l'autre côté sont des roches nues, calcinées, aux dures arêtes, et des sommets complètement chauves, après avoir nourri de grandes forêts. Les yeux vous expliquent ainsi la fréquence terrible des crues de la Garonne ; on comprend pourquoi elle doit rapidement s'enfler et déborder, lorsque les eaux printanières lui tombent des montagnes où, autrefois, de puissantes futaies les retenaient, les absorbaient, les transformaient en luxuriants feuillages. Les habitants des plaines, malgré les ravages des inondations, n'ont pas trop à se plaindre du déboisement, mais ceux des villages juchés sur les hauteurs et dans les obscurs défilés se trouvent ruinés,

CASTELVIEL

sans avenir, et quittent leur pays dès qu'ils sont en âge de louer leurs bras. On les rencontre nombreux en Amérique, en Algérie, adonnés aux métiers de colporteur, d'étameur, de chaudronnier, courageux et persévérants lutteurs pour la vie. Il en est qui reviennent avec un petit pécule sous le pauvre toit familial; ils le font réparer, soutiennent leurs vieux parents, aident leurs cadets, se marient et s'établissent où ils sont nés.

SAINT-BÉAT

Voici la dernière commune française avant l'Espagne, Fos, un village en fête où les jeunesses dansent avec entrain selon les modes alternés d'au delà et d'en deçà de *los Pyreneos*. Il y a de la gaieté franche dans ces assemblées, et cette ardeur de bon aloi au plaisir honnête qui ne sent point la gêne; il règne aussi entre Espagnols et Français une cordialité prouvant qu'ils font bon voisinage... La voiture de poste nous mène au val d'Aran, gendarmes et douaniers nous saluent au départ; un lazaret, composé d'un élève en médecine et de son infirmier, nous examine pour nous reconnaître au retour; le Pont du Roi retentit et chancelle presque sous le poids des roues, nous sommes sur la rive gauche de la Garonne, en Espagne. Quand la carte ne nous apprendrait pas ce grave changement de nationalité, nous le devinerions à l'état de la route, crevassée d'ornières, semée de pierrailles et de flaques d'eau cahotant notre véhicule. Où sont nos belles routes de France, nos cantonniers ponctuels, notre administration en un mot? Il n'y a rien de tel ici, tout semble brusquement différent et contraire, comme si le Pont du Roi, au lieu de traverser un fossé, franchissait un abîme, l'abîme creusé entre les civilisations des deux peuples par une politique séculaire.

Nous pensons tout haut; des voyageurs assis près du cocher nous écoutent. L'un d'eux, personnage de grand chemin, à mine de faucon, maigre, hâlé, haillonneux, loquace, tour à tour français et espagnol, trépidant d'énergie, et borgne d'un coup attrapé vraisemblablement à courir les chances de la contrebande, d'ailleurs très au fait des *Cosas* de la contrée, nous dit, d'un ton narquois souligné par les rires de ses compagnons :

— Ne vous plaignez pas de la route, messieurs, vous en verrez bien d'autres, bientôt même plus du tout. Que voulez-vous? Le gouvernement espagnol ne s'inquiète pas de ces détails, il touche les impôts, les officiers empochent la monnaie et *basta*, tant pis pour les mécontents ! Le pays a des ressources naturelles, mais personne ne se soucie de les exploiter, faute de moyens de transport. Une société anglaise employait cent ouvriers dans une mine de plomb argentifère, elle n'en occupe plus qu'une vingtaine et partira l'un de ces jours. On trace dans la montagne une route royale qui coûte les yeux de la tête, et la portion achevée est déjà obstruée par les roches, défoncée par les pluies, un casse-cou. Ici on construit quelquefois, jamais on n'entretient. On nous promet un chemin de fer depuis vingt ans, nous l'aurons si l'empereur d'Allemagne le permet. Le val d'Aran n'est pas fortuné... Il a connu des jours meilleurs...

— A quelle époque? demandons-nous, sous la domination française, avant 1815 ?

— Non, répond notre interlocuteur, en secouant la tête, non. Il y a moins longtemps, c'était lorsque le casino du Pont du Roi, — vous pouvez en apercevoir les ruines en vous retournant, — attirait une foule de joueurs à la roulette. On y venait de tous les côtés risquer son argent. De Lès à Salardu, chacun en vivait, très bien, ma foi. Puis le gouvernement n'a plus voulu, prétendant que c'était immoral. On ne lui a pas obéi tout de suite. Don Carlos tenait la campagne, le casino lui prêtait des subsides, et quand ses partisans s'en allaient ayant vidé la caisse, les gendarmes du gouvernement la laissaient se remplir, afin de la « nettoyer » de nouveau. On s'arrange toujours avec les carabineros, ce sont de bons enfants; n'est-ce pas, señores?

Cette question, assez comique, vu la circonstance, s'adresse à de graves militaires, qui, lentement levés à notre approche, se disposent à scruter les dessous de la chaise de poste. Mais ils n'en font rien, *tout s'arrange*, par l'entremise d'un cabaret où nous trinquons à la santé des sœurs latines avec des petits verres de rancio, d'aguardiante ou d'un horrible genièvre. Et la voiture, ayant acquitté sa bienvenue, reprend sa course divertissante. Avec une verve excitée, familière et goguenarde, en contrebandier heureux, il nous semble, de prendre sa revanche des vexations de la douane, et rancunier de son œil crevé, notre homme raille les carabiniers montés à côté de lui sur le siège : eux seuls gardent leur sérieux par respect pour leur dignité de fonctionnaires, leur uniforme. On arrête à la porte de la *casa del corriero*. La diligence en partira dans cinq à six heures; nous la retrouverons au pont de Las Bordes.

Lès est le nom du bourg où nous sommes, un des

CASCADE DE JUZET

plus considérables du val d'Aran. Il a des maisons blanches, des villas fleuries, un établissement d'eaux sulfureuses, l'inévitable casino où l'on joue, et un restaurant français, à l'usage des promeneurs de Luchon. La pauvre contrée s'y reconnaît pourtant au mobilier hétéroclite, — splendide, messieurs! — des salons du casino économiquement tapissés de spirituelles caricatures enluminées, rappelant les épisodes de la guerre carliste. Mais, plus loin, éclate l'originalité d'un pays que des révolutions peu profondes n'ont guère changé et dont les mœurs, les croyances, les aspirations à la liberté constitutionnelle sont, en résumé, ceux de la très catholique et très tardive Espagne. De Lès à Tredos, il n'y a pas moins de deux villes et de vingt-sept villages : ils s'espacent sur les bords de la Garonne, se tassent dans des défilés, se campent gracieusement sur le flanc d'une montagne ou perchent hardiment sur la pointe d'un pic. Souvent rapprochés, se touchant presque, l'œil les y réunirait sans les hauts clochers qui les distinguent et les nomment. La plupart composés de masures en pierres de roche grise, sans un brin de verdure grimpante pour en égayer la façade, paraissent sordides, revêches, et leurs *calles* raboteuses sont de vrais sentiers de chèvre. Néanmoins ces masures, dont les portes ouvertes laissent entrevoir le sombre intérieur, dénué presque toujours de meubles, même d'un simple carrelage, résistent à de longs et furieux hivers ; l'été leurs hôtes, gens et bêtes ensemble, y vivent au frais, dans l'inaltérable insouciance de leur race. Les plus confortables ont des terrasses et des miradors. Elles sont généralement dominées par un vieux donjon féodal, à moitié écroulé ou transformé en grenier à fourrage, et par l'église. Celle-ci contient tout le luxe du pays ; la plus modeste offre des peintures murales, des boiseries dorées, des statues polychromes, un maître-autel somptueux, et l'on constate qu'un fossé défendable protégeait ces magnificences de la *domus Dei* contre les convoitises des mécréants. Il n'est pas rare, non plus, de rencontrer, parmi les pauvres demeures des villageois, une ou deux maisons bâties selon les règles d'une architecture élégante, pourvues de hautes fenêtres cintrées, de moindres baies à linteaux sculptés, d'une porte armoriée et datée, même parfois ornée d'une inscription murale, enfin, marquées au style gracieux de la Renaissance. Il en est de rattachées à une ancienne tour gothique et dont les angles sont flanqués de tourelles militaires. Ces habitations nobles vous reportent au temps de la splendeur de l'Espagne, au temps où le soleil ne se couchait pas sur son empire ; elles abritaient sans doute d'aventureux gentilshommes enrichis par les guerres de Ferdinand le Catholique ou de Charles-Quint, par les expéditions de Cortez ou de Pizarre, quelques officiers retraités de Gonzalve de Cordoue ou du duc d'Albe... Les regards cherchent aussi et reconnaissent facilement l'humble manoir de l'hidalgo, digne, fier et respecté, bien que sans fortune, le manoir où Don Quichotte tout en subsistant des maigres fruits de son potager, d'oignons doux et de garbure, rêvait tout haut d'exploits merveilleux, d'amours idéales, et de brillantes conquêtes... Telle est, pour les yeux, la poésie du val d'Aran.

La réalité moderne se définit en un mot : misère. Mais la misère des Aranais, supportée bravement, passée en habitude, n'offusque point les sens, n'afflige point une âme compatissante, comme celle des paysans dans les cantons perdus de nos Cévennes et des ouvriers dans nos centres industriels du Nord. Ils sont vigoureux ; leurs enfants à la tête frisée ont des figures roses et joufflues ; quelquefois les yeux noirs de ravissantes jeunes filles, à taille de guêpe, scintillent comme de purs diamants au seuil des noires masures ; ils ont la santé. S'ils vivent chichement de leurs maigres cultures, la chasse et la pêche, permises ou tolérées en toute saison, procurent à leur table de savoureux suppléments. La truite exquise, la truite saumonnée, aime à glisser dans les froids torrents pyrénéens, dans les eaux transparentes et glacées des rapides son corps argenté, pareil à un capricieux rayon de soleil, et les habiles savent promptement capter cette fugitive proie. Dans les bosquets, les bruyères, ne manquent, ni lapins de garenne ni lièvres ; le râle, la caille se nichent dans les genêts, les bois ; des compagnies de perdrix rouges fréquentent les hauts plateaux ; on va guetter la bécasse aux bords sauvages des étangs et tirer à l'affût le chevreuil des Pyrénées, l'isard. De telles ressources aident à supporter l'existence, elles suffisent aux

ÉGLISE D'OO

sobres Aranais. Ils possèdent encore des noyers, des amandiers, des bois communaux peuplés de chênes. Mais les hivers leur sont très pénibles. Pour en éviter la rigueur, l'oisiveté, les jeunes gens des deux sexes émigrent aussitôt les foins et les blés rentrés, vont jusqu'aux moissons prochaines gagner leur pain dans le midi de la France. Là, ils s'emploient en qualité de commissionnaires, de manœuvres, de domestiques, et généralement infatigables et dociles, font apprécier leurs services dans les ports de Marseille, de Cette, de Bordeaux, à Toulon, à Béziers...

Les plus fortunés Aranais ou les plus entreprenants se livrent au commerce et à l'élevage des mulets; ils les achètent jeunes en Saintonge, les dressent, les fortifient chez eux et les revendent chez nous comme mulets d'Espagne. Ce genre de spéculation fort lucrative est traditionnel dans le val; les facultés mercantiles, la patience, l'ingéniosité, l'adresse du peuple s'y exercent de préférence, dans toute leur plénitude. Il n'est guère de pauvres diables d'arrieros encore jeunes, qui ne caressent l'espoir de s'enrichir un jour par ce trafic. Cependant, chose inévitable, plusieurs besogneux s'en tiennent à la profession dangereuse mais indépendante de contrebandier; ce sont d'habiles et redoutables gaillards. Les autres sans-avoir, fixés dans la petite province et résignés à leur sort, sont bûcherons ou pâtres, *porcheros*.

Voilà résumés, d'après nos observations personnelles, les éléments de l'économie sociale et politique des Aranais. Quant à leur portrait moral, s'il y faut un dernier coup de pinceau, nous dirons qu'ils nous paraissent ne mériter qu'à demi les reproches des géographes ; l'un d'eux, copié par les autres, n'a-t-il pas écrit : « Ils sont enclins à la cupidité. On les accuse d'être pillards et passionnés pour le vin et l'eau-de-vie. On leur reproche une excessive malpropreté. Le goître est une difformité commune chez eux... » Peut-être, jadis, chacun de ces mots exprimait-il une vérité, mais les émigrations, l'expérience rapportée des pays voisins ont modifié, à leur avantage, les anciennes mœurs, les idées, les manières d'être des Aranais, il y a un siècle. Ils ne sont aujourd'hui ni au-dessus ni au-dessous de la bonne moyenne des paysans français. Existe-t-il parmi eux des goîtreux, des crétins, des ivrognes, nous ne le savons pas, car nous n'en avons jamais rencontré ; ceux avec qui les nécessités du voyage nous mirent en rapport se montrèrent obligeants, loyaux, affables, nullement cupides ni serviles ; même leur propreté, la propreté des fondas et des posadas où nous logeâmes, nous causa une douce surprise.

Quittons cette digression. Nous sommes en route, nous nous dirigeons vers le pont de Las Bordes. Déjà le bourg important de Bosost est loin derrière nous. Le fleuve, à notre gauche, roule impétueusement des eaux claires, entre des monts granitiques de forme rude, de couleur sombre, à chaque instant il se heurte à des roches, à des promontoires et s'y brise, écumant. Sur les versants des hauteurs, par de larges lits de torrents, de sonores ruisseaux lui apportent le tribut des sources cachées. Nous marchons dans un paysage embaumé de senteurs sauvages, fêté par un orchestre de musiques cristallines, âpre ; d'espace en espace et de tous les côtés l'horizon se rétrécit, se ferme, et l'on dirait qu'un cercle de murailles infranchissables s'est dressé ; mais il s'ouvre par une soudaine éclaircie, et voilà que se dévoilent les grandioses lointains, les géants sublimes, qu'une ceinture de nuées floconneuses semble tronquer, isolant du corps des énormes pyramides leurs têtes blanches, les cimes aux neiges éternelles.

Voici Castelleon. Une chute retentit, celle que produit en se joignant au fleuve, puis en s'abîmant dans le gouffre de Clèdes sa maîtresse branche, le Joueou, la Garonne occidentale. Ensemble ils découpent un promontoire de rochers, sur lesquels s'élevait un château fort, ruiné par l'invasion française, et le Joueou seul trace au torrent un chemin ardu, sinueux vers sa source, vers le Goueil. On le traverse au pont de Las Bordes pour se guider sur sa rive gauche, on franchit le Pas de la Bareste et la profonde vallée d'Artigue de Lin s'ouvre devant vous, entre de hautes sapinières. Les monts ne tardent pas à se rapprocher, amincissant de plus en plus la bande de prés verdoyants que la rivière engraisse et fleurit de moelleux tapis agréables aux piétons. Facile au début, le chemin devient vite un sentier épineux ; il gravit la montagne de Sannugue, la descend pour escalader d'autres sommets et successivement expire aux bords des torrents de la Picarde et de Ponys, tous deux issus des sources souterraines amenées par de tortueuses conduites, par d'invisibles filtrations, du lieu de leur commune origine. Mais ici pouvons-nous ne pas nous rappeler la précise description du maître Élisée Reclus et saurions-nous mieux dire : « Un torrent formé des neiges et des glaces du Nethou s'engouffre tout à coup non loin des sources de l'Ésera de Venasque dans un puits naturel appelé le Trou du Taureau (trou del toro) peut-être à cause du mugissement des eaux qui s'y abîment. La masse liquide engloutie traverse par des canaux souterrains toute l'arête des montagnes qui s'élève du côté du Nord, reparaît sur l'autre versant de la chaîne à 4 kilomètres de distance et à 600 mètres plus bas. C'est à cette source (elle est, après bien des fatigues, sous nos yeux éblouis, étonnés et charmés) que les anciennes populations pyrénéennes ont donné le nom de Goueil de Joueou, comme à une merveille vraiment divine. Aux flancs d'un promontoire couvert de sapins, entre les racines même des arbres et les blocs amoncelés, des jets puissants se lancent par de nombreuses fissures et bondissent en cataractes de 20 mètres de hauteur des deux côtés d'un escalier de roches aux marches inégales... »

Des heures se passeraient à contempler les magnificences d'un tel spectacle. Paresseusement couchés au pied de la chute tonnante, mouillés de la fine poussière qui s'en échappe, et vole, irisée, dans l'atmosphère où se joue l'arc-en-ciel, nous en jouissons dans la pure allégresse du rêve accompli, du projet réalisé. Les grandes lignes, puis les détails du superbe paysage se mirent dans nos yeux, se gravent pour toujours dans notre mémoire. Comme du fond d'un cirque immense, aux gradins démesurés, nous voyons surgir les montagnes, vertes à la base, violettes plus haut, enfin bleues, complètement bleues. Et nous raisonnons le pourquoi de ces couleurs différentes : d'abord s'accrochent aux versants les buissons d'aubépine, les ronces, les clématites et les genévriers; la végétation ensuite se fait plus rare, ce n'est plus que de l'herbe menue, laissant transparaître le roc aux tons de brique; en dernier lieu les sapins et les chênes tressent au front du géant une épaisse couronne d'un bleu sombre. A plusieurs places un filet d'eau sautille sur de longues traînées de pierres suspendues à la côte, où les a semées la violence d'un torrent, à la fin de l'hiver. Il nous arrrive de toutes parts des murmures distincts, qui nous préoccupent. Un ours, habitant solitaire des forêts, n'a-t-il pas froissé ces branches? N'est-ce pas plutôt le timide isard? Au-dessus des cimes planent de gros oiseaux au vol lourd, peut-être des vautours ou des aigles, plus bas des nuées de corbeaux s'enlèvent à tout instant pour chasser la proie ailée et manifestent leur plaisir par de gais croassements. Le Goueil nous fascine plus longtemps, sa grandiose harmonie nous étourdit et nous berce : sa double cataracte environne et fait vigoureusement saillir par sa blancheur éclatante un îlot de sapins, de forme ovale, et nous pensons : Voilà, visible et tangible, l'image consacrée par les mots Goueil de Joueou, à distance un œil énorme et d'une profondeur insondable, un œil mystérieusement immobile, tout près du Ciel, tout près de Dieu.

Il faut nous arracher à ces rêveries... il y a loin d'où nous sommes à Viella... la diligence a dû quitter le pont de Las Bordes?.... Nous nous hâtons, appréhendant l'hospitalité hasardeuse de l'hospice d'Artigue du Lin. Vaine crainte, la patache d'el corriero nous attend, et lui-même patiente à l'ombre d'une posada devant un verre de rosolio.

Fouette cocher! habile cocher! A lui de nous montrer que si les chemins du val d'Aran sont détestables, les chevaux et leurs conducteurs sont excellents. Il lance ses chevaux sur des séries de rampes quasi verticales où c'est miracle qu'ils ne se rompent pas les jarrets, en brisant la voiture, au choc des roches, à l'encontre des fondrières. Dix fois engagés sur une étroite passerelle sans garde-fous, nous nous sommes vus menacés d'une baignade importune dans un véritable rapide, mais nous voilà sains et saufs à Viella. Viella est l'ancienne capitale de la province d'Aran ; c'en est encore la ville officielle, résidence du procurador, de la gendarmerie, une grande ville d'un millier d'habitants. Sa grande rue propre et spacieuse, de confortables habitations, d'anciennes demeures aristocratiques prouvent sa suprématie, non moins que la *Casa del Constitucion* où siège l'alcade mayor. L'église même, entre tant de sanctuaires richement décorés, se recommande par un luxe supérieur, une profusion incroyable de marbre et d'or, surchargeant un maître-autel dont le style pompeux rappelle la manière extravagante du Bernin. Célèbre est la vierge d'ivoire de Viella ; de fantaisistes, de risibles statues peintes, attifées d'étoffes soyeuses et bariolées, ornées de perles, de fleurs, de bijoux, lui font un cortège unique : saintes mañolas en courte basquine, bienheureux capitans à mine truculente, ceux-ci armés d'effroyables flamberges, celles-là, comme pour adoucir ou séduire leurs terribles voisins, la jambe gracieusement levée dans un pas de fandango.

A la fonda del señor Abadi, le soir, le muletier, l'arriero, promet de nous envoyer, à l'aube, deux montures prudentes et solides, et un guide pour nous conduire au Pla de Beret, aux *ojos* de la Garonne. Cette dernière partie du voyage ne sera pas la moins intéressante. Nous traverserons quantité de villages, de pueblos, pittoresques : Betrem, dont l'église offre un portail roman où tout un orchestre du moyen âge est sculpté dans le marbre de l'archivolte ; Escuña aux orgues fameuses : elles se composent de seize clochettes que le sacristain meut au moyen d'une corde ; Artias, qui possède des sources thermales, des bains, peut-être un Casino ; Gesa près duquel s'élève le castel de Portola et l'illustre chapelle de Santo-Cristo, Salardu... Nous

LE CASINO DU PONT DU ROI

aurons tout loisir de visiter Salardu, après un déjeuner à la posada del señor Roste au retour de notre excursion.

Neuf à dix kilomètres à peine séparent Viella du plus éloigné de ces pueblos; nos mulets nous portent assez vite de l'un à l'autre, et dans chacun les *caballeros francese* recueillent au passage autant de *buondias*, *señores*, et de coups de *berette* qu'ils en peuvent donner. Avouons-le, ces marques de sympathie, agréables partout au voyageur, nous plaisent ici particulièrement. La politesse espagnole n'est point banale; de la part du moindre *hombre*, fût-ce un *porchero*, le salut grave et courtois semble promettre à l'étranger une hospitalité franche et cordiale. Hors de la patrie on est sensible à ces attentions bienveillantes.

Nous dépassons Salardu... au delà, au fond du val, c'est los baños de Tredos, Tredos, où nous irons volontiers admirer un trésor religieux très vanté : de belles chasubles très anciennes, une croix ciselée d'argent massif, des châsses incrustées de pierres incises, bijoux d'un rare travail. De Tredos le sentier à lacets continus du col de Beret commence à serpenter distinctement sur le flanc du Castarjès. Faut-il aller jusque-là chercher les ojos? Notre jeune guide ne le pense pas. « Prenons la traverse, señores, nous gagnerons une heure. — Quelle traverse? Il n'y a devant nous qu'une montagne aux pentes roides, droites à peu près comme des I. Parles-tu de ce lit de torrent? — Oui. —

Mais c'est impossible ou dangereux. Nous nous briserons les côtes au moindre choc sur des roches vacillantes. — Ne craignez rien. Lâchez la bride aux mulets, ils connaissent un chemin qu'ils font plusieurs fois par an, chargés de barils de bière ou de vin. Vous êtes de moins lourds fardeaux. Fiez-vous à eux ! »

Allons ! Et nos admirables bêtes, allongeant les jambes, assurant leurs pas, côtoyant les bords des précipices, montent, descendent, remontent des hauteurs vertigineuses, sans déranger un seul caillou. Le soleil, dont nous n'avions pas encore éprouvé l'influence, s'est dégagé des brumes roses qui l'enveloppaient, il s'élève sur l'horizon, dans l'azur immaculé, et les reflets de son disque d'or teignent en vermeil les neiges du Nethou et d'autres sommets de la Maladetta, que les sinuosités de l'ascension nous découvrent tour à tour. Malgré le froid vif répandu dans l'air par ces glaciers, la nature entière s'échauffe sous l'ardent baiser de l'astre-roi, et s'anime. Le chardon bleu s'épanouit et brille. L'astre étincelle dans les pelouses, où des troupeaux de moutons, des *muestos*, paissent, surveillés par de noirs enfants enguenillés, vrais petits pâtres à la Murillo. L'absinthe en fleur exhale ses parfums excitants. Les ruisseaux roulent des paillettes et des flèches du précieux métal. C'est fête pour les yeux, fête pour l'odorat. Mais des myriades d'insectes, subitement, comme s'ils venaient d'éclore, harcèlent nos montures, et l'œstre cruel les pique jusqu'au sang, s'enivre de leurs blessures. Impassibles à leurs souffrances, les vaillants animaux poursuivent, sans broncher une seconde, leur marche périlleuse. Les sentiers rocailleux sont dépassés; nous gravissons de hauts plateaux tapissés d'une herbe fine, où il n'y a plus trace de chemin fréquenté. Le guide hésite, et nous-mêmes : « Sommes-nous dans la bonne voie ? » — Il ne répond mot, tâtonne, consulte le soleil, s'oriente. Nous reprenons : « Cette rivière, là-bas, qui sort d'un vallon très étroit, n'est-ce pas la Garonne ? — Non, señores, c'est l'Aiguamotch, elle vient du pic Sandrous. » — Silence. Mais vingt minutes après, une autre rivière déroulant ses méandres au-dessous de nous : « Voilà la Garonne ! — Pas du tout, señores, c'est le rio de Los Negros. » — Passe un convoi d'arrieros, venant du col de Beret; on les interroge. Notre guide ne s'est pas trompé. Et en moins d'un quart d'heure, nous touchons au sommet du Pla de Beret, où notre arrivée trouble la paisible pâture de grands troupeaux de bœufs, amenés comme tous les ans, à pareille époque, par des pasteurs français.

— Mon colonel, voyez l'étrange apparition.

— Eh quoi donc ?

— Cette femme moresque, debout, là, immobile, en longue robe, et couverte de son férédjé... Immobile, et pour cause. La moresque, vue de près, devient un monolithe, sans doute un menhir ; l'illusion était saisissante.

Aux alentours de l'étrange fantôme, à quelques pas,

s'ouvrent les *ojos* de la Garonne : deux minces filets d'eau, deux légers glous glous sourdant à ras du sol, comme du goulot d'une bouteille penchée; ils remplissent un petit bassin ovale, à fond de mousse et de sable,

MONTAUBAN PRÈS LUCHON

qui déborde dans les prés, et cheminant ainsi, presque invisibles, arrivent au versant du plateau, où ils frayent au grand fleuve un lit de roches et de blocs erratiques. Non loin des *ojos* surgit, d'un bassin un peu plus large, une rivière espagnole, la Noguera Pallaresa.

Les ojos n'ont pas l'imposante grandeur du Goueil de Joueou, mais le *pla de Beret*, à 2,300 mètres d'altitude, développe une scène vaste et d'une austère beauté. A ses pieds débouchent de sombres vallées où sous les forêts cascadent des torrents dont l'on perçoit le vague murmure. Des montagnes bleues, aux premiers plans, étagent leurs sommets de hauteurs inégales, de formes variées, festons gigantesques. Dans le fond du tableau, la reine de cette région, la Maladetta, élève son énorme glacier, éblouissant comme un astre, comme un soleil de neige, projetant dans toute l'immense solitude, sur les ailes des brises, ses froids rayons muets..... Nos mulets se sont reposés, rafraîchi d'eau de source et régalé d'une herbe fraîche, sucrée de réglisse, il est temps de les ramener à Salardu.

Un vieillard de haute taille, de noble prestance, et de manières aisées, tel est notre hôte de Salardu, el señor Rostre. Il est vêtu à l'ancienne mode de la veste de velours, nommée faga et d'une culotte courte à boutons d'argent, autour de laquelle s'enroule une ceinture de laine violette; ses jambes moulées dans des bas de laine bleue soigneusement chinés sont d'une élégance virile à faire envie à des toréadors; il est chaussé de spadrilles attachés par des boucles d'argent et coiffé du berette, posé sur un mouchoir attaché au-dessus de la nuque. Ce costume, que les villageois aranais délaissent, va bien au señor Roste, il est plaisant à voir et à entendre. Son déjeuner, servi dans la meilleure pièce de la posada, sa propre chambre, est exquis : truite saumonée, pêchée instantanément, perdreau fin et gras, vin authentique, généreux, velouté, parfumé ; nous ne retrouverons pas souvent menu si délicat. Le café même fut délectable. En l'attendant notre hôte nous fait les honneurs de l'église paroissiale, original édifice du douzième siècle, où s'accomplit un miracle mémorable, célébré par des processions annuelles. Une armée de Sarrazins, menaçant de saccager le sanctuaire et le bourg, fut arrêtée sur le seuil par une image de la Vierge, et s'enfuit, saisie de panique, abandonnant ses armes. Regardez cette grille composée de fers, de lances et d'épées, voilà les armes des mécréants !... Selon d'autres, les fers de cette grille martiale proviennent du champ de bataille de Saint-Girons où les huguenots furent défaits... telle n'est pas la foi du señor Roste ni de son recteur.

Le coup de l'étrier, une lampée d'eau-de-vie d'Hendaye, à votre santé, señor, et en route pour la France ! Nous n'oublierons pas votre maison hospitalière, la vieille inscription, si bien justifiée, gravée jadis sur sa façade intérieure par le bachelier en théologie qui la possédait : *Hæc domus est domino Ramondose et amicis!*

CHAPITRE II

L'ARIÈGE

Nous descendons la Garonne, de Saint-Béat à Montrejeau.

Enchantement continu. Le fleuve promène ses eaux brillantes sur un fond de sable fin, coupé de roches écumeuses, à travers de riches cultures de froment, de maïs, de sarrasin, des champs épanouis de luzerne, de trèfle et de colza, dans une campagne diaprée comme un tapis d'Orient. Partout des fleurs; en certains endroits favorables les vignes hautes, à longues branches vertes, ont l'air de palmiers. Les Pyrénées, au loin, ferment le paysage, et sur la ouate des nuées légères cotonnant l'horizon, leurs glaciers luisent comme de l'argent neuf. En des vallons, ouverts çà et là, se blottissent des villas enviables, blanches et roses. Toute la contrée, heureuse pour et par le riche, abonde en sources salines et ferrugineuses, thermes où, l'été, gastralgiques, anémiés, névrosés, malades imaginaires vont chercher la guérison ou le repos. Ce ne sont que petites stations charmantes, Encausses, Gauties, Fronsac, Gourdan, Barbazan, dont chacune a ses clients fidèles. Une curiosité d'archéologue nous

LE CLOITRE DE SAINT-BERTRAND DE COMMINGES

mène auprès de Barbazan, à Saint-Bertrand de Comminges, le Lugdunum Convenarum des Gallo-Romains, l'antique résidence des puissants comtes de Comminges. Il se détache en relief attirant sur un monticule isolé que domine le lourd clocher de son église surmonté d'un hourd féodal peint, on ne sait pourquoi, en vermillon.

C'est un illustre et curieux pays, ce Comminges. Les Convènes, peuples aventureux, tenaces, l'habitaient, bien avant la conquête de Jules César, et leurs croyances, leurs coutumes, leurs mœurs, survécurent à la domination romaine. Soumis, fondus administrativement dans la Novempopulanie, enrichis, civilisés, ils adoraient encore les divinités fétichiques des premiers âges, esprits des montagnes, des sources, des cataractes, des grottes, des neiges, des orages, des fauves, dont les autels votifs, retrouvés un peu partout, révèlent les noms ibériens, Gar, Bazertus, Bocus, Haronso, Aherbest, Astorlum, Baicorix, Baïosis, Iscit, Leherenn, Sexasbor, Xuban... Au moment de l'invasion des Barbares, Lugdunum Convenarum, cité de premier ordre, abritait trente mille âmes, avait des temples, des palais, des théâtres, des cirques. N'était-ce pas un centre de réunion commode aux fortunés habitués des thermes pyrénéens, un lieu de loisir et de plaisir ? Il garda son rang et ses privilèges dans l'empire wisigoth d'Alaric, commença de décliner sous les rois francs, tout à coup s'abîma dans la mémorable chute de Gondowald, l'an 585. Ce César d'aventure, après avoir tenté de rendre au midi son indépendance, vaincu, poursuivi, aux abois, s'y réfugia. La place était forte, suivant Grégoire de Tours, qui la décrit fidèlement : « C'est une ville située sur le sommet d'une montagne isolée. Une source abondante qui s'échappe du pied de cette montagne est protégée par une tour très forte, et les habitants, descendant de la ville par un conduit souterrain, viennent y puiser de l'eau sans être vus. » Mais la trahison lui évita l'assaut. Le préfet gallo-romain Mummol vendit son chef au mérovingien Gontran, roi de Burgundie. Attiré hors de l'enceinte, sous prétexte de conciliation, Gondowald fut tué d'un coup de pierre, les soldats francs attachèrent son cadavre à des cordes, le traînèrent par le camp où chacun put arracher ses cheveux, sa barbe... le déchirer... Après l'ignominie, le massacre. « Le lendemain matin, l'armée s'élançant dans la ville livra au glaive tout le peuple qui la remplissait, l'évêque, les prêtres, les clercs dans leurs églises, au pied des autels. » Après le massacre, l'incendie. Le feu consuma tous les édifices, « et rien, dit le pieux écrivain, ne fut laissé de la cité, sinon la terre vide : *nihil ibi præter humum vacuam...* »

Les ruines de Lugdunum demeurèrent abandonnées ; on croit les retrouver, près de Saint-Bertrand, à Valcabrère. Mais à la fin du onzième siècle, un noble, un prêtre, choisit dans les environs de cette triste solitude une de ses anciennes dépendances pour y établir une communauté de chanoines Augustins. Ce fut Bertrand de Comminges. Son abbaye acquit une renommée de science et de vertu, devint la souche d'une ville nouvelle bientôt florissante : « *In monte civitatem reædificarunt, et locus qui multis temporibus desertus fuerat habitatores recepit.* » Lugdunum Convenarum réédifié s'appela Saint-Bertrand de Comminges. Il fut le centre d'un comté puissant et le siège d'un évêché. Les comtes Bertrand de Comminges, vassaux, pour leurs fiefs, des ducs de Gascogne, des comtes de Toulouse et des rois d'Aragon, étaient suzerains de toute la haute vallée de la Garonne, y compris le Val d'Aran, acquis seulement par l'Espagne en 1192. Vers le milieu du quinzième siècle ils disparaissent ; un mariage fit passer leurs États dans la maison de Foix, mais l'évêché avait encore un titulaire en 1789.

Déchue, peuplée de quelques centaines d'habitants qui, l'un après l'autre, l'abandonnent pour aller se fixer dans la plaine, la ville antique sent déjà la nécropole. Des vestiges de thermes, un arc de triomphe, les débris d'un amphithéâtre sont épars dans le faubourg ; sur la colline escarpée les murailles de la cité romaine, réparées au moyen âge, enclavent des rues désertes, herbeuses, où moisissent une élégante maison du seizième siècle, des hôtels nobles et bourgeois du vieux temps. L'église, vaste, pleine de belles œuvres d'art, raconte un notable passé clérical. Elle fut en majeure partie re-

construite au seizième siècle, par les soins des évêques
Jean de Mauléon et Hugues de Châtillon ; de cette
époque date la nef dont on admire la hardiesse et l'ampleur, les clefs de voûte, mais le portail, les premières
travées romanes, le clocher remontent à saint Bertrand.
Le buffet des orgues, auquel attient une chaire à prêcher, le jubé, le chœur avec ses soixante stalles où
siégeaient les chanoines, le maître-autel, entièrement
peint et doré, sont au nombre des plus remarquables
boiseries que nous ait léguées la Renaissance. Des artistes d'une patience infinie les ont pouce à pouce ornées
de fines et curieuses sculptures. Ce sont, taillés, ou-
vrés dans le chêne poli et de belle couleur, de hautes
cariatides, d'un large caractère, des statuettes délicates,
des frises, des rinceaux d'une gracieuse fantaisie, des
accotoirs et des miséricordes peuplés de petits personnages et d'animaux grotesques mimant des scènes
bouffonnes, de hauts-reliefs où s'étalent les figures
symboliques des prophètes et des sibylles, sujets af-
fectionnés des artistes contemporains, cent détails d'un
goût parfois douteux, d'une exécution plus facile que
savante, mais vraiment ingénieux, variés, dont l'ensemble vous charme.

L'un des magnifiques prélats, à qui l'on doit la décoration et l'achèvement de l'église, messire Hugues de
Châtillon, repose dans une chapelle latérale, sous un
mausolée de marbre blanc, orné de sa statue, étendue
sur le couvercle, et de moines, de religieuses en prière

sculptés sur les faces. Saint Bertrand reçoit plus d'hommages : toujours exposé à la vénération des fidèles, au milieu du chœur est son tombeau, enchâssé dans un coffre en métal brillant, dont la serrure à secret est l'ouvrage compliqué des artisans du quinzième siècle. De l'évêque vénéré proviennent aussi, dit-on, certaines reliques enfermées dans les armoires de la sacristie, lambeaux de chasubles et d'étoles somptueuses, missel enluminé, anneaux et croix pastorales. Une crosse en cuivre si pesante, qu'il fallait un géant pour la manier sans effort, était la sienne et le saint, assure le chroniqueur, en assommait les ours comme simple gibier... Quelques pièces de l'humble musée ont appartenu au fameux Bertrand de Got, qui fut évêque de Comminges.

A la « cathédrale » s'attache un cloître d'un fort joli style avec ses arcades découpées à la sarrasine, ses tombeaux très anciens chargés d'inscriptions gothiques, et des piliers formés de colonnettes de marbre accouplées, offrant des masques bizarres et de naïves statues.

Telles sont les beautés de Saint-Bertrand de Comminges; il vient de perdre, ayant l'esprit chagrin du passé, son modeste rang politique de chef-lieu de canton, mais il sera, pour bien des années encore, à moins d'une autre invasion des barbares, un rendez-vous d'érudits, d'artistes, de touristes. Les environs ont de l'intérêt, on ne les quitte guère sans avoir visité les grottes fortifiées de Gourdan, de Malvézie, de Gargas où des hommes vécurent à l'époque du renne, où des peuples épouvantés se réfugièrent aux heures funestes du moyen âge. Celle de Gargas, en spath calcaire, large et profonde, rappelle l'affreuse histoire du maçon cannibale Blaise Ferrage, lequel, accusé et convaincu d'y avoir amené et dévoré des femmes et des enfants, fut supplicié à Toulouse le 13 décembre 1782. Des villages infimes attirent l'attention, Saint-Pé d'Ardel, Valcabrère ; ils se rattachent, par des signes évidents, inscriptions et sculptures romaines, à la période prospère de Lugdunum, et le dernier possède la très remarquable église de Saint-Just, dont le portail est un chef-d'œuvre du douzième siècle...

Revenons à la route du fleuve ; il s'augmente des eaux de la Neste, passe vif et limpide sous les cinq arches du pont de Montrejeau, *Mons Regalis*, et de là se dirige, presque droit vers l'est, jusqu'au confluent du Salat. Montrejeau doit son existence et son nom à Philippe le Hardi, il fut l'une de ces nombreuses *bastides* que les rois de France fondèrent dans toutes les provinces dépeuplées et ruinées par la guerre des Albigeois, afin de contenir les révoltes et de ranimer le commerce. Un baron de Montespan en choisit l'emplacement, dirigea sa construction. C'était un homme habile, car le bourg, bien situé, est industrieux et actif. Il s'y tient le plus grand marché de bœufs et de moutons qui soit à dix lieues à la ronde et ses métiers à tricots ne chôment pas.

Comme Montrejeau, Saint-Gaudens s'élève sur la rive gauche de la Garonne, à 400 mètres d'altitude, et représente, élargi, le paysage de la vallée. Autour, les cultures de lin alternent avec les champs de seigle et de maïs, des bosquets de châtaigniers piquent les plaines. Ancienne capitale des vicomtes de Nébouzan, la ville est cependant assez pauvre en œuvres du passé; on n'en peut citer que l'église romane, dont le portail médiocre est du XVIᵉ siècle, une salle capitulaire du XIIᵉ siècle et les façades de deux maisons encastrant des vestiges de l'abbaye de Bonnefont. Elle vit par l'agriculture, mais la grande propriété régissant la campagne environnante, ses habitants louent leurs bras au dehors. Tous les ans aux fenaisons, aux moissons, aux vendanges, s'en vont les jeunes gens des deux sexes offrir leurs services dans la basse Gascogne; M. Bladé cite le chant expressif que les jeunes filles entonnent au départ : *Las hillas de Sent Gaudens — n'au pas argent. — Las que n'au pas ne boulerèn — Faridoundeno — No boulerèn — au païs. Bas anen, anen — Coeille d'argent.*

SAINT-GAUDENS

— *En sege blat, en dailla hen* — *N'en gagnarèn* (1).

A Saint-Martory le fleuve subit une saignée : un canal

ENCAUSSE, ENVIRONS DE SAINT-GAUDENS

parallèle y puise dix mètres cubes d'eau par seconde, et les déverse sur la rive gauche jusqu'à Toulouse.

(1) *Les filles de Saint-Gaudens n'ont pas d'argent.* — *Celles qui n'en ont pas ne mangent pas.* — *La Faridondaine.* — *Ne mangent pas au pays. Elles n'en ont pas, elles en auront.* — *De l'argent mignon.* — *En sciant le blé, en fauchant le foin, elles en gagneront.*

Maintenant il coule dans la direction du nord-est. Abondamment arrosée, la vallée atteint son maximum de fécondité; quelques lieues au-dessus de Saint-Martory près de Rieux, elle produit deux récoltes de céréales par an. L'aisance réelle des cultivateurs se reconnaît à la propreté des villages, bien bâtis, tout en maisons blanches couvertes de tuiles rouges, et suivies de vergers où les fleurs se mêlent aux fruits délicieux. Plusieurs ont une réputation chère aux gourmets; Cazères aux pêches est le Montreuil de la campagne toulousaine. Souvent des châteaux ruinés les dominent; les féodaux pullulaient en pays de si bon rapport. Vous voyez se profiler les rocs surmontés de tours énormes, qui défendirent, puis opprimèrent les riverains. Le donjon de Montpezat, à côté de Saint-Martory, fait face au donjon de Roquefort, et tous les deux regardent celui de Boussens, trinité redoutable jadis. Non loin du premier florissait l'abbaye de Bonnefont, dont les débris romans ornent encore plus d'une église. On ne perd ni son temps ni sa peine à courir ce pays d'antique origine, incomplètement nivelé par les révolutions; des stations sans importance, des communes à l'écart de la grand'route ont un véritable intérêt. Aurignac, trois lieues à l'est de Boussens, a ses grottes sépulcrales pleines d'ornements préhistoriques, de silex et d'objets en corne de renne sculptés, prouvant l'art des troglodytes. Martres a sa fontaine de Saint-Vidian, fréquentée des pèlerins. L'obélisque, visible au Fousseret, séparait la Gascogne du Languedoc; les peintures du château de Fousseret sont, paraît-il, de Le Nostre. Rieux fut un évêché, son église du quatorzième siècle une cathédrale, et il reste du château des prélats une tourelle remémorant aux deux mille habitants d'une petite ville morte sa splendeur évanouie. De Carbonne la diligence conduit aux roches célèbres du Mas d'Azil, mais nous avons déjà pris, à Boussens, l'embranchement du chemin de fer de Saint-Girons, nous entrerons par cette voie dans le fertile bassin de l'Ariège.

En attendant le train, une riante hôtellerie, devant la gare, nous invite à patienter sous ses berceaux de chèvrefeuille, mêlés aux ægrotants, qui se rendent aux eaux de Salies, d'Aulus. A peine sommes-nous installés que le *rabatteur* apparaît. Ce mot vous surprend, vous l'entendez pour la première fois, et vous n'en vîtes jamais l'original, c'est que vous n'avez pas voyagé par ici. Qui, cheminant dans ces régions thermales, n'eut point affaire au rabatteur? Qui ne dut point s'en défendre et recourir à la ruse, sinon à la force, pour échapper aux importunités obséquieuses, puis insolentes, de cet étrange représentant des hôtels « confortables » ? On doit à son importance une mention parmi les phénomènes ethniques et moraux du pays.

Ce personnage multiple est, généralement, un valet, formé à l'indélicatesse par de suspects emplois exercés dans Paris, dont ses manières et son langage sentent les bas-fonds. En la saison où se reposent les chevaux de course, et où végètent les industries ordinaires et extraordinaires subordonnées aux steeple-chases, tels que le commerce des quasi-certitudes, les menues loteries et les jeux de dés consolateurs que l'on propose aux parieurs décavés, le futur rabatteur va chercher d'autres profits où « donnent » les malades élégantes, et sans renoncer aux bénéfices du bonneteau, se charge, moyennant d'honnêtes intérêts, d'entraîner à son « hôtel » les voyageurs en quête d'un logis ; il sait d'ailleurs comment les tenter, ses façons sont adroites et souples, comme celles de Scapin, et il a le mépris qu'il faut des soufflets et des coups de bâton. Partout aux environs des stations à la mode, il hante les gares, épie les arrivants, rôde autour d'eux, saisit au vol leurs projets, scrute et devine leur fortune, s'insinue dans leur société, saute dans leur wagon, surtout s'il est de première classe ; alors la conversation insidieuse lui fournit l'occasion souhaitée de glisser son prospectus et « d'amorcer ». On résiste, il insiste ; parfois on cède pour en finir, ou pour la forme, mais si l'on refuse net, aussitôt se trahit le vilain ; il étend sans gêne ses pieds sur les banquettes, tire de sa poche un flacon d'eau-de-vie et une pipe, allume celle-ci, boit dans l'autre à la régalade, tousse, crache, se mouche, retire encore de sa poche vraiment inépuisable un crasseux jeu de cartes et d'un ton canaille et doucereux : Monsieur veut-il faire une petite partie?...

Le « rabatteur » de Boussens en est avec nous pour ses frais d'amabilité et ses prospectus ; chacun sait où il va ; les uns prendront à Saint-Girons la diligence d'Aulus, les autres s'arrêtent à Salies du Salat, dont les sources salines et ferrugineuses se recommandent aux anémiés. Le lieu est plaisant, ombreux, il a de jolies maisons de campagne, appartenant à la bourgeoisie toulousaine, et des environs romantiques : Ausseing, Saleich, Montsauries, Montespan, berceau d'origine du marquis que Louis XIV daigna minotauriser, dominé encore par les ruines imposantes de son château fort. Voisins des Montespan, les grands féodaux de la province, les comtes de Comminges, habitaient l'été à Salies, où l'on conserve assez bien une chapelle du quatorzième siècle, un donjon du douzième, restes de leur manoir.

SAINT-GIRONS

Saint-Girons, où finit le chemin de fer, laissera froids l'historien et l'artiste, ils ne sauraient y glaner. C'est une de ces villes banales d'où l'on voudrait s'enfuir aussitôt qu'on les aborde, tant leur aspect prévient peu en leur faveur. Une large et fraîche rivière, aimée des truites, le Salat, coule au milieu, séparant l'un de l'autre les deux bourgs distincts autrefois, Bourg-sous-Vic et Villefranche, dont la réunion, aidée par deux ponts aux arches de marbre, a formé le moderne chef-lieu d'arrondissement. Malgré le Salat, les confluents de la Lez et de la Bamp, toute promenade dans les rues, les avenues, soulève des nuages de poussière. On peut, il est vrai, s'asseoir sous les beaux arbres du *Champ-de-Mars* et demeurer immobile à contempler les superbes dentelures des Pyrénées, la cime grandiose, neigeuse du mont Vallier.

En revanche Saint-Girons possède des avantages positifs. Il est commerçant, industrieux, actif, la vie y paraît aisée, les gens de bonne humeur et de bonne mine. Voisin des *ports* praticables des Pyrénées, de ceux du val d'Aran et de la vallée de la Noguera Pallaresa, il trafique aisément et beaucoup avec l'Espagne; sa papeterie renommée occupe plus de deux cents ouvriers et ouvrières. Il est encore, pour plus d'un vallon fertile, un débouché commode, un marché fructueux. Où trouver ailleurs, en août, égale foison de pêches, de prunes, de raisins muscats savoureux, de légumes succulents? Enfin, pour la plus grande joie de l'archéologue, Saint-Lizier, la plus ancienne cité de l'Ariège, s'élève à faible distance.

Vous avez remarqué au dernier arrêt du train, avant Saint-Girons, dans une saisissante vision, un amas de sombres édifices, des remparts, des tours, sur une éminence abrupte, dont les pentes tombent sur la rive droite du Salat? Voilà Saint-Lizier, aujourd'hui simple bourgade de treize cents habitants, jadis capitale de ce fier pays, qu'on appelait alors le Couserans. Le Couserans tenait à ses coutumes, à ses franchises locales comme l'Aragon et la Navarre à leurs fueros, et jusqu'au milieu du seizième siècle les conserva, exigeant de ses princes le serment de les respecter et ne leur rendant hommage qu'à cette condition. Saint-Lizier, le *Lugdunum Consoranorum* des Gallo-Romains, a été du deuxième au douzième siècle un grand centre politique et civilisateur; son influence a rayonné sur le territoire entier du futur comté de Foix. Il eut un évêque dès le troisième siècle environ : saint Vallier prêcha le christianisme à des montagnards demi sauvages, adonnés au culte barbare des dieux indigènes, Abelles, Alardus... auxquels leur superstitieux paganisme associait les divinités étrangères, Jupiter, Vulcain, Sérapis, Isis, Ammon, Mithra... Un autre évêque illustre, saint Lizier, entra dans les conseils d'Alaric; on le voit, en 506, assister au concile d'Agde, convoqué par le roi des Wisigoths pour délibérer sur le code théodosien. Deux siècles plus tard *Lugdunum Consoranorum* n'existait plus, détruit sans doute par la grande invasion sarrazine. Il se releva, grâce à l'énergie de ses évêques, aux largesses de Charlemagne, et prit le nom de Saint-Lizier. Les comtes de Couserans, issus de Charlemagne, y résidèrent; de leur famille sortit la maison de Foix. Au onzième siècle, le Couserans, uni aux comtés de Carcassonne et de Comminges, formait un petit État considérable; par la suite il déclina. Il y eut longtemps encore des vicomtes de Couserans, mais les évêques et seigneurs temporels de Saint-Lizier les primaient dans leur capitale, et ils préféraient séjourner mollement au Castel d'Amour de Massat ou dans leur château d'Encourtiech.

Bâtie de façon à résister à l'usure des siècles, la vieille ville a gardé ses plus notables édifices ; on peut même en contourner pas à pas l'enceinte romaine, souvent emboîtée dans des clôtures particulières, mais jalonnée par douze tours très visibles, bien qu'écimées. On y arrive de plain pied par le pont du Salat, construit du douzième au treizième siècle, et dont une pile renferme à ce qu'on assure un marbre blanc sur lequel on lit une inscription à Minerve. A l'extrémité du pont, une tour de défense protégeait un moulin dont l'architecture originale n'est pas complètement défigurée. Des rues en spirales montent à la place où s'élèvent l'antique cathédrale, quelques maisons du moyen âge et la tour de l'Horloge. Construite sur les fondations d'un temple païen, l'église offre de belles parties romanes ; le chœur, l'abside et les absidioles sont décorés de masques rébarbatifs et encastrent des morceaux de frise gallo-romaine d'une brillante fantaisie ; le clocher octogonal, couronné de créneaux, est un bon ouvrage du quinzième siècle. Le cloître attenant rappelle celui de Saint-Bertrand de Comminges : c'est la même ordonnance gracieuse d'arcades romano-byzantines que supportent de sveltes colonnettes de marbre accouplées surmontées de chapiteaux aux symboliques sculptures. Aux parois des doubles galeries s'adossent les roides statues et les dalles funéraires de plusieurs évêques et chanoines, loués pour leurs vertus en de gothiques épitaphes. Une de ces dalles, signalée par un écriteau, présente l'effigie gravée au trait de l'évêque Auger de Montfaucon mort en 1304, dont le corps exhumé il y a quelques trente ans fut trouvé dans un extraordinaire état de conservation. Au dire du procès-verbal, et comme nous l'ont affirmé des témoins oculaires, le personnage, encore enveloppé de ses vêtements sacerdotaux, semblait endormi dans l'attitude de la prière ; sa physionomie, nullement altérée par cinq cent cinquante années d'ombre impénétrable, avait une expression d'indicible sérénité, elle était seulement un peu bistrée, mais la peau, sous une légère pression du doigt, rebondissait comme si la vie n'eût été que suspendue, si bien qu'on avait peine à croire à l'incontestable vieillesse de cette merveilleuse momie.

COUVENT NOTRE-DAME ET ARMES DE PAMIERS

Les seigneurs spirituels et temporels de Saint-Lizier habitaient au sommet de la colline, précisément au-dessus du Salat, un château féodal, édifié sur l'emplacement du castellum Lugduni. Ce n'est plus qu'un assez vaste ensemble de cours, de jardins, de constructions disparates, les plus récentes datant du dix-septième siècle, mais un énorme donjon le domine, il est sillonné de profonds souterrains et cerné d'épaisses murailles, entées sur la crête du rocher, au pied duquel coule la rivière. Une salle capitulaire et la chapelle des prélats, l'une et l'autre d'un joli style ogival, sont à visiter : pour le reste de la demeure épiscopale, il sert de logement à toute une colonie d'aliénés des deux sexes, la plupart envoyés de Paris, pourvoyeur inépuisable de ces tristes asiles.

Quelques promenades autour de Saint-Lizier achèvent de déterminer son antique importance. La chapelle de Marsan, non loin de la ville, repose sur les assises d'un temple de Mars; celle de Montjoie fut un temple de Jupiter et dans l'église de Lescure un autel dédié au Père des dieux : *Autori bonarum tempestatum*, supporte un bénitier. Au village d'Aubert, qui possède des carrières de marbre blanc veiné de gris, la tradition populaire marque le point du gisement, nommé Traüc del Delremberi (Trou de l'Oubli) où s'arrêta l'exploitation romaine... Au cours de ces recherches un détour aisé mène à la grotte de Las Roquos, près de Gajan et aux trois grottes de Cazanet : elles sont fort belles, creusées dans les montagnes à des profondeurs demeurées inconnues pour deux d'entre elles, que des éboulements, des abîmes interceptent, et pour les autres atteignant jusqu'à 2 kilomètres; des sources en jaillissent, des torrents.....

Saint-Girons est un excellent poste d'excursions pour qui veut parcourir en zigzags le territoire entier de l'Ariège, seulement desservi par deux lignes de voies ferrées. Toutes les grandes routes y aboutissent, rayonnent vers Foix, Pamiers, Tarascon, et se ramifient à celles de Mirepoix, de Lavelanet, d'Ax. Il se relie aux villes principales par un service de diligences à peu près quotidien, en tout cas régulier. N'aimez-vous point la patache commune, toujours un peu lourde, d'allure lente, cahotante, et malgré cela, à cause de cela même, agréable à l'observateur, chère à l'artiste de métier ou d'intention, venus pour voir et savoir, se saturer les yeux de beautés pittoresques et l'esprit de connaissances originales? Le maître de poste vous louera, si vous le désirez, une calèche démodée, blasonnée, baroque, mais attelée à de solides petits chevaux du Bigorre; il dispose également, bien à votre service, de chevaux, d'ânes et de mulets dressés à gravir les montagnes. Vous aurez des cochers habiles, des guides complaisants et sagement demandeurs. Nous ne sommes plus au fastueux Luchon ; n'étant point gâtés par la mode et les guinées anglaises, les gens ne rivalisent pas encore dans l'art ingénieux de vider prestement la bourse des touristes.

Vous êtes décidé, vous partez. Le midi vous attire d'abord, les hautes cimes des Pyrénées vous fascinent;

il vous plaît d'aller mesurer votre chétive stature au port majestueux des pics de Mauberne, de Crabère, du mont Vallier, des trois Comtes, de la Tero, du May de Bulard, du mont Rouche, du cap des Roujos que vous avez vus, de la terrasse de Saint-Lizier, élever leurs têtes chenues, leurs fronts diamantés, par-dessus la chaîne noire des montagnes inférieures encore puissantes à nos yeux, humbles devant ces géants de la frontière. De ces côtés la marche est facile. Les besoins des échanges ont tracé des chemins carrossables le long de presque toutes les rivières et dans la direction de tous les défilés ouverts sur l'Espagne. Vous entrez dans les vallées fertiles de la Lez, puis du Salat, du Garbet, où vous trouverez Aulus. D'opulentes cultures s'étendent jusqu'aux pieds des hauteurs, où les céréales cèdent à la vigne, des forêts de chênes et de sapins ombrent les sommets ; abritant sous leurs ténèbres le sanglier, l'ours, le loup, le renard, le blaireau et le timide isard. Par troupeaux compacts les moutons, les chèvres paissent les herbes aromatiques de quelques versants ; les bœufs sont parqués sur les hauts plateaux, au loin. L'aspect du pays respire l'aisance, et relativement à la superficie des terres habitables, il semble très peuplé : aux villages succèdent les villages, à peine distants l'un de l'autre d'une lieue à une lieue et demie. Ces villages, à la vérité, se composent d'un petit groupe de maisons basses rustiquement bâties, laissant apercevoir de pauvres intérieurs enfumés; mais les pampres enguirlandent leurs façades devant lesquelles se trouve toujours un banc disposé pour la vie en plein air. Tous les arbres fruitiers de nos jardins abondent dans les fermes; l'abricotier, le pêcher, le cerisier, le prunier leur donnent de belles récoltes, on y entretient des ruches; on y confectionne des fromages appétissants, on y engraisse des volailles, et pendant six mois de l'an les charrettes portent à la ville des paniers de fraises de bois, que la culture grossit un peu sans altérer leur parfum sauvage. Il n'est pas d'endroit où l'on obtienne avec moins d'argent un repas plus délectable, pourvu que l'on sache au besoin se contenter d'œufs frais, de poisson frit tout vif, de fruits et de légumes cueillis à l'instant; jamais ne manquent la truite ni l'écrevisse, et venue la saison des chasses, la moindre auberge est en état de vous offrir un gibier de roi, coq de bruyère ou bécassine, lièvre ou perdrix, pluvier ou vanneau... Quant aux hôtes, ils ont sans doute l'abord un peu sévère; ce sont de petits hommes bruns, trapus, lestes, aux gestes mesurés, de petites femmes au teint jaune, aux cheveux et aux yeux noirs, vives sans enjouement; en somme, ils s'humanisent assez vite, et vous obligeront volontiers après quelques heures de relations. Les mœurs simples, probes et dignes d'autrefois sont encore les leurs; ils n'ont pas non plus rejeté les costumes des aïeux. Dimanche ou jour de grand marché la coquette fermière se coiffe d'un bonnet de dentelle que recouvre la capeline de mérinos brodée de fleurettes en soie d'or, sur sa poitrine se croise un fichu de soie violette ou rose agrémentée, une croix à la Jeannette brille au milieu, et si elle est riche, des bijoux chargeant ses doigts et ses oreilles attestent sa fortune. Ces couleurs, ces ors rehaussent une robe d'un noir uniforme; car le noir est la sombre livrée des gens voués aux longs hivers cruels, qui les terrent sous la neige de septembre en avril.

Sombre aussi, autour des moyennes hauteurs, le paysage inspire plutôt la gravité que la joie, même sous le radieux soleil. Les versants des monts granitiques se coupent en tranchées brusques, grises ; les forêts impénétrables ceignent dans un dur contour l'horizon limité aux pâles glaciers, aux frigides palais de l'hiver, toujours présent à la pensée de l'homme, toujours menaçant. Le feuillage est d'une teinte foncée, comme nourri du fer, partout répandu dans la région, dilué dans les sources thermales, ou gisant dans les mines. Mais voici : la vallée devient un vallon, puis un défilé où, bondissant sur des quartiers de roche, la rivière vous guide vers sa source. La scène change. Des ruisseaux creusent sur le flanc des montagnes le sillon argenté des cascades: ils brillent de l'éclat du soleil, il jasent avec les oiseaux, ils égayent le silence, ils réjouissent l'âpre nature, qui daigne vous sourire. Vous approchez des cimes vertigineuses; la rivière est un torrent, la cascade une cataracte impétueuse, roulant pêle-mêle des arbres déracinés, des pierres énormes et du limon; un étang, un morceau de ciel bleu enchâssé dans la terre brune, s'élargit, et au bruit de vos pas, le canard sauvage plonge dans l'onde, la loutre fuit sous les roseaux. Les pics se dressent enfin dans leur austère, leur effrayante grandeur; presque sans verdure, leurs corps de granits ne présentent que de rudes aspérités, et leurs têtes blanches, à demi cachées dans les nuages, seraient les nids inaccessibles de l'aigle et du vautour, le duc et l'épervier y vivraient sans peur de l'homme, si les contrebandiers ne s'étaient frayé des chemins jusqu'à leur retraite.

Vous marchez, vous marchez encore, deci delà, selon les indications du géographe et de l'historien... Nous n'irons point tracer l'itinéraire de si diverses étapes; combien de pages il y faudrait! Certes, vous n'oublierez pas les sites fameux : la chapelle de Notre-Dame des Neiges, au fond de la vallée de l'Isard où, le 5 août, les guides des Pyrénées, les montagnards, fidèles comme les marins au culte de la Vierge-Mère, se rendent en pèlerinage; le pic du Midi, le triste mont Vallier, les neuf fontaines du Salat, l'étang et la source du Garbet; Ustou où de la grotte de Font-Sainte s'échappe une fontaine miraculeuse, honorée, implorée séculairement dans une chapelle voisine par les malades des deux côtés de la frontière. Peut-être à Ustou, et dans ses environs, aurez-vous le plaisir de rencontrer des ours savants, c'est-à-dire instruits dans les arts de la danse, de la lutte courtoise et de la civilité puérile et honnête ; les élever à ce remarquable degré de civilisation constituait naguère l'industrie importante des gens du pays. Mais soit que les badauds ne s'amusent plus aux gentillesses de maître Martin, qui firent jadis, au témoignage de Froissart, se pâmer de rire les féodaux des

L'ARIÈGE A BENAGUES PRÈS PAMIERS

comtes de Foix, les illustres comtes eux-mêmes, soit que la race oursine ne fournisse plus de sujets dociles et bien doués, l'industrie des montreurs et dresseurs d'ours s'en va déclinant...

La plupart de ces voyages, faciles à partir d'Aulus, où se concentrent les moyens de locomotion, distraient infiniment les baigneurs de cette petite ville, d'autant que ce ne sont point de graves malades, mais des personnes affectées de rebelles maladies de la peau. Trois sources d'eaux thermales, salines et ferrugineuses, sourdant de terrains bourbeux, guérissent, on l'assure, de ces vices du sang : encore les promenades à cheval et la marche... La vie n'est pas trop coûteuse à Aulus, bonne raison pour y demeurer; ingambes, nous y passerons seulement. En route vers Saint-Girons, pour gagner les bords de l'Ariège, Pamiers, Saverdun, Foix,

LES BORDS DE L'HERS PRÈS GAUDIÈRES

nous notons, en passant près de Massat, les ruines du Castel d'Amour, où séjournèrent les vicomtes de Couserans, dans la société des dames et des poètes, à l'époque galante et chevaleresque du moyen âge. Le Salat est franchi, et le Baup. Cette autre rivière, que sa pente rapide précipite à grand bruit dans une gorge étroite, et qui, tout à coup arrêtée par une roche énorme, arquée en amphithéâtre au sommet, s'y engouffre dans une grotte superbe, sous une voûte de 80 mètres de hauteur sur

50 mètres de largeur, que son irrésistible élan semble avoir creusée et façonnée : c'est l'Ariège. La roche, fameuse dans toute la région, et l'une des célèbres beautés pittoresques de la France, a nom La Roche du Mas. Mais on nous a gâté La Roche du Mas; la voie publique passe aujourd'hui sous la grotte obscure, changée en vulgaire tunnel, éclairé par des réverbères et déjà nombre d'inscriptions stupides et de signatures quelconques salissent les parois des trois galeries latérales de l'amphithéâtre naturel. A dix minutes de La Roche du Mas est l'église ancienne du chef-lieu de canton, le Mas d'Azil; trois lieues au nord, nous pourrions aluer, au village de Carla-le-Comte, la vieille demeure où fut le berceau de Bayle, l'illustre philosophe ; plus à l'ouest, le château de La Bastide-Besplas, théâtre d'un lugubre drame, il y a de cela près de trente ans, étale au bord du chemin sa façade briquetée, morose.

Maintenant apparaissent les riches campagnes de la vallée de l'Ariège, voici la terre aux magnifiques moissons de l'arrondissement de Pamiers, dont il faut, comme en Beauce, couvrir d'or la moindre parcelle que l'on veut acheter. L'Aurigera, — la charrieuse d'or — des anciens étymologistes, si elle ne roule, entre Campagna et Saverdun, que de rares paillettes du précieux métal, mériterait cependant ce nom illusoire par sa puissance de fécondité : ne sème-t-elle pas en courant des trésors plus durables que des galions ?

Pamiers est une ville intéressante, religieuse, bourgeoise, industrielle, avec de nobles édifices, des rues droites, des usines où plus de deux mille ouvriers travaillent le fer, le fer excellent de l'Ariège, jadis ouvré dans les nombreuses forges à la catalane, établies çà et là en maints lieux qu'elles animaient de leur bruit, éclairaient de leurs flammes. Le jour de loisir, tout ce monde laborieux mélangé aux anciennes familles de la cité épiscopale donne une physionomie très diverse à la belle promenade du Castella. Où s'étend cette promenade s'élevait le château féodal d'Apamiers, bâti par le comte de Foix, Roger II, au retour de la première croisade : voilà la transparente origine de Pamiers. A pareille époque la fondation de l'abbaye de Saint-Antoine de Frédelas, par le même prince, lui assurait une grande importance cléricale. Au treizième siècle, le pape Boniface VIII promut au rang d'évêque un abbé de Saint-Antoine, Bernard de Saisset, dévoué à sa cause; bientôt le nouveau siège éclipsa en richesse et en influence le siège antique de Saint-Lizier. De nos jours encore la splendeur de l'évêché montre quelle fut la prépondérance et la haute fortune des prélats d'autrefois. Les églises, à l'exception d'une seule, sont moins remarquables. Mansart reconstruisit la cathédrale, en lui conservant une massive tour crénelée, surmontée d'une cloche octogone, d'un effet bizarre au milieu d'une architecture classique. Notre-Dame du Camp n'a pas été défigurée par ce mauvais goût; son énorme façade cubique au front dentelé de créneaux et percé de màchicoulis, et que deux tours également crénelées mettent en un relief puissant, garde un beau caractère d'énergie farouche.

Pamiers est entouré de petites villes contemporaines de la première période de créations des comtes de Foix leur puissance, avant la croisade. Saverdun, Mirepoix, Mazères, ont ensemble commencé par une forteresse ou une maison de plaisance des Roger et des Roger Bernard ; il y paraît à leur situation sur un point élevé, facile à défendre, au style de leurs églises, de leurs châteaux, solides et sans grâce. Ils laissent d'uniformes impressions; cependant on les visite au risque d'être déçu.

Le chemin de fer, descendant la vallée de l'Ariège, conduit à Saverdun d'où l'on gagne aisément Mazères, résidence de loisir, de chasse et de fêtes des comtes de Foix. Ils y tenaient la cour bigarrée que Froissart a décrite amoureusement sous le règne de Gaston Phœbus, qui le reçut à sa table et dans son intimité, lui conta ses prouesses. Les plaisirs de ces brillants seigneurs n'étaient pas des plus fins. Des jongleurs, des acrobates, des lutteurs, des montreurs de bêtes, se chargeaient de les divertir dans les courts intervalles de leurs batailles et chevauchées. Un gentilhomme-hercule gravissant l'escalier d'honneur, avec un âne sur ses épaules et pénétrant, chargé ainsi, dans la salle à manger du prince, émerveillait chacun. Les jeux chevaleresques, tenus par de rudes jouteurs, qui ne s'épargnaient point, les amusaient toujours. Parfois les dames soulevaient, devant ces hommes de fer, les problèmes de la galanterie quintessenciée, leur posaient les questions déliées des cours d'amour, ou bien un troubadour, sûr d'être entendu du maître du logis, poète lui-même, les tenait attentifs et charmés au chant d'un sirvente belliqueux ou d'une amoureuse ballade... Tels plaisirs accueillirent Charles VI, lorsqu'il accepta, en 1390, l'hospitalité de son riche et puissant vassal. Mais si vous voulez vous représenter Mazères, lisez la chronique de Froissart; les maigres vestiges de la somptueuse demeure ne vous en inspireraient aucune idée.

On va de Pamiers à Mirepoix en cinq heures de voiture par une route plane, à travers les vallées de l'Ariège et de l'Hers, également fécondes. C'est une petite ville de rentiers, une ville morte; elle vécut, il y a quatre ou cinq cents ans, de la vie militaire et religieuse du moyen âge. Son château de Terride, dont la tour carrée, la jolie chapelle gothique, et la place d'armes entourée de murs percés de meurtrières et de fossés, ont encore grande apparence, était une citadelle des comtes de Foix. Simon de Montfort s'en empara en 1209, un incendie le consuma quatre-vingts ans après, et en 1317 le pape Jean XXII l'érigea en évêché. Le Concordat de 1802 réunit ce trop faible diocèse à celui de Pamiers : Mirepoix se souvient qu'il eut des évêques, et continue d'appeler « cathédrale » son église unique : voilà sa gloire et sa consolation.

Quelques débris du passé vous recommandent la petite ville. Les sept chapelles du chœur de l'église exposent des reliquaires, des boiseries, des statuettes artistiques; les maisons en bois de la grande place, datées du treizième siècle, des fragments d'enceinte, une porte urbaine du quatorzième siècle, un portail du treizième siècle intéresseront l'archéologue. Les indifférents visiteront au moins le mausolée du maréchal Clauzel, un des plus vaillants parmi la phalange d'héroïques officiers, que la région de l'Ariège, brave et patriote entre toutes, fournit aux armées de la République; ils se plairont dans les jolies promenades que rafraîchissent des fontaines jaillissantes, et combien de célèbres entours les réclament! C'est Vals, dont l'église taillée dans le roc est si vénérée; Lagarde, dont l'imposante forteresse égalait le château de Terride; Léran, dont le castel, parfaitement restauré, possède un écho répétant dix-sept syllabes; Laroque d'Olmès, proche de la grotte de Peyro-Traücado, mystérieuse autrefois, et des caves de l'Entoumadou, en lesquelles s'engouffre la rivière Lectouïre, pour reparaître deux lieues au delà.

Chercheurs passionnés, artistes, touristes, armez-vous de patience et de courage. Ceignez vos reins, prenez l'alpenstok, vous êtes ici, derechef, dans la région tourmentée des noires montagnes, des pics nuageux. Les beaux spectacles de la nature, les émouvants souvenirs, se révèlent à l'écart de la route banale, au prix de mille fatigues largement récompensées. Voici, devant vous, la colline de Sainte-Rufine, surmontée de son antique chapelle, et la lourde masse du Plantaurel où s'effritent les décombres du Castel-Sarrazin. Belesta borne l'horizon de sa vaste forêt de sapins gigantesques, ombrant des roches caverneuses, des carrières d'albâtre et la fontaine intermittente de Fontestorbe. Avancez ; le pic de Saint-Barthélemy étend jusqu'à vous ses longues ramifications, entrecoupées de précipices et d'abîmes, et dresse au centre de ce massif, longtemps impénétrable et redouté, son front mystérieux. Là, aux premiers siècles du christianisme, se réfugièrent les disciples de l'hérétique Vigilance, chassés d'Espagne ; là, mêlés aux superstitieux autochtones, ils célébrèrent d'étranges sacrifices, dont le peuple s'épouvanta ; là peut-être fut le berceau du manichéisme albigeois, et ce fut aussi son tombeau. Sur un roc haut de 1200 mètres, les murailles, les fossés du fameux château de Montségur remémorent un dernier épisode de l'atroce croisade : suprême refuge des Cathares, traqués partout comme des fauves, ils y furent assiégés en 1244 par le comte de Toulouse Raymond VII. Les saints hommes de la secte, évêques et *parfaits*, dirigeaient la défense : ayant épuisé leurs ressources ils firent évader quatre des leurs, chargés du trésor de la communauté, et se rendirent le 14 mars. Aussitôt, avec leurs coréligionnaires, au nombre de deux cents, ils furent jetés tout vifs dans les flammes.

Nous voilà bien loin des bords de l'Ariège; quelques chemins classés, beaucoup plus de sentiers ardus contournant les pics de Tabe et Galniat, le mont Fourcat, vous y ramènent; le chemin de fer aussi peut vous aider, vous conduire à Foix...

La capitale de l'ancien comté, réuni seulement à la France au mois de juillet 1707, n'est pas séduisante; ses rues étroites, aux pavés aigus, se croisent bizarrement sur le sol raboteux ; ses maisons semblent tristes. L'Ariège même ne réjouit pas ce paysage, elle coule grossie de son affluent l'Arget, entre des quais heurtés et des rochers abrupts. Un de ces rochers frappe d'abord l'attention ; il porte au sommet, couronnement naturel à sa rude stature, trois tours rondes énormes, crénelées, restes du formidable château fort dont la possession fit la fortune des comtes de Foix. La ville a l'âge même de ces pierres, encore si solides, bien que datant du onzième siècle.

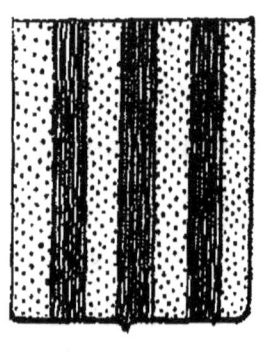

FOIX

Là, du seigneur Bernard, issu de la maison de Couserans, à Gaston Phœbus, résida cette race de batailleurs et de conquérants si vantés dans les chroniques pour leur valeur, leurs exploits, leur caractère chevaleresque, leur habileté politique, leur sagesse gouvernementale, et leur goût pour la poésie. C'était surtout leur refuge en cas d'alerte, ils y bravaient impu-

FOIX

nément leurs ennemis, les obligeaient de s'éloigner, reprenaient aussitôt l'avantage. Aidés des vassalités environnantes, ils s'agrandissaient continuellement aux dépens de leurs voisins. Mais la croisade contre les Albigeois manqua leur être fatale. Chrétiens orthodoxes, en apparence, se *croisant* volontiers, ils toléraient l'hérésie, la jugeaient inoffensive, respectaient la vertu des *bonshommes*, à ce point même que le comte Raymond les réunissait à sa table pour s'instruire de leurs doctrines, tandis que sa propre sœur, Esclarmonde, obtenant le titre de *parfait*, faisait construire le château de Montségur pour servir de place forte à la secte grandissante. Qui ne connaît cette période étonnante de leur histoire : les victoires de Raymond Roger, fidèle au comte de Toulouse, sur les envahisseurs du Nord, sa défaite à Muret, sa revanche à Toulouse, les luttes de Roger Bernard contre le pape, l'inquisition, sa soumission au roi de France, et son existence agitée se terminant dans l'abbaye de Boulbonne sous la bure du bénédictin ?... Un moment, le château de Foix fut abandonné au légat du pape, un moment en 1272, le belliqueux Roger Bernard III, assiégé par Philippe le Hardi, dut lui céder sa forteresse. Après tant d'aventures, de succès extraordinaires et de désastres vite réparés, les comtes de Foix possèdent à la fin du treizième siècle la vicomté de Castelbon et d'autres fiefs en Cerdagne, des droits, contestés il est vrai, par l'évêque d'Urgel, sur la vallée d'Andorre, et la seigneurie du Béarn. Le plus célèbre d'entre eux, Gaston Phœbus, joint à ses titres celui de gouverneur du Languedoc et de la Gascogne pour le roi de France. Mais alors Foix n'est plus qu'une citadelle, sous l'autorité d'un sénéchal; les comtes n'y viennent guère, lui préfèrent leurs magnifiques *séjours* d'Orthez et de Mazères, dont on cite partout avec admiration le faste, les meutes, les équipages, la haute vie. Néanmoins, Gaston Phœbus fit construire en 1361 le donjon cylindrique dont les trois tours protègent l'approche.

Vers le temps où fut bâti le château, une colonie de bénédictins fonda, à côté, l'abbaye de Saint-Volusien : l'un et l'autre groupèrent autour d'eux la ville nouvelle. L'église paroissiale était l'église de l'abbaye, représentée encore par les bâtiments, reconstruits d'après les plans anciens, où sont installées la Préfecture et la Bibliothèque. Il n'est point d'autres édifices remarquables, sinon le château des gouverneurs, transformé en palais de Justice. Sur la jolie promenade de Villotte est la statue de Lakanal ; aux alentours la grotte sépulcrale de l'Herm, l'Ermitage de Saint-Sauveur...

Grise, terne, couleur de fer et de rouille, teintée du reflet de l'industrie métallurgique, Foix est le centre et le débouché des forges environnantes de Saint-Antoine, de Moulinery, de Berdoulet, et Serre lui envoie de deux lieues les produits des forges de Niaux, Capoulet, Surba et Gaynès. Vers le sud, en deçà, se rencontrent des bourgades ou de toutes petites villes, charmantes dans leur simplicité montagnarde, avec leur vieille tour plantée sur une roche aux pentes roides, leurs maisonnettes éparpillées sur les bords de l'Ariège, leurs jardins grimpeurs, et leurs terrasses drapées du linge qui sèche au soleil. Tarascon est ainsi. Louis XIII a fait abattre son château fort, mais il lui reste deux portes

TARASCON

du quinzième et du seizième siècle, une vieille église de la Dalbade, et d'admirables voisinages. A l'ouest, nous attirent les montagnes si pittoresques du Gourbit, les grottes de Bédeilhac, où la légende place le tombeau de Roland, le pic des Trois-Seigneurs, la grotte de Lombrive... Au midi, à moins d'une lieue, c'est Ussat, dont les sources thermales bicarbonatées calciques sont salutaires aux névrosés; Ornalac, où en 1328 furent massacrés avec une férocité digne de l'âge de pierre, en des grottes pleines d'ossements des premiers hommes, les *faidits*, derniers fidèles de l'hérésie cathare. Plus loin, au milieu d'un cirque de montagnes énormes,

USSAT

les ruines de la forteresse de Mylos surmontent un rocher presque inaccessible; Les Cabannes étend ses ravissantes promenades; Lordat, l'antique chef-lieu du Lordadais, fief des vicomtes de Castelbon, transmis à la maison de Foix par le mariage d'Ermesinde de Castelbon avec le comte Roger Bernard, assemble quelques chaumières auprès d'un donjon, de tours et de murs encore imposants. Ax, où s'arrête le chemin de fer, sera aussi le terme de notre voyage.

Situé au point où débouchent les quatre vallées d'Ascon, de l'Orlu, du torrent de la Fouis et de l'Ariège; saturé, en toute saison, des vapeurs chaudes exhalées par les sources sulfureuses jaillissant de toutes parts, Ax est le Luchon de l'Ariège, moins le faste, la gêne, imposés par la mode à la « Perle des Pyrénées ». Il serait délicieux de s'y fixer au moins pour un mois. Sans envier le sort des rhumatisants, dartreux, scrofuleux et autres malingreux obligés d'y séjourner pour une cure nécessaire, on les trouve d'heureuses gens. L'action thérapeutique des eaux paraît incontestable; on l'appréciait au moyen âge : la piscine des Ladres remonte à l'an 1200, et l'hôpital Saint-Louis, restauré en 1747, date de 1270; aujourd'hui, l'établissement modèle, les bains de Breilh, de Tesch-Saint-Roch, de Caboulet, fort bien organisés, les distribuent aux malades.

Ax dépassé, l'Ariège s'enfonce dans les massifs tortueux de la frontière qu'il traverse au village l'Hospitalet, sa source est à quelques lieues de là, aux confins du val d'Andorre et des Pyrénées-Orientales. Contre ses rives s'ouvrent de frais vallons, très boisés, sombres, sonores, où bruissent des torrents, des cascades, où miroitent des lacs bleus, où vivent des fauves. Mais nous n'avons pas à la suivre plus loin, nous la descendrons au contraire jusqu'à son confluent avec la Garonne. Franchissant les pays déjà parcourus, le railway nous laisse voir Cintegabelle dont l'église recèle de riches débris de la grande abbaye de Boulbonne, transportés ici de Saverdun; il traverse les plaines fertiles du Lauraguais, traverse Auterive, les faubourgs de Toulouse...

CHAPITRE III

TOULOUSE LA ROMAINE

TOULOUSE

Par une journée d'août, sous le ciel chauffé à blanc, une immense agglomération de briques et de pierres s'étale, brûle, rissole, des vapeurs ténues s'en exhalent, voilant le soleil, brouillant l'azur ; on dirait, d'en haut, un brasier incandescent se consumant sans flammes au milieu des plaines d'or des vallées de la Garonne, de l'Ariège et du Tarn. C'est une ville : Toulouse la Romaine et la palladienne, la savante, la lettrée, l'artiste, la capitale intellectuelle du midi de la France, vantée, chantée, à nous assourdir, par tant de troubadours, depuis le prosateur Ausone : « Tolosa, ma nourrice, un rempart de briques l'enveloppe de ses vastes contours ; à ses côtés coule le beau fleuve de la Garonne. Des peuples sans nombre répandent la vie dans cette cité... Elle a donné naissance à quatre villes sans s'épuiser ou perdre un seul de ses habitants... » Et Guilhem de Tudèle ou, si ce n'est lui, le rapsode in-

LE CAPITOLE A TOULOUSE

connu de la croisade des Albigeois... « De totas civitatz cela la flors e roza. » Encore, la jeunesse clame harmonieusement : « O mountañes flos, o moun païs, o Tolos ! » La rose des cités, la fleur des montagnes !... Voyons.

Tout de suite, le chemin de fer vous jette dans la lumière crue et dans l'ardente poussière d'un boulevard sans ombre; en face s'allonge un autre boulevard et tous les deux bordent un canal, rivière immobile et fumante emprisonnée dans un lit de pierres d'où s'échappe une odeur d'eau tiède fermentée. Ces parallèles boulevards, se continuant sous d'autres noms, longent le même canal, le fameux canal du Midi, enserrent les faubourgs Matabiau, Saint-Pierre, Saint-Étienne, Saint-Michel, peuplés d'artisans, de pépiniéristes et d'usiniers, dans la double courbe de leurs chaussées, dont le vent d'autan, fléau des étés languedociens, soulève en tourbillons la poudre aveuglante. On fuit, croyant l'éviter, le vent torride; et du boulevard on s'engage dans les allées Lafayette : c'est la promenade élyséenne, le rendez-vous préféré de la ville aux heures oisives. Mais là encore il souffle, sèche les arbres, ternit les verdures, fane les fleurs, tanne la peau, mord la gorge, grossit le foie, enfièvre le sang... N'est-ce pas ce tourmenteur impitoyable qui donne aux visages de ses victimes habituelles leur teint mat et bilieux, presque morbide ? Vous les rencontrez. Elles passent vite, affairées, agitées, souvent sans objet, graves avec cela, jusqu'à l'instant de la prompte poignée de main, de la conversation rapide et du sourire fugitif : les hommes, plutôt courts de taille, les traits fins mais gros dès la trentaine, bouffis, les femmes, vouées à l'embonpoint précoce, mais charmantes en leur prime jeunesse, vives, prestes, rieuses, espiègles, brunes et du scintillement de leurs grands yeux, noires étoiles, illuminant leurs pâles figures.

Vous êtes aux angles où les allées Lafayette coupent les boulevards de la ville même : boulevard Saint-Aubin à gauche, boulevard de Strasbourg à droite, et celui-ci se prolongeant en d'autres boulevards jusqu'au canal de Brienne, et celui-là se raccordant aux allées Saint-Étienne et Saint-Michel pour rejoindre la Garonne, isolent des faubourgs modernes les vieux quartiers historiques, aux nobles monuments.

Vous êtes aussi dans le centre animé de la vie toulousaine, presque toute extérieure. Voici les cafés où elle se dépense, exubérante de propos superflus et de gestes inutiles. A la suite, ils ouvrent leurs salons vastes, luxueux, confortables, au moins en apparence, gais à l'œil, bruyants, fréquentés du matin au soir par une bourgeoisie dévorée d'ennui, hors de son comptoir ou de sa fabrique, rarement fixée au logis par l'attrait familial du *home*, si cher aux septentrionaux. Des mots criés, chantés, vous arrivent, pêle-mêle, avec leur accent rocailleux et rythmique, les jeux de physionomie qu'ils provoquent, les mouvements lestes qui les soulignent. — Eh, comment va ? — Qu'es aco ? — Et autrement? — Qué disès? — Diatase! — Expression sublimée du dédain ou de l'étonnement admiratif. — Aditias! — Pas une table sans tapis vert, des cartes ou des dominos. Abattant ses atouts, ou poussant ses pions, un partenaire entonne un grand air d'opéra, avoue la passion irrésistible du Toulousain pour la musique, et la justifie par la délicatesse de son oreille et l'aisance de sa méthode; n'est-il pas, comme tous ses concitoyens, ténor, basse ou baryton, *di primo cartello?* — Mais soudain, un coup douteux allume une discussion, les voix s'élèvent, aigres et rudes, montent au crescendo suraigu de la colère, s'enflent jusqu'au tonnerre de la menace, et brusquement s'apaisent, fusent en rires...

Dans cet éclair de violence inoffensive se révèle le caractère de ce peuple formé par le mélange heureux des Celtes et des Romains, unissant en lui le tempérament hardi, querelleur et belliqueux de son ancêtre, le Volce Tectosage, à l'esprit avisé, entreprenant et politique du Latin. Ces deux natures ont leur effet dans l'histoire agitée de Toulouse, tour à tour elles régissent ses destinées. La ville est purement latine, lorsque, florissante capitale de l'empire visigoth et du duché d'Aquitaine, elle garde le précieux dépôt de la civilisation romaine, et en plein moyen âge barbare et pauvre, demeure riche, plaisante et polie. Latine plus encore elle est sous le règne adoré de ses comtes, municipe privilégié, presque indépendant, séjour chevaleresque de joyeux dits et de galants propos, aimé des dames et des poètes. Mais la croisade des hommes du nord l'attaque cruellement dans son scepticisme et sa mollesse. Simon de Montfort la blesse au cœur, l'Inquisition la terrorise : alors, reparaît le Tectosage. Toulouse, bénigne et tolérante cité, surpasse ses oppresseurs en fanatisme brutal, flambe ou massacre ses hérétiques, les punit même encore, au dix-huitième siècle, de crimes imaginaires, se tache du sang innocent de Vanini et de Calas. Aujourd'hui, Tectosage et Latin réconciliés font, on le voit, bon ménage.

Le café de la Comédie, le plus somptueux de la ville, vraiment joli avec ses jets d'eau tombant en pluie sur des pyramides de fleurs, ses tentures, ses ors, ses cristaux, l'agrément de son service, n'est séparé que par un square et un pâté de maisons du Capitole, où vous allez. Traversez la spacieuse rue moderne Alsace-Lorraine, long alignement de hautes et belles maisons de pierres, aux magasins brillants ; en bordure de cette rue, les massifs d'un jardin public voilent à demi la façade rose de l'Hôtel de Ville, si célèbre par son origine, ses légendes et son histoire. Où il s'élève, assure la tradition, un lac s'étendait, le lac où les Volces Tectosages, au retour de leur expédition de Galatie, jetèrent les trésors du temple de Delphes, évalués par Strabon à 15 millions de talents, trésors vraiment maudits puisque le consul Servius Cepion, l'an 105, ayant fait dessécher le lac pour s'en emparer, n'éprouva depuis que des défaites, infligées évidemment par le courroux des dieux : ce qui donna lieu au proverbe fataliste : *Habet aurum tolosanum...* Peut-être encore, s'il en faut croire d'audacieux annalistes, repose-t-il sur les fondations d'un capitole antique, imité de l'illustre temple de Rome. Quoi qu'il en soit, le voici.

C'est un vaste édifice, dont l'uniforme et froide architecture, plaquée au dix-huitième siècle, par amour du style noble, sur des constructions du quatorzième, du quinzième et du seizième siècle, se recommande aux artistes par des figures en haut-relief et de beaux mascarons. La cour intérieure offre une porte monumentale décorée de rinceaux fort gracieux et de figures d'un grand style : ennemis vaincus et enchaînés tout à fait dans la manière des superbes captifs de Michel-Ange, Renommées d'une envolée juste et charmante, couronnant l'équestre statue en bronze de Henri IV, que saluait en 1632, de la plate-forme de son échafaud dressé en face, le maréchal de Montmorency, déjà sous la hache du bourreau. Cette porte est en partie l'œuvre de Nicolas Bachelier, élève, comme il y paraît, du grand maître florentin : sculpteur, architecte, gloire de Toulouse, où il naquit, prodigua son talent inventif et plein de goût. Nous en aimons l'inscription, gravée en lettres d'or sur du marbre noir, admirable devise de Maison Commune.

HIC THEMIS DAT JURA CIVIBUS
APOLLO FLORES CAMÆNIS
MINERVA PALMAS ARTIBUS

Devise exacte. Au Capitole en effet siégèrent, juges presque souverains des délits commis dans la ville et la banlieue, les membres électifs du chapitre communal (*Capituli, Capitularii, Domini de Capitulo*) accordé par les chartes de 1164 et de 1247, aux douze quartiers de la cité et du bourg, d'abord au nombre de douze, nommés directement par les notables, puis au nombre de huit, divisés et désignés par le chapitre en exercice, et confirmés dans leur charge par le Parlement et le gouverneur. Absolue demeura la juridiction de ces magistrats privilégiés jusqu'au jour où le comte Alphonse, frère de saint Louis, voulut qu'on pût en appeler à son tribunal particulier; plus tard, le Parlement prononça en dernier ressort sur leurs arrêts en matière criminelle. Gardiens naturels des franchises de la ville, ils lui rendirent, aux époques tourmentées du moyen âge, de grands services, s'élevèrent contre les abus de l'Inquisition, défendirent de toutes leurs forces les malheureux vaincus de la guerre des Albigeois. Mais domestiqués par la royauté, ils en devinrent les fonctionnaires et les serviteurs. Pour les maintenir dans l'obéissance le gouverneur eut le droit de les révoquer, et leur soumission à l'arbitraire fut récompensée par les hochets de la vanité. On s'efforça de rendre leur charge héréditaire, en les choisissant dans un nombre très restreint de familles bourgeoises; promus à la noblesse en même temps qu'au Capitoulat, ils partagèrent les préjugés et les haines de l'aristocratie. Que n'auraient-ils pas fait pour mériter l'honneur d'ajouter leurs bustes aux bustes de leurs devanciers, dans la magnifique *Salle des Illustres?* Aussi les voit-on, au seizième siècle, aussi cruels envers les calvinistes qu'ils avaient jadis été indulgents pour les Manichéens; 20,000 de leurs concitoyens, disciples de la Réforme, sont mis par eux en dehors du droit commun ; on les massacre dès 1562, on livre leurs maisons au pillage. L'abominable Montluc tombe en extase devant les scènes de sauvagerie : « Je ne vis jamais tant de têtes voler que là, » et il exprime ce regret touchant : « S'ils m'eussent attendu, il ne s'en serait pas sauvé un coillon, et Dieu sait si j'avais envie d'en faire belle dépêche, et si je les eusse espargnés. » En 1572, ils rusent, d'accord avec le Parlement, l'odieux premier président d'Auffis, pour retenir dans la ville le plus grand nombre possible de religionnaires, et les 3 et 4 octobre, la Saint-Barthélemy parisienne a son contrecoup préparé de longue main, horrible, dans la capitale du plaisir et de la tolérance. Ligueurs déterminés, ils ne sont pas non plus étrangers à l'assassinat du président royaliste Duranti, en 1588, et en 1761, le malheureux Calas ne trouve parmi eux que d'impitoyables accusateurs...

N'importe, les Capitouls ont grande mine et Toulouse en est fière ; ils le représentent avec beaucoup de dignité et d'apparat, dans toutes les cérémonies où ils figurent, au premier rang, avant la noblesse et le clergé. Il n'appartient qu'à eux de faire prêter aux sénéchaux, aux gouverneurs, le serment de respecter les franchises urbaines. Aux États du Languedoc, ils ont le pas sur tous les députés du Tiers ; ils assistent de droit aux séances du Parlement. D'eux seuls, les rois et les reines, à leur entrée dans la ville, doivent en recevoir les clefs. Ce sont là de splendides cérémonies, où il faut vraiment payer de sa per-

LES BORDS DE LA GARONNE A MURET

sonne, en tête d'éblouissants cortèges. Voyez plutôt le procès-verbal de la réception solennelle faite à François Ier en 1533. Tous les États vont au-devant du prince, arborent d'extraordinaires costumes : Le clergé, avec croix et bannières, précédé de fifres et de tambourins suisses, rythmant la marche de compagnies de piétons distingués par les couleurs de leurs habits, en velours, satin et taffetas ; ensuite, des cavaliers en armures et casques dorés et festonnés à l'antique, portant des branches de laurier ; puis, derrière eux, une troupe de jeunes garçons à cheval, vêtus d'étoffes de soie blanche, ayant au bras un écusson aux armes de France, avec les mots : Vive le Roy! Après ceux-là sont des bacheliers à pied, des facteurs, des courtiers de commerce, des commis, en habits de velours passementés d'argent, tenant en main des masses ou des bourdons enrubannés, les enfants des notables, les bourgeois, les marchands, tous à cheval, en robes diverses, de satin, de taffetas, de damas cramoisi, pourpoint de même étoffe et de mêmes couleurs. Fermant le cortège, des trompettes, coiffés de toques en velours noir, panachées de plumes blanches, et montés sur des chevaux caparaçonnés, annoncent les gentilshommes, seigneurs terriens, chevaliers, hobereaux et nobles à fiefs, très magnifiques dans leurs pourpoints et chausses de velours chamarrés d'or. Paraît le vainqueur de Marignan, accompagné de son connétable Anne de Montmorency et de son chancelier Antoine Duprat. Alors, pour rendre au pouvoir absolu et quasi divin du roi l'hommage qu'il exige, sans enfreindre pourtant les privilèges de la Cité, un jeune enfant, suspendu sur un nuage de carton au-dessus de la porte Arnaud Bernard, en descend au moyen d'un truc ingénieux, remet les clefs de la ville au doyen des Capitouls, lequel, s'agenouillant aussitôt, les présente à Sa Majesté.

Bien que très onéreuses aux finances de la ville

pour les présents considérables qu'elle offrait à ses hôtes, savoir, orfèvreries merveilleuses, bourses pleines d'écus trébuchants, et jetons d'or au titre respectable, ces fêtes se renouvelèrent plus d'une fois, notamment en l'honneur de Catherine de Médicis et de Charles IX, le 2 février 1584. Ce jour-là, leurs Majestés très chrétiennes voient se détacher de la voûte d'un arc de triomphe, dressé sur leur passage, un globe azuré; ce globe s'ouvre, il en sort une belle nymphe, qui déclare se nommer Clémence Isaure, divinité des Jeux Floraux, et s'empresse d'offrir gracieusement à Charles IX trois fleurs de lys d'or, dues à son talent poétique, sans oublier de lui souhaiter la bienvenue, en vers françois. Le 14 octobre 1621, c'est le tour de Louis XIII; le 21 novembre 1659, celui de Louis XIV, d'Anne d'Autriche et de Mazarin... En toutes ces mémorables circonstances, messeigneurs les Capitouls portent très convenablement le bonnet carré et la robe de satin fourrée d'hermine, et leurs largesses rendent bon témoignage de la fortune de Toulouse.

Apollo flores camœnis..... — Minerva palmas artibus..... Sans prendre au pied de la lettre ces phrases mythologiques, ce qui nous obligerait de nous représenter les Capitouls sous les traits consacrés du dieu des poètes et de la déesse des artistes, prodiguant des fleurs et des palmes aux favoris des Muses, métamorphoses et munificences également improbables, il nous plaît de penser qu'ils ne dédaignent pas à l'occasion de jouer les Mécène. Assurément ils présidèrent aux poétiques concours des Jeux Floraux, institués au quatorzième siècle de la manière la plus simple et la moins officielle par sept troubadours du faubourg Saint-Aubin, qui se réunissaient dans leur jardin, sous le titre de *Société de la gaye science*, pour composer des vers. En 1324, dit-on, ces troubadours, Bernard de Panassa, Camo, Guillaume de Lobra, Beringuier de Saint-Plancat, Pierre de Méjanassère, Bernard Oth, Guillaume Gontaut, ayant convié tous les rimeurs en langue d'Oc à leur adresser une pièce de leur composition, et promis de récompenser l'auteur de la plus belle, et d'en régaler les oreilles de très hauts et très puissants sires, le roi Charles IV de France, le roi de Bohême, le comte de Valois et don Sanche, roi de Majorque et seigneur de Montpellier, attendus prochainement à Toulouse, les Capitouls offrirent la récompense pour avoir le droit de la décerner : ce fut une violette d'or fin. A ce prix, d'une ironie si délicate, s'ajoutèrent par la suite l'églantine et le souci d'argent ; Louis XIV y joignit une amaranthe d'or fin. De longtemps, à l'époque du grand roi, la Société de la gaye science ou du gai savoir était devenue la société, puis l'Académie des Jeux Floraux. Sous ce nom définitif elle avait une patronne, une fondatrice immortelle, quoique n'ayant peut-être jamais existé, noble Clémence Isaure, descendante chimérique d'un roi de Toulouse, Isauret, plus douteux encore. Réelle, ou bien inventée par Jean Bodin (d'Angers) lequel osa produire l'épitaphe, gravée dans le bronze et datée de 1463, de la dame qui

> Fit de son bien le Capitole maistre
> A cette fin d'en évidence mettre
> Doctes esprits, écrivant doctement
> Les premiant de trois prix richement.....

Clémence Isaure n'en avait pas moins sa statue dans la salle où se distribuaient les fleurs précieuses; on composait d'innombrables vers à sa louange; et son nom, sans cesse invoqué, donnait aux concours un attrait de plus, et comme un parfum de galanterie spirituelle et de gracieuse courtoisie.

Après le Capitole, unique monument de l'histoire civile, les seules églises représentent le passé. On ne retrouve pas vestiges de palais, où successivement durent résider les rois wisigoths, les rois et les ducs d'Aquitaine, et du milieu du neuvième siècle au milieu du treizième, de Frédelon à Raymond VII, l'illustre lignée des comtes de Toulouse. Non, rien ne rappelle aux yeux tant de souverains du Midi autonome, tant de princes chers aux peuples de langue romane, tant de brillants guerriers et de généreux amis des lettres et des arts. Ils ont disparu tout entiers, les sages et libéraux seigneurs, comme Guillaume Taillefer, dont le règne heureux dura quatre-vingt-sept ans, les héros comme Raymond de Saint-Gilles, qui fut un des chefs, chantés par Le Tasse, de la deuxième croisade, les conquérants habiles, comme Guillaume Pons, Alphonse

Jourdain, Raymond V. On ne sait plus en quel lieu se tenait la cour chevaleresque, la cour d'amour et de poésie, où toute la noblesse vassale du Languedoc, de la Gascogne, de la Provence, du Rouergue et du Quercy venait déployer son luxe, sa vaillance et son esprit. Est-ce ici, est-ce là, qu'un simple troubadour, comme Géraud de Roux, vécut dans l'intimité de la comtesse Feylide, qu'un Pierre Rogier, poète aussi, se déclara l'amant passionné de la comtesse Ermangarde de Narbonne, et qu'un Bernard de Ventadour, vieilli par le chagrin et déjà sans voix, fut accueilli avec de grands honneurs pour son plaisant génie? Personne ne saurait vous le dire, on l'a oublié. Des mots, des inscriptions, des épitaphes, quelques effigies tombales, des pièces de monnaies, des médailles, épars dans les salles de la Bibliothèque et du Musée, voilà les seuls témoignages ici, de l'ancienne grandeur de Toulouse, capitale du Midi, centre d'une civilisation vraiment originale, adéquate à son génie particulier. Grandeur incontestable, sous l'exagération des chroniqueurs et rimeurs. Écoutez Guilhem de Tudèle décrivant la ville en armes lors de l'attaque imminente de Simon de Montfort : « Des gens de pied on ne saurait estimer le nombre. Si vous aviez été dans la ville et les aviez vus debout vêtir leurs soques rembourrées, lacer leurs heaumes, couvrir de fer les chevaux et y placer leurs enseignes, vous auriez dit qu'ils allaient mettre en déroute quatre hosts. Certes, s'ils avaient eu du cœur, je ne crois pas que les croisés eussent pu soutenir leur attaque ! » Mais la terrible bataille de Muret, livrée le 12 septembre 1213, ouvre les portes de la cité romane aux barbares du Nord : tout va disparaître de ce qui la distinguait, la faisait aimer et le joug écrasant du régime catholico-féodal va s'appesantir sur elle. Les plus riches et les plus intelligents en sont chassés. « Ils sortirent... c'était l'élite, la fleur, chevaliers, bourgeois, changeurs, escortés de croisés malveillants en armes qui les frappaient et les menaçaient, joignant aux menaces des injures et des insultes, les menant au trot... La peur, l'affliction, la poussière, la chaleur, la fatigue, l'angoisse, le péril, la colère, font que sur leurs visages les larmes se mêlent à la sueur, et que de douleur leur cœur se fond dans leur poitrine... » Vainement le peuple se bat dans les rues contre ses oppresseurs, résiste tandis que « pleurent dames et enfançons, » à coups de « lances et épées, piques, tronçons, traits, pierres, tisons, flèches, guisarmes, lances, fanons, pics, barrières, planches, moellons..., de sorte qu'on voit se briser heaumes, écus, jambes, poings... » la ville jalousée tombe, s'anéantit. « Alors vous auriez vu abattre maisons, étages, tours, murs, salles, larges créneaux ! On ruine toits, ouvroirs, parapets et chambres richement peintes, portails, voûtes plus élevées... Ils ruinent et rasent partout riches et admirables palais, somptueux bâtiments, tours antiques. Ah ! noble Toulouse, vous voilà les os brisés ! Comme Dieu vous a livré aux mains des brigands !

> Ah! la gentille Tolosa per las ossos franhens
> Com vos a Deus tramessa en mas de cruel geus!

Quand, le 25 juin 1218, une pierre lancée du haut de Saint-Sernin par une jeune fille vint droit où il fallait et « frappa si juste le comte (Simon de Montfort) sur le heaume d'acier qu'elle lui mit en morceaux les yeux, la cervelle, les dents, la mâchoire, et qu'il tomba à terre, mort, sanglant », tout était consommé, une vie nouvelle commençait pour Toulouse, mais son rôle politique était fini, son originalité s'effaçait...

Sur une grande place paisible, parfaitement dégagée, s'élève un vaste, très vaste édifice, rare, de style roman, dessinant une croix grecque et surmonté au milieu d'un fin clocher du treizième siècle : c'est la basilique fondée par le premier évangéliste de Tolosa, saint Saturnin ou Sernin, et reconstruite du onzième au quatorzième siècle. Son architecture, toute en briques, rajeunie par de récentes restaurations, et sobre d'ornement jusqu'à la sécheresse, n'étonne point les yeux accoutumés aux développements grandioses et aux prodigieuses floraisons des cathédrales de pierres, mais elle réside dans l'irréprochable symétrie des proportions, dans l'élégance exquise des lignes. Au transept sud la porte romane se double d'une porte de la Renaissance, sculptée par Bachelier avec beaucoup de grâce dans la fantaisie ; de beaux masques de guerriers farouches s'épanouissent aux architraves. Cinq nefs se partagent l'intérieur, deux en font le tour entier. Sous

SAINT-SERNIN A TOULOUSE

une grande arcade se voient quelques tombeaux mutilés des comtes, dont Saint-Sernin fut la nécropole, le Saint-Denis. Le chœur renferme des stalles du quinzième sièle. La crypte, splendide, soutenue par de grosses colonnes de marbre, aux chapiteaux dorés, expose, en de nombreuses et magnifiques châsses, les reliques inestimables rapportées de la Terre Sainte par les Croisés; plusieurs têtes de cire, coiffées de mitres d'or, y représentent de vénérés personnages, auxquels la clarté des flambeaux, luttant contre les ténèbres, prête une sorte de vie fantastique. Il manque à ce pieux trésor la fameuse sardoine de Jéricho, la Cramayeul, pierre précieuse d'une telle valeur que le pape Clément V n'avait pu l'obtenir, même en offrant en échange de construire un pont à ses frais, et que François 1er se la fit remettre, de gré ou de force, pour la donner au pape Clément VII.

Continuons de visiter les églises, les édifices religieux. Sur la place de Saint-Sernin, une belle maison du quatorzième siècle en briques et pierres, flanquée de tourelles, est une annexe du séminaire et se nomme le Collège de Saint-Raymond ; dans une rue adjacente, l'église du Taur date de la même époque, et des peintures à fresques y rappellent l'exhumation, par les cornes d'un taureau furieux (un *tor*), d'une statue miraculeuse de la Vierge mère. Deux longues voies, les rues des Lois, Pergaminière, nous mènent à la porte de l'ancien couvent des Jacobins, transformé en petit lycée. L'église, longtemps abandonnée, est un superbe vaisseau de briques, soutenu par d'énormes colonnes de pierres, d'où rayonnent sur les voûtes, déployées comme les rameaux d'un palmier, des nervures prismatiques, élégantes et hardies. Le cloître, changé en préau, a des colonnettes de marbre ornées aux chapiteaux de curieuses têtes à doubles faces grimaçantes. Des peintures symboliques, des fleurs de lys, aux trois quarts effacées, mangées par le salpêtre, décorent le réfectoire et la salle capitulaire; celle-ci, très jolie, offre des scènes de la vie de saint Antoine, auxquelles un lavage intelligent rendrait peut-être leur éclat. Au sortir des ci-devant Jacobins, on ne peut que remarquer, admirer la porte charmante du grand Lycée; c'était celle de l'hôtel Bernuy, délicat ouvrage du quinzième siècle, dont il reste encore des sculptures extérieures et la cour d'un fort joli dessin.

Moins heureux que son égal des Jacobins, un couvent de Cordeliers, ancien aussi et célèbre, demeure une caserne de cavalerie. O morts illustres, qui jadis y furent inhumés en terre sainte, ne gémissez-vous point de cette profanation? Les caveaux de l'église avaient la propriété de momifier les corps, de conserver aux traits du visage leur dernière et suprême expression. Peut-être, si de cupides scélérats n'eussent en 1793 violé les sépultures qu'ils renfermaient, nous serait-il permis de contempler encore les formes inaltérées de la fameuse Paule de Viguier, baronne de Fontenille, et, malgré les ravages de la maladie et l'action corrosive des ans, quelques vestiges de son étonnante beauté

ÉGLISE DU TAUR A TOULOUSE

nous feraient concevoir l'excessive admiration de ses contemporains. La « belle Paule » fut si belle, si éblouissante, qu'elle ne pouvait se montrer par les rues et les promenades, sans les encombrer aussitôt d'une telle foule que la « circulation » était inter-

FAÇADE DU LYCÉE A TOULOUSE

rompue ; les capitouls, à cause de ce singulier embarras, réglèrent, par un édit mémorable, le nombre de ses sorties dans la ville. Elle fut si belle que la reine Catherine de Médicis, l'apercevant à son jeu, « demeura stupéfaite à l'aspect de tant de perfections réunies en une seule personne »; si belle que son amant platonique et passionné, Gabriel de Minut, composa de l'énumération de toutes ses beautés et de tous ses charmes intimes un galant et rarissime ouvrage, sous le titre de Paulegraphie, imprimé à Lyon en 1587 par les soins de Charlotte de Minut, abbesse de Sainte-Claire. Elle fut si belle, qu'on la mettait au nombre des quatre merveilles de Toulouse, lesquelles étaient alors : la Bell Paulo, Saint-Sernin, le Bazacle et Matoli (ce dernier, Mathelin Taillasson, violoniste de grand talent); si belle enfin qu'un poète distingué de nos jours, M. Louis Denayrouze, l'a célébrée en une délicieuse piécette, jouée sur la scène de la Comédie-Française.

Augustins et dominicains tenaient compagnie aux béats serviteurs de saint Jacques et de saint François, des seconds une rue de l'Inquisition garda jusqu'en ces dernières années le rigoureux tribunal; les premiers habitaient le très élégant monastère dont on a fait le Musée. Ce Musée, assez banal au dehors, est un bijou d'architecture ciselé par la Renaissance. Une entrée basse, humble, y donne accès, par la cour d'un mignon et ravissant hôtel, décoré avec goût de rinceaux et de bustes finement sculptés. Les salons exposent moins de bonnes toiles que de médiocres, c'est chose commune en province; ils renferment

CATHÉDRALE SAINT-ÉTIENNE A TOULOUSE.

pourtant quelques chefs-d'œuvre : une *Cérémonie de l'ordre du Saint-Esprit en* 1635, par Philippe de

FAÇADE DE L'HOTEL DE FELZIN A TOULOUSE

Champaigne ; un *Martyre de saint André*, par Le Caravage ; *Saint Diego et ses religieux*, de Murillo ; une *Mar-*

COUR DU MUSÉE DE TOULOUSE

quise, de Largillière ; un *Christ crucifié*, de Rubens ; *Muley Abd-er-Rhamann*, par Delacroix ; la *Soif de l'or*, par Couture..... Les sculptures, des tombeaux, des bas-reliefs, des bustes, des frises, des vases, des inscriptions de l'époque gallo-romane et du moyen âge, remplissent les galeries de deux cloîtres remarquables, le premier gothique, le second du seizième siècle ; beaucoup de ces antiquités sont des œuvres d'art de premier ordre et de précieux documents historiques.

Vous plaît-il, en quittant le Musée, de vous enfoncer dans l'écheveau de petites rues vieillottes, étroites, bourgeoises et silencieuses qui s'embobine de l'autre côté de la rue Alsace-Lorraine ? Vous y serez chez les plus fidèles paroissiens de toutes les églises et de tous les couvents, dans le quartier de la Dalbade, le faubourg Saint-Germain de Toulouse. Là, en des hôtels infiniment calmes et retirés, à hautes fenêtres, à portes cochères, vivent à l'écart du tumulte moderne les descendants de l'aristocratie noble et parlementaire ; là, sans doute, on retrouverait les rejetons des illustres capitouls. Ces fières personnes se fréquentent entre elles, à l'exclusion sévère de toute autre société, elles vivent économiquement des débris d'une ancienne fortune ; chagrines, elles boudent le monde nouveau, en dédaignent les fêtes, le tapage... D'aucuns en médisent ; pour notre part, nous les remercions d'habiter et de conserver avec soin de belles demeures sculptées par Bachelier, les gracieux hôtels Felzins, Catelan, de

Lasbordes, d'Aussargues, surtout l'hôtel d'Assezat, si complet et ravissant, et même la Maison de Pierre, bâtie en 1672, dans un style extravagant, par un neveu de Bachelier et les sculpteurs Joseph Guépin et Nicolas Arthus, pour François de Clary « princeps Senatus Tolosanæ ». Tous ces édifices se recommandent par des détails exquis, visibles aux portes ou sur les façades, et plus d'un renferme une cheminée digne de l'impeccable ciseau de Jean Goujon.

La Dalbade, paroisse de ce quartier « select », fut édifiée du quatorzième au quinzième siècle pour le service divin des chevaliers de Malte; une énorme tour gothique l'écrase de son poids. Dans le tympan de son portail Renaissance s'encadre un très beau relief en terre cuite peinte et vernissée : *Madeleine aux pieds de Jésus*. Le marbre et l'or étincellent à l'intérieur, d'une rare somptuosité. C'est dans ce riche sanctuaire où, dit la légende, fut inhumée Clémence Isaure, que les membres de l'Académie des Jeux Floraux, juges et mainteneurs, présentent chaque année à la bénédiction sacerdotale les fleurs destinées aux vainqueurs du concours.

A l'extrémité de la ville populeuse, active, s'élève la cathédrale de Saint-Étienne, commencée au treizième siècle, et de cette époque au seizième siècle, continuée, abandonnée, reprise, finalement inachevée, bizarre édifice sans unité, composé de deux églises si bien distinctes qu'elles ne se trouvent pas sur le même axe. Le chœur, ample, large, éclairé par de beaux vitraux anciens, ne manque pas de caractère.

Mais, lecteur, n'êtes-vous point las d'errer parmi tant de briques et tant de pierres à la recherche des épaves mélancoliques de l'irrévocable passé ? N'êtes-vous point las de tant de poussière et de sécheresse brû-

LA GARONNE A TOULOUSE

lantes ? Précisément à cette minute, le temps vient à notre secours, le soleil décline, le vent d'autan s'apaise, une brise fraîche s'élève doucement et doit quelque part balancer sur leurs tiges des fleurs abattues que cette caresse ranime et réjouit si fort, qu'elles se mettent à répandre d'une seule haleine leurs plus suaves parfums. Ce « quelque part », ce rare oasis, où vous guidera la brise pyrénéenne, se nomme ici, faute de mieux, le Grand-Rond. C'est un ravissant damier de pelouses, de massifs, de parterres et de pièces d'eau, et au delà, s'étendent encore un jardin anglais, un jardin zoologique et un jardin botanique, dont les plantes étiquetées, les ombrages corrects, la grotte indispensable, la rivière sinueuse, et même deux ou trois

PERSPECTIVE DU QUAI DE LA DORADE A TOULOUSE

chèvres et le honteux renard, emprisonnés pour leur coupable rareté dans des niches mystérieuses, sont assurément des choses réelles, quoique invraisemblables, dans une telle ville de briques et de pierres.

Êtes-vous dispos? bon. Le tramway passe, accessible, sans aucune distinction sociale quelconque, à tout individu qui peut payer dix centimes sa place démocratique sur un banc de bois à dossier mobile. Ce véhicule vous promènera tout autour de la ville, et il vous promènera gaiement, au son des chœurs d'opéra et des chansons patoises que ne manqueront point d'entonner vos compagnons de route. Vous entendrez assurément, que cela vous amuse ou vous agace, le grand air de *Guillaume Tell* ou de *la Juive*, si ce n'est l'ariette de *Richard Cœur de Lion* ou l'évocation aux nonnes de *Robert le Diable;* assurément on vous régalera les oreilles de « *Mountagnes Pyrenées* », et de « *O moun paysse, O Toloz, O Toloz!* » Vous parcourrez de la sorte les boulevards et les faubourgs monotones, vous traverserez le canal de Brienne et vous aurez l'agrément de le voir commencer au port de l'Embouchure, où finit également le canal du Midi ou de Riquet, et d'où part le canal latéral, construit de 1838 à 1852, pour achever l'œuvre de l'illustre ingénieur. Certes, on vous conduira au lieu de plaisir et de travail, connu au moins de tout l'univers, sous le nom du Bazacle, et s'il est peu probable que vous vous divertissiez sous les arbres poudreux de ce parc atteint de consomption, vous vous en consolerez en admirant le moulin, l'aciérie, la papeterie et la fabrique de laminoirs établis sur cet îlot et mus par les chutes de la Garonne. Ensuite se déroulera sous vos yeux la courbe maigre et si triste des larges quais blancs et délabrés, toujours souffrants et peureux des ravages du fleuve terrible. Combien de fois les a-t-il inondés et dépouillés? Combien de riverains n'a-t-il pas noyés dans ses ondes folles! Et le « progrès de la science » n'affaiblit pas, ne modère même pas sa rage.

En 1727, le 12 septembre, il tuait cinquante filles repenties, enfermées dans l'îlot de Tounis, renversait neuf cent trente-neuf maisons, privait de leurs toits douze cents familles. Mais en 1873, il rasait en grande partie le faubourg Saint-Cyprien, renversait sept mille maisons, anéantissait 85 millions de labeur humain. L'étrange progrès à rebours !

Le tramway vous mènera aussi près du moulin qui tient la place de l'antique Château Narbonnais, il vous mènera sur les quais ombragés et paisibles du canal latéral, il vous mènera devant la colonne élevée au général toulousain « Dupuy et aux braves de la 32° demibrigade », et le soir encore, si vous le désirez, il vous ramènera sur les fatidiques allées Lafayette et sur la fatidique Place du Capitole, dans les cafés, les concerts, les bals, les théâtres à l'instar de Paris chargés de distraire la ville la plus agitée de France, où se trémoussent, vivent et vibrent éternellement et à heure fixe des centaines d'agités, pareils, sous les feux du gaz comme sous la lumière du ciel, aux atomes que l'on voit s'agiter follement dans un rayon de soleil !

A TRAVERS LANGUEDOC, GUIENNE ET GASCOGNE

CHAPITRE IV

EN ALBIGEOIS

La plaine, à perte de vue, admirable de fertilité.

Partout les blés jaunes, droits comme des lances, semblent l'immense reflet du soleil resplendissant, et les verdures de l'esparcette interposée se fondent dans l'or des moissons prochaines. Du ciel d'azur à la terre embrasée irradie un intense foyer de lumière et de chaleur, l'air en feu roule, balance dans ses ondes bleuâtres des tourbillons d'atomes détachés du sol, des plantes, des êtres ignescents.

Tout de même il fait bon vivre ; une flamme joyeuse, allumée, attisée par la respiration, danse dans les veines, brille dans les yeux, s'épanouit en roses sur les joues des jeunes filles, circule visiblement sous la peau hâlée des paysannes. On a la tête légère, la bouche rieuse, la langue facile et musicale, les jambes alertes ; comme dans une ascension aérostatique, on se sent allégé du joug de la pesanteur. Il vous vient des envies de plaisanter, de rire, des besoins d'expansion sans objet ; et vous le remarquez avec plaisir, chacun autour de vous éprouve la même bienveillance, la même bonne humeur. Quoi d'étonnant ? Vous assistez à la fête du soleil dans une des contrées qu'il favorise le plus, en Albigeois. La rivière, dont les eaux basses, troubles, un peu jaunes, coulent à votre gauche, encaissées dans des murailles de schiste, c'est le Tarn ; il s'en élève parfois une brise tiède et caressante, parfumée d'anis. A votre droite une rivière plus large et plus rapide, l'Agout, disparaît, sinueuse, dans l'opulente vallée où se groupe Lavaur. Entre elles, presque à leur confluent, Saint-Sulpice, gentille bourgade, rougeoie comme un coquelicot.

Saint-Sulpice, Rabastens, Lisle d'Albi, Gaillac, s'échelonnent sur les bords du Tarn ; vous les trouvez jolies, coquettes. Toutes bâties en briques rouges, l'ombrage foncé des jardins et des promenades avive leur aspect flamboyant. Elles s'étalent, se répandent au large sans se préoccuper de la symétrie, prennent du champ,

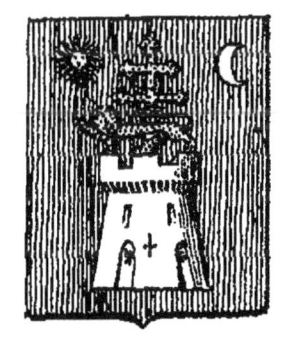

ALBI

autant qu'il leur plaît, en villes qui n'ont point à s'embarrasser d'une enceinte, se suffisent, ont du pain et de la terre pour tous. Elles existent par et pour l'agriculture, ignorent l'industrie et presque le commerce, consomment ce que produit le sol infatigable. Appauvries par les maladies de la vigne, elles paraissent encore riches et le sont, en effet, grâce à leur sobriété. D'ailleurs les céréales remplacent les ceps arrachés, où il n'y a plus de vendanges à espérer mûrissent de nouvelles récoltes ; la généreuse nature du terroir compense par un surplus de fécondité les ravages du phylloxera, de l'oïdium et du mildew, acharnés à tarir le vin. Cependant, à la vue si triste, si poignante des vignobles amoindris, demeurés çà et là, morts ou mourants, de leurs pieds rabougris et poussifs, de leur feuillage déchiqueté, tacheté, recroquevillé, ou parfois encore stérilement touffu, voilant des grappes avortées, vous songez, non sans amertume : ce pays, qu'une telle perte de sang n'a pas complètement anémié, comme il devait déborder de sève et de bonheur autrefois !

On ne séjourne guère en toutes ces villes, à peu près indifférentes, bien qu'anciennes. Les guerres religieuses du treizième et du seizième siècles leur ravirent les œuvres d'art provenant des largesses de leurs seigneurs, ou du faste de leurs abbayes. Surtout elles ont souffert de la croisade entreprise contre elles-mêmes, florissantes cités d'Albigeois amollis, pervertis même, selon Rome, par la douceur du climat, l'abondance, la fréquentation des voluptueux Arabes d'Espagne, une certaine liberté politique, l'égalité relative des biens, la facilité des mœurs, le luxe, les fêtes, et devenus, autant par répugnance aux sévérités du dogme chrétien que par amour de la sociabilité, naturelle insouciance, favorables aux doctrines des Cathares, si séduisantes par leur philosophie, si profondément humaines en leurs pratiques. Simon de Montfort les purifia de l'hérésie avec le fer et le feu. Rabastens fut pris d'assaut en 1211, et ses habitants passés au fil de l'épée. Un siècle après, les Pastoureaux s'en emparaient, pillaient aussi Gaillac..., enfin les protestants se ruèrent sur la contrée, alors bonne catholique et parsemée de biens d'églises. Ces destructeurs ont laissé quelques rares belles choses, à glaner chemin faisant.

Saint-Sulpice, terre seigneuriale fort ancienne, aux mains, tour à tour de Sicard d'Alaman, grand sénéchal des derniers comtes de Toulouse, qui lui donna une charte en 1247, de Jean de Berry, de Gaston Phœbus, qui fit bâtir à courte distance le célèbre château d'Ambres, du maréchal Gilbert de Lafayette, des d'Albret, d'Anne Dubourg, de Jean de Stuart, duc d'Albany, garde de ces diverses dominations les ruines d'un château et d'une chapelle taillée dans le roc. La façade de l'église, rappelant les luttes passées, est, comme une forteresse, percée de màchicoulis ; ne fallût-il que défendre contre les iconoclastes de la Réforme un tabernacle, œuvre du quatorzième siècle, où les scènes de la Passion sont sculptées dans l'ivoire ou la dent de morse, avec un fini merveilleux, on comprend cette mesure défensive.

L'église de Notre-Dame du Bourg, à Rabastens, n'est pas non plus sans mérite : aux chapiteaux de son portail roman de naïves sculptures figurent les épisodes du Nouveau Testament; des fresques du quatorzième siècle, restaurées avec soin en 1865, décorent la nef et le chœur de sujets mystiques, traités par des croyants, avec un sentiment large et simple de la foi chrétienne.

De Rabastens à Gaillac, un homme du pays, compagnon de vos voyages, vous citerait avec l'enthousiasme communicatif du méridional, et son emphase amusante, plus d'un lieu célèbre : le château de Saint-Gery, où Richelieu s'arrêta en 1627 et dont les tapisseries de haute lice ont appartenu à Philippe V d'Anjou et d'Espagne; Montaigu, où se dressait une forteresse puissante, démantelée sur l'ordre de Blanche de Castille; l'Isle d'Albi, où les féodaux de Montaigu transportèrent leurs pénates, édifièrent une « bastide » enfermée encore dans les plans méthodiques du treizième siècle; Montans, où l'on a recueilli quantité de débris gallo-romains, pièces de monnaie, médailles, inscriptions, statuettes de bronze, marbres et poteries, épars sur une superficie environnante de 50 hectares, jonchée encore de vestiges de tombeaux, d'urnes cinéraires, de lacrymatoires, prouvant l'importance considérable d'*Alba Julia*, premier nom d'une cité ruinée sans doute par les barbares du quatrième siècle, et rebaptisée *Mons Antiquus*... Alba Julia, située à la jonction de plusieurs voies romaines, en lieu élevé, ne fut-il pas la première capitale de l'Albigeois, le premier Albi? Les archéologues discutent volontiers ce point litigieux, ils s'intéressent aussi au village voisin de Brens, dont le nom, dérivé du mot celtique *brenn*, marque l'origine gauloise, au gros bourg de Cadalen, près duquel, au hameau Labeissière-Candeil, florissait l'abbaye de Candeil, fondée en 1150... Mais nous n'allons pas si loin du Tarn.

Voyez-vous maintenant des coteaux s'enchaîner à l'ouest, se pencher mollement vers les bords de la rivière ? avec de grands espaces vides, pelés, rongés, ils offrent encore des plants d'une belle couleur verte, vignobles respectés des cryptogames et des insectes, ou revenus à la santé, à force de soins, sinon spontanément. Ce sont les coteaux qui produisaient les gros vins rouges, et les bons vins blancs de Gaillac, fortune de son marché, le premier de la région, foisonnant de toute sorte de fruits, et d'anis, de fourrages, de blés. Jouissant de tels revenus, la ville se renouvelle peu à peu, ses quartiers neufs sont agréables, mais il faut chercher en de vieilles rues, assombries par les auvents démesurés des maisons du quinzième et du seizième siècle, les édifices curieux : la tour Palmata enclavée parmi d'ignobles bâtisses, le donjon, compliqué de tourelles et orné de chimères, qui fut celui de Pierre de Brens, évêque d'Albi au quinzième siècle, une gracieuse fontaine, au milieu de la place du Griffoul ; c'est tout... Gaillac, souvent convoité pour ses richesses, a été plus d'une fois ruiné. Les Anglais le dévastent pendant la guerre de Cent ans, même emportent ses archives dans la Tour de Londres, où elles sont encore, si l'incendie de 1884 ne les a pas réduites en cendres.

Au seizième siècle, protestants et catholiques, ses maîtres successifs, pillent l'abbaye des bénédictins, fondée au dixième siècle, par Raymond V, comte de Rouergue et Garsinde, comtesse de Toulouse, et renversent le château féodal de l'Om. Un témoin de leurs luttes impitoyables, le chanoine Blouyn, en donne une fière idée, par cet épisode. Un catholique, le capitaine de Clairac, vient de faire onze prisonniers huguenots, et décide de les tuer sur-le-champ... « Il les menoit liés et garrottés par ensemble, les uns avec les autres, tous en pourpoint et têtes nues. Étant ledit sieur de Clairac arrivé à la barrière et tout au-devant de la porte de la ville, s'enquit s'il n'y avoit point de bourreau ou exécuteur de haute justice. Lui ayant été répondu qu'il n'y en avoit point, luy-même de ses mains ayant mandé acheter des cordes, les billotta, et estrangla aux fourches des jardins qui servent à tirer l'eau. Ce que, ayant faict, il s'en alla et passa oultre avec sa cavalerie... » A pareille horreur les représailles ne manquaient pas, le protestant vicomte de Paulin vengeait les siens de son mieux, puis les catholiques recommençaient. Si Gaillac et tant d'autres villes y survécurent, c'est merveille.

Cherchons autre part, loin des routes banales, les cités intéressantes ; il en est d'extraordinaires, où la diligence nous conduira. Nous laisserons derrière nous la vallée du Tarn pour suivre celle de la Vère, à partir de la station de Cahuzac. Nous visiterons Vieux, dont l'église gothique fut celle d'un monastère, fondé au sixième siècle par saint Eugène ; Castelnau de Montmiral, lieu élevé (*mons mirabilis*), et lieu féodal, comme en témoignent ses fortifications, ses portes, et son église, qui renferme le tombeau du comte Charles d'Armagnac, un de ses seigneurs, mort épuisé après dix années d'emprisonnement à la Bastille, laissant à ce fief, son dernier refuge, la croix en vermeil, incrustée de cabochons et de pierres incises, conservée dans la sacristie. Voici les hauteurs, les ombrages épais de la forêt de Grésigne. Au-delà, tout à coup, une colline isolée, escarpée, surgit, apparaît couronnée de silhouettes étranges. Approchez, gravissez les pentes sinueuses ; les formes lointaines se préciseront en lignes sévères, s'accuseront en reliefs puissants. Ce sont les hautes murailles crénelées d'une enceinte flanquée de tours et d'échauguettes, protégées par des fossés à revêtements de pierre, un donjon énorme, ce sont des guérites pour les veilleurs, des corps de garde pratiqués dans l'épaisseur des murs pour les postes avancés, des logis pour la garnison, les mercenaires, les hommes d'armes, les chevaliers, une chapelle de la même époque et du même style, c'est enfin l'appareil complet d'une citadelle du moyen âge, merveilleusement conservée, en un mot, Puicelci. Ce village fantôme, si étonnant, presque ignoré, a son pareil, plus connu, en Albigeois, contrée éminemment pacifique et conservatrice, depuis la Réforme, et si bien exempte de passions haineuses que la Révolution ne l'a point bouleversée. L'émule de Puicelci en est assez éloigné, nous oblige

MAIRIE DE CORDES

à revenir vers l'est, la grande ligne de Toulouse à Paris. Cordes (il se nomme ainsi) campe à 2 ou 3 lieues de la station de Vindrac, sur un piton isolé, grandi par le vaste horizon plat qu'il domine. Nous y sommes...

Seulement nous avons fait en route l'école buissonnière, ainsi que les rêveurs et les artistes. Le Cayla était sur notre passage, le Cayla, modeste château, cher aux lettrés, que disons-nous? cher à toutes les âmes affectueuses et tendres touchées de l'éternelle poésie de la nature. Nous l'avons pieusement visité, en pèlerin que ses hôtes, les poètes Maurice et Eugénie de Guérin, toujours présents à notre pensée par leurs pensées et vivant pour nous d'une vie immortelle, emplissent d'une respectueuse et profonde émotion. Mais nous n'avons pas à décrire la demeure embaumée du souvenir et des traces de leur mélancolique existence, si vite usée par une exquise sensibilité, par l'amour et la douleur; Eugénie de Guérin vous la représente, en ces vers simples et doux comme elle, tracés au courant de la plume dans une lettre au frère adoré :

> Sur le penchant d'une colline
> S'élève un antique château;
> Une haute tour le domine
> Comme le mât sur le vaisseau.
> . . . .
> Une terrasse qui s'avance
> Le couronne de pots de fleurs,
> Au lieu de créneaux de défense
> . . . .
> Les soirs d'été, les soirs d'automne
> Un enfant y venait toujours
> A l'heure où l'angelus sonne
> *Pour voir comment meurent les jours.*

Au pied de la terrasse était une fontaine, le *Téoulé*,

qu'un grand chêne ombrageait, et la fontaine et le chêne sont encore là, et dans un coin du cimetière un même tombeau réunissant le frère et la sœur rappelle le temps rapide où ils souffrirent, ainsi qu'ils le croyaient fermement, l'exil de la terre, celle-ci de 1805 à 1847, celui-là de 1810 à 1839.

Cordes est une des redoutables bastides édifiées au treizième siècle par les vainqueurs des Albigeois; son nom, suivant les étymologistes, vient de Cordoue, mais suivant les romanciers il vient d'une tour antérieure — *Tur Cordis* — où certaine demoiselle gardait le cœur de son fiancé, le chevalier de Puycalvel, tué dans une bataille. L'explication sent un peu son troubadour, mais c'est la couleur locale; la petite ville s'y assortit parfaitement. « On peut faire un cours complet sur l'architecture du moyen âge à Cordes », dit Élisée Reclus; et c'est vrai. Constructions féodales et civiles, groupées dans le plan primitif de la bastide, et jusqu'à présent exemptes de restaurations plus ou moins fidèles, composent un modèle de cité féodale. Cinq enceintes rampaient en hélice sur les flancs de la colline, deux ou trois sont encore à peu près intactes, et l'on voit très bien les restes des autres, engagés le long des ruelles qui remplacent les anciennes courtines. Ces murailles, élevées suivant la configuration et la topographie du lieu avec une science militaire évidente, simples aux points faciles à défendre, serrées et compliquées aux points accessibles à l'attaque, relient des portes et des poternes munies de créneaux, de herses et de mâchicoulis. Au cœur de la citadelle, près de l'église, une ou deux rues possèdent de très complètes et très élégantes demeures du treizième siècle, carrées, éclairées par de gracieuses fenêtres en arcades capricieusement disposées, décorées de sculptures en reliefs aussi peu symétriques, mais réjouissantes comme les fabliaux, les facéties au gros sel du temps : moines hilares, animaux grotesques, groupes naïvement indécents d'hommes et de femmes en liesse. Telle, la *Maison du Grand-Veneur*, bâtie par Sicard d'Alaman, actuel Hôtel de Ville.

Au pied de Cordes, le Cérou se fraye chemin dans une vallée très diverse : aride et plantureuse, cultivée et stérile, nue et boisée tour à tour; nous la suivons pour rejoindre la vallée du Tarn, à Albi. Monestiès, Carmaux sont nos étapes; le premier, gros bourg, où l'on n'aurait aucune raison de s'arrêter, si son église ne renfermait une superbe *Mise au Tombeau du Christ*, groupe composé de onze personnages sculptés magistralement dans la pierre, en 1490, et provenant du château de Combefa, résidence estivale des prélats d'Albi, démolie au dix-huitième siècle; le second... qui ne connaît, au moins de réputation, le centre laborieux des mines les plus vastes et les plus anciennes du midi de la France? Carmaux exploitée depuis plusieurs siècles, sur une étendue de 9 131 hectares superficiels, produit annuellement de 320 à 350 000 tonnes de houille, approvisionne de combustibles toute la région du sud, alimente les forges de l'Ariège, les usines de Toulouse, les fabriques de Castres, de Mazamet, de Montpellier, de Béziers, les siennes propres. Tout y est poussière, fumée, activité, travail. Sur le sol inégal, plafond bossué des galeries souterraines moulant la surface de la mine, sur le sol noir, des maisons de briques ou plutôt des masures, noires aussi, sont éparses et leurs portes ouvertes sur les rues, les sentiers, avouent la misère des milliers d'êtres employés dans les sept fosses de la riche extraction, dans la verrerie, dans les forges... Population rude, froide, silencieuse, résignée peut-être. Mais, comme nous l'avons dit à propos des houillères de Forez et de l'Auvergne (voir le premier volume des *Fleuves de France, La Loire*), le bienfaisant soleil pénètre dans ces chétifs intérieurs, réconforte les êtres accablés, diminue la somme de leurs besoins absolus, atténue l'extrême dureté de la vie dénoncée par l'aspect des choses.

Contraste saisissant au triste Carmaux, la vallée de Céret et surtout celle de Viaur, au nord, à courte distance, offrent d'agrestes paysages d'une rare beauté, et le chemin de fer, en moins d'une heure, vous mène au merveilleux Albi.

Merveilleux, oui vraiment, à la minute même où nous vîmes, par un splendide coucher de soleil embrasant la masse énorme de ses vieux édifices, rouges comme le sang et la flamme. Le train, contournant les bords déchiquetés et rocailleux du Tarn, déroulait peu à peu le promontoire où il s'élève; la vieille tour de Saint-Salvi, les hautaines façades du Palais de la Verbie, le Donjon des archevêques sortaient l'un après l'autre de l'amas confus des humbles édifices, étagés sur les pentes inférieures de la colline, au-dessus des remparts, et la colossale église Sainte-Cécile, dressée dans une majesté stupéfiante, les humiliait eux-mêmes, les écrasait, les

ALBI

effaçait et paraissait seule remplir la ville entière. Oui, c'était un tableau d'une vigueur et d'un coloris inoubliables.

A l'intérieur, désillusion. Petite est cette ville d'une allure grandiose. Ses 20,000 habitants y sont à l'étroit, débordent, pour se loger, le square fleuri, les avenues tracées au dix-huitième siècle à la place de l'enceinte abolie, se répandent en des faubourgs. Elle, à l'écart du

Progrès, demeure vieille, obscure, pourtant défigurée sous les replâtrages modernes. Une ou deux maisons romanes de la rue Saint-Étienne vous reportent seules à l'origine de la « Civitas Albinensium », au temps des premiers évêques et des premiers vicomtes, vassaux des comtes de Toulouse. Cette rue touche à la cathédrale et celle-ci domine immédiatement le donjon de l'archevêché, bâti au lieu même où s'élevait le château fort des Trencavel, ces remuants seigneurs du moyen âge, maîtres à la fois, au douzième siècle, de Carcassonne, de Nîmes, d'Agde, de Béziers, de Rasès, alliés d'Alphonse Ier, roi d'Aragon, contre les Maures, ennemis victorieux des comtes de Barcelone, et si solidement appuyés sur leurs formidables citadelles d'Ambialet et de Lautrec qu'ils pouvaient se croire invincibles. Fastueux, aimant les tournois, les cours d'amour, la gaie science, se plaisant dans la société des poètes, ainsi les représentent les troubadours Azemar le Negro ou Raimond de Miraval. Mais ils protégeaient les Cathares, adoptaient leurs erreurs, et même, prosternés devant un *parfait* imposant ses mains sur leurs têtes, n'avaient-ils pas reçu le *consolamentum* qui conférait le droit de traiter de frères et de sœurs les nouveaux disciples des doctrines de Manès? On les en accusa, saint Dominique prêcha contre leur hérésie; ils nièrent, vainement, et l'impitoyable Simon de Montfort ruina en quelques semaines leur puissance séculaire.

Eux disparus, leur capitale fut le domaine temporel

des évêques. Sous le contrôle de ces théocrates et la présidence d'un viguier, les consuls et les prud'hommes élus par *gâches* ou quartiers administrèrent les finances municipales. Au dix-septième siècle l'évêché d'Albi devint un archevêché. Des hommes de haute naissance et de haute fortune administrèrent le diocèse ; la cathédrale rend un magnifique témoignage de leur munificence et de leur goût pour les arts. Sicard d'Alaman, le Crésus du treizième siècle, ayant donné 20,000 livres tournois pour la commencer, Bernard de Castanet en posa la première pierre, le 15 août 1282. Successivement Dominique de Florence, Jean Joffroi, les cardinaux Louis Ier et Louis II d'Amboise, aidés par les largesses des nobles, des bourgeois, les menues cotisations du peuple, achevèrent l'œuvre superbe. Regardez, la voici.

Au dehors une monstrueuse symétrie de briques rouges éveillant l'idée d'une forteresse cléricale extraordinaire. Trente-huit tours flanquent ses murailles nues comme les flancs d'un navire, et devraient se couronner, non de toits en éteignoirs, mais de créneaux. On y accède par deux portes de côté, larges, et tout de même enfouies dans la masse énorme : issues prudentes, peut-être symboliques de l'Arche, édifiée pour abriter les fidèles au lendemain des grandes tempêtes religieuses, trop vite apaisées pour n'être plus à craindre. La porte ou portail de Dominique de Florence, la plus belle des deux, est précédée d'un escalier monumental rampant contre la façade, et s'ouvre sous un baldaquin gothique, enrichi comme elle de feuillages, d'arabesques et de niches dentelées portant des saints.

MOTIF DE L'ÉGLISE SAINTE-CÉCILE, CATHÉDRALE D'ALBI

Au dedans une seule nef, immense. Les piliers latéraux, au nombre de deux par travée, soutiennent les voûtes. Un jubé de pierre sculpté à profusion forme et ferme le chœur ovale, en lequel se rangent cent

PLAFOND D'UNE CHAPELLE DE LA CATHÉDRALE D'ALBI

vingt stalles de chêne ouvragé, que dominent soixante-douze figures d'apôtres et de saints tutélaires debout en des niches ciselées à jour. Une admirable statue de la Vierge mère, chef-d'œuvre d'idéalisme, se dresse devant le maître autel. Partout, des fresques encore nettes et vives, d'une imagination abondante et d'une heureuse fantaisie décorative, revêtent les murs; elles brillent sur les voûtes, à la face verticale du chevet, sous l'ogive de vingt-neuf chapelles, et les animent d'étranges et de mystiques visions. Ces peintures sont d'époques et d'écoles différentes. Au chevet, sous les orgues, une large page du quatorzième ou du quinzième siècle met en scène le Jugement dernier, d'après le sombre poème du Dante et les ironies des danses macabres : Au son des trompettes de Josaphat sonnées par les chérubins, de longues théories des grands de ce monde, mânes orgueilleux d'empereurs, de rois et de reines, de princes de l'Église, de seigneurs et de riches marchands, s'avancent vers le tribunal du juge suprême; des processions de luxurieuses, nues, la poitrine chargée d'un livre ouvert, posé sur leurs seins flétris, les suivent, et des anges guident ces foules de trépassés vers la barque funéraire déjà pleine. En bas, d'un côté, les âmes repenties du purgatoire élèvent leurs mains suppliantes au-dessus du feu; de l'autre de monstrueux reptiles happent les damnés irrévocables pour les jeter dans l'enfer, où les démons cornus, bourreaux de ces proies humaines, leur infligent les horribles supplices prescrits par les lois du temps. Au sommet de la composition, Dieu réside, entouré des Trônes et des Dominations ; le buffet des orgues dérobe en partie ce couronnement.

Mieux dessinées, mais d'une conception moins originale, les fresques des voûtes sont dues au facile pinceau d'artistes italiens, appelés par le cardinal évêque Louis II d'Amboise au commencement du quatorzième siècle. De couleurs claires, joyeuses, où dominent l'azur et l'or, elles font songer aux faïences, aux majoliques contemporaines de Florence et d'Urbin; c'est la même tonalité, ce sont les mêmes enroulements capricieux, les mêmes fantaisies, dont la répétition ne laisse pas que de fatiguer les yeux, et de ne plus surprendre l'esprit. Les figures des patriarches, des prophètes et des sybilles s'encadrent dans ces arabesques, et de gracieuses compositions s'en détachent : *Jésus ressuscité apparaissant à ses apôtres*, les *Vierges folles et les vierges sages*, celle-ci vraiment exquise et digne d'un maître.

Les plus remarquables peintures des chapelles représentent, avec des personnages du quinzième siècle, la *Lutte de Constantin et de Maxence*, et l'*Invention de la vraie croix par l'impératrice Hélène;* elles sont d'une large manière et d'un anachronisme plein d'intérêt...

Trois cent soixante-six marches montent au sommet du clocher puissant, flanqué de tours octogones... Appuyé au parapet de ses galeries supérieures, nous regardons la ville tassée à nos pieds, et devenue si petite, entre les 78 mètres d'altitude de sa cathédrale et la plaine environnante, illimitée. Le sonneur, un modeste érudit, nous montre de l'index les points célèbres de l'horizon, puis les édifices de son cher Albi, « si heureux naguère, dit-il, si florissant chef-lieu d'un pays de Cocagne, lorsque ses coteaux lui donnaient des vendanges, et maintenant appauvri, délaissé, obscur, ayant perdu des milliers de citoyens, sa chapellerie renommée, son commerce. Mais la vieille et illustre cité des Trencavel ne périra pas. Voyez au delà du Tarn cette colline crayeuse : elle nous cache une mine de houille, un gisement d'une étendue considérable exploité à 400 mètres de profondeur, et que de prochains travaux ouvriront peut-être à des milliers d'ouvriers. Plus loin, beaucoup plus loin, le long de notre rivière, ces hauteurs bleues renouvellent la sève, que l'on croyait épuisée, de nos crus excellents de Cahuzaguet, de Cunac, du Roc et de Rauteil ; ils reverdissent d'eux-mêmes et se chargent comme autrefois de lourdes grappes. C'est, il est vrai, la meilleure portion de la vallée. O l'admirable campagne, parfumée d'absinthe, luxuriante et pittoresque! Si on savait! si on la connaissait, que de visiteurs nous aurions! Combien d'étrangers graviraient l'escalier de Sainte-Cécile, combien iraient s'extasier devant la cataracte et les rochers du Saut-du-Sabot, la presqu'île et les ruines gigantesques d'Ambialet! Et sans courir si loin, sans perdre de vue notre clocher, ils n'auraient qu'à regarder autour d'eux pour s'intéresser aux grandes choses de jadis. Voici la tour de Castelnau de Lévis, reste du château bâti en 1284, par Sicard d'Alaman; en face, c'est l'antique pèlerinage de Notre-Dame de Ladrèche; plus au levant, sur la route de Carmaux, vous apercevez Lescure, où résida le pape Silvestre II, et qui fut une citadelle d'hérétiques : au portail de son église romane sont encore sculptés les figures et les emblèmes de leur culte, les génies du bien et du mal, Dieu et son égal Luciabel ou Lucifer...

« Mais je vous parle de nos environs, et vous n'avez pas encore vu toute la ville. Certes, rien de comparable à Sainte-Cécile, mais, à part cette merveille, n'admirez-vous pas, pour son étrangeté, le palais de nos archevêques, le palais féodal de la Verbie, où on entre par un pont-levis hersé en des appartements d'une rare élégance, décorés de tableaux de l'école romaine? L'église voisine de Saint-Salvi, son cloître nous rappellent la première abbaye et l'un des glorieux évêques d'Albi, le conseiller de Chilpéric, l'ami courageux de Grégoire de Tours qu'il osa défendre contre les imputations calomnieuses de Frédégonde. Je vous conseille de chercher tout près, dans la rue du Timbal, deux charmantes demeures de la Renaissance, l'une en brique et pierre, ornée des bustes de François Ier et, dit-on, de la belle Féronière, fut celle de nos viguiers. Un vaniteux provincial vous citerait encore les édifices utilitaires, la préfecture, l'Hôtel-Dieu, la statue de notre compatriote La Pérouse, entourée des épaves de son naufrage... Vous m'en dispenserez volontiers. Je préfère vous avouer notre pauvreté relative; en en rejetant la faute sur les pastoureaux, les routiers et les protestants qui nous pillèrent tour à tour; mais est-on pauvre avec un tel chef-d'œuvre? »

Non, certes, brave homme. Albi, aux yeux du penseur, du poète et de l'artiste, est une grande ville, une ville exceptionnelle, où revit l'âme du passé, empreinte dans une magnifique création de la foi religieuse. Et nous le quittons à regret pour courir à toute vapeur les contrées positives où sont Graulhet, Castres, Mazamet, cités manufacturières sans idéal, gouvernées par le sec esprit pratique du protestantisme. Les doctrines de la Réforme devaient rencontrer des milliers de partisans dans cette âpre région de plaines peu fertiles et de collines calcaires isolant des vallées profondes. L'inflexible religion de Calvin devait unir et gouverner en majorité les pauvres habitants du plateau de Brassac, des monts de Lacaune, de l'Espinouse et de la Montagne Noire, caractères de granit, façonnés par la plus rude nature, et sombres descendants des vaincus et des martyrs du treizième siècle. Pendant cinquante ans de guerres continuelles, la haine de ces iconoclastes pour les œuvres de « l'idolâtrie papiste » a détruit sans mesure et sans distinction, elle a passé comme le feu sur les édifices anciens et les a réduits en poussière;

l'industrie, à leur place, a bâti ses usines, ses hôtels de millionnaires, ses misérables huttes d'ouvriers, et ses maisons de charité administrative, concession du plus intraitable pharisaïsme au sentiment bien ordonné de la plus vulgaire prévoyance. Passons vite, fuyons ces tristesses de la pensée et des yeux.

Pourtant, çà et là, des noms, des souvenirs : Lombers, où le grand concile de 1165 proscrivit les erreurs des Cathares, les théories inorthodoxes répandues par Henri et Pierre de Brueys et leurs sectateurs, les Henriciens; Réalmont, une des grandes bastides du treizième siècle, ensanglantée par le prince de Condé en 1627; Lautrec, dont fut seigneur le brillant courtisan de François Ier, Odet de Foix, mort à Pavie; Montredon, proche des belles ruines du château de Castelfranc, Castres.....

Castres est une ville « importante », industrielle, active, plus peuplée que le chef-lieu du département; il a près de vingt-huit mille habitants. Il semble prospère et riche. Son « tour de ville », ses avenues : ses Lices, ses jardins publics, respirent l'aisance. Il ne manque ni d'hôtels luxueux, ni de pitoyables masures. Ses filatures de laine, ses fabriques de draps, ses fonderies, teintureries, faïenceries, brosseries et minoteries et ses ateliers de « bonnets grecs » y distribuent la fortune et la

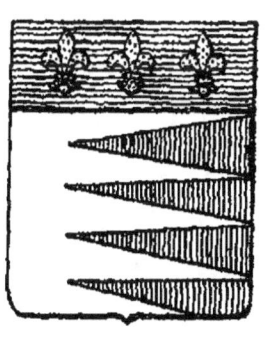

CASTRES

pauvreté, selon les sages principes de l'économie politique prêchée par les infaillibles Adam Smith et Malthus. Il a, malgré ses nombreuses occupations, des loisirs intelligents de ville savante et littéraire, et les distingués membres de ses sociétés d'érudition sont en état de démontrer, en s'appuyant sur des preuves de tout genre, la supériorité du calvinisme sur le catholicisme. Bref, Castres est une cité selon la Bible, où l'on n'a aucune raison de séjourner si l'on n'est point maître ou serviteur de la Machine.

On ne voit rien que de moderne en cette ville positive. Dès 1561, les protestants y faisaient table rase du passé. Ce fut dans cette région, si favorable aux idées nouvelles, leur capitale, le siège de la cour suprême établie pour leur rendre la justice, et l'édit de Nantes lui accorda un des tribunaux mixtes, destinés à juger les réformés. En 1621, le dernier des glorieux porte-drapeaux de la Religion, Rohan, y trouva un accueil enthousiaste, et quand, en 1625, le maréchal de Thémines vint assiéger la place, son peuple tout entier se souleva pour combattre les troupes royales ; son peuple tout entier, hommes, femmes, enfants, suivit vers la porte de Lalbenque, où se donnait l'assaut, la litière qui portait la duchesse de Rohan, malade, en face de l'ennemi. Plus tard, l'Ordre prit sa revanche. Les églises, classiques, pompeuses, témoignent des efforts de la monarchie et de l'évêque pour y restaurer et magnifier le culte du roi. On n'en peut dire plus. Le pittoresque n'a de refuge que sur les quais de l'Agout, bordés de maisons de bois, caduques, bizarres, colorées, dont les étages sont marqués par autant de terrasses fleuries. Un donjon enclavé dans le collège, quelques pans de l'enceinte, la tour de l'ancien palais épiscopal, qui marque les heures de l'Hôtel-de-Ville installé dans ce même

CASTRES

palais, édifié par Mansart, et pourvu d'un jardin dessiné par Le Nôtre, voilà, avec deux ou trois habitations du quinzième et du seizième siècle, ce qui représente l'histoire. C'est peu, si l'on songe à l'origine gallo-romaine de Castrum, mais si l'on veut bien réfléchir au sens éminemment pratique de Castres, on lui saura gré de n'avoir pas encore transformé la tour du palais épiscopal en une cheminée de manufacture et le jardin de Le Nôtre en un champ de betteraves.

Les alentours de la ville ne sont pas moins laborieux qu'elle-même, ni moins dénués d'antiquités superflues. Une usine occupe l'emplacement et utilise les restes du château de Saint-Pierre de Burlats, où la belle Adélaïde de Burlats, fille du comte de Toulouse Raymond V, réunissait les troubadours, écoutait les chants de Merveell, rivalisait avec ces favoris de sa brillante cour, de grâce ingénieuse et d'esprit enjoué. Il s'agit bien de troubadours à présent que les pendules même ne peuvent plus les souffrir. On travaille à Burlats, on travaille aux houillères de Brassac, sur le plateau tout entier du Sidobre, au sein d'un paysage convulsé, où l'Agout se cache au pied de ravins parsemés de blocs de granit micacé, parfois amoncelés en tas prodigieux par on ne sait quels titans. On travaille encore davantage à Mazamet, centre renommé de la fabrication des draps dans le Midi. Mazamet, dont la fortune industrielle remonte à 1830, époque à laquelle M. Houlès y importa la culture de l'article « nouveauté », Mazamet possède cinquante manufactures de draps et quarante-cinq mille broches, produisant toutes les variétés des tissus de laine, la fantaisie, l'étoffe de velours, le castor, le cadis, l'alpaga et le cuir-laine, en assez grandes quantités pour approvisionner l'est et le sud, Paris et la Bretagne, de vêtements de travail.

De cette ruche extraordinaire, Saint-Amans-Soult, patrie de l'illustre maréchal, Labruguière, Dourgne,

Puylaurens, situés aux environs, dans la montagne Noire ou dans la vallée du Thoré, ne sont que les humbles dépendances. Puylaurens faillit avoir une destinée bien différente; ce fut la ville savante de la Religion: une académie calviniste, rivale de celle de Montauban, y enseignait l'hébreu, le grec et la théologie, et elle avait tant d'élèves, que les dominicains fondèrent, pour en balancer l'influence, le collège non éloigné de Sorrèze, rétabli naguère et tiré d'oubli par le père Lacordaire.

Le chemin de fer nous conduit maintenant dans les plaines opulentes de la basse vallée de l'Agout; notre voyage en Albigeois s'achève comme il a commencé. Bien au-dessus des plaines, Lavaur, presque enfermé dans la courbe d'une presqu'île, élève son clocher octogone, que surmonte une tour carrée flanquée de tourelles, et, tout déchu qu'il est, en impose encore, vu ainsi, d'un lointain trompeur. C'était, avant le 3 mai 1211, une des plus riches cités du Midi, et une des plus fortes, « si forte, dit Guilhem de Tudèle, que jamais, en aucun royaume, personne du monde ne vit plus forte en pleine terre avec plus hauts remparts ni fossés plus profonds. » Si riche, qu'elle devait exciter au plus haut degré les convoitises rapaces de Simon de Montfort, et qu'il se jura de la prendre à tout prix, afin de payer avec le pillage de ses trésors son créancier avide, le cadurcien Raymond de Salvagnac. Et il en eut raison. Vainement se défendit dame Giraude, veuve du sire de Lavaur, et son frère Almaric de Montriol, « le plus large dépensier du Toulousain » : — « Mal lui prit d'avoir vu les hérétiques et les ensabatatz. Jamais si haut baron ne fut perdu avec tant de chevaliers à ses côtés..., et de ceux de la ville, on en mit en un pré jusqu'à quatre cents qui furent brûlés, et fut une grande clarté, outre dame Giraude qu'on jeta en un puits, ils la couvrirent de pierres : ce fut deuil et péché (don fo dols e pecatz), car jamais homme du monde, sachez-le véritablement, ne l'avait quittée sans qu'elle l'eût fait manger... Là fut un si grand massacre, que jusqu'à la fin du monde je crois qu'il en sera parlé. » Le poète n'exagère pas. Selon le moine chroniqueur de la croisade, Pierre de Vaulx Cernay, les croisés brûlèrent encore avec une grande joie d'innombrables hérétiques « *innumerabiles etiam hæreticos peregrini nostri cum ingenti gaudio combuserunt* ».

LAVAUR

Nous n'avons donc sous les yeux que le cadavre de l'antique Lavaur, ou plutôt le Lavaur réédifié par ses vainqueurs et purifié par ses évêques. L'ex-cathédrale date du quatorzième siècle ; elle possède ou croit posséder un Christ de Ribera... Ce beau portrait du Juste crucifié nous rappelait les horreurs commises en son nom, ici même, et parmi tant d'atrocités inexpiables, la mort atroce de la généreuse dame Giraude. On nous a fait voir le puits où elle fut jetée, avec sa fille, et toutes les deux lapidées ; l'émotion de la bonne femme qui nous montrait le lieu du supplice et nous le racontait naïvement vengeait les innocentes victimes du fanatisme.

CHAPITRE V

LE ROUERGUE

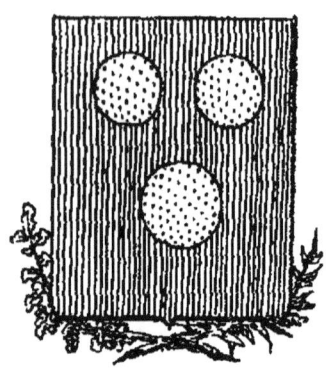

RODEZ

Nous revenons sur nos pas. Le chemin de fer, repris à Saint-Sulpice, nous entraîne sur une ligne déjà parcourue, le conducteur du train nous crie les mots déjà entendus: Rabastens, Gaillac, Cordes... et nous sommes déjà dans le Rouergue que nous pouvons nous croire encore en Albigeois. Mais un charitable voisin nous le fait doucement observer :

— Quelle erreur, monsieur, quelle erreur! Mon pays, le robuste et fruste pays des Ruthènes, comme on disait jadis, ou des Rouergats, comme on prononce maintenant, avec moins d'euphonie, je l'avoue, diffère non seulement de l'Albigeois, mais de tous les autres. Il est lui-même, rien que lui-même, parfaitement original dans sa raideur et son âpreté, dans son caractère physique et moral.

— Je suis tout disposé à le croire, monsieur.

— Diatase ! Vous avez raison. Pourtant, que ma

parole ne vous suffise pas, allez y voir, je vous promets la chose la plus rare en ce monde et la plus précieuse pour vous : du nouveau. Oui, monsieur, je ne crains pas de l'affirmer, vous verrez du nouveau, de l'étrange, de l'inexploré. On ne nous visite guère et comme on a tort ! Vous ne sauriez imaginer, j'en suis sûr, d'après vos précédents voyages, le mélange étonnant de sauvagerie, de force, de puissance et d'élégance agrestes, qui distingue l'aspect du Rouergue. C'est un vrai régal d'artiste, de lettré et de philosophe, et par profession, par le vœu de la nature même, je le suppose, vous êtes un peu tout cela.

— Merci, monsieur.

— Vous me remercierez plus tard... de vous avoir signalé mon admirable pays. Oui, admirable ; tant pis si l'épithète est banale, elle est juste ici et je ne m'en dédis pas. Nos ségalas immenses et nos causses mélancoliques n'ont point leurs semblables ailleurs, et méritent l'admiration. Les gorges extraordinaires où coulent l'Aveyron, le Tarn et le Viaur, nos fertiles vallées, nos vallons d'une grâce virgilienne, méritent l'admiration. Et le peuple rouergat lui-même... Mais vous allez me taxer d'enthousiasme exagéré, de chauvinisme provençal ?

— Pas du tout, je vous assure.

— Au fait... il n'importe... vous serez bientôt de mon avis. Le peuple rouergat, dis-je, est un peuple à part d'une trempe rare, d'une essence peu commune, formée de naïveté, d'énergie contenue et de sève latente. Il m'apparaît, ainsi que les Russes, les steppiens de Tourgueneff et de Tolstoï, à la fois très vieux et très jeune, vieux par son histoire, ses traditions féodales, attestées par les ruines superbes qui couronnent ses monts de granit, et dureront, il nous semble autant qu'eux, vieux par son attachement obstiné aux croyances, aux usages, aux mœurs et au langage de ses ancêtres, mais jeune par la touchante candeur de cet attachement, par l'ingénuité de sa foi et par la spontanéité de ses aspirations vers un idéal supérieur, vers une ère future de Justice et de Fraternité... Dans sa fidélité au passé, je reconnais l'effet d'un violent amour contrarié pour le Bien absolu, suprême conséquence de la logique... Nous sommes tous, plus ou moins, des logiciens et des idéalistes, comme nos illustres compatriotes Bonald, Monteil, Affre... Nous nous sommes donnés à la Révolution, corps et âmes, par amour de la logique... Pourquoi le beau mouvement de 1789 ?... Le passé nous console du présent, il nous tient lieu de l'avenir meilleur, qui doit sortir des luttes ardentes, des négations et des affirmations passionnées de notre époque, et resplendir sur le monde pacifié... Voilà, monsieur, ce que vous apprendrez de nos paysans, de nos ouvriers, de nos bourgeois même, si vous les écoutez attentivement.

— Vous devriez me faire l'honneur de m'accompagner chez eux.

— Je ne le puis pas, et je le regrette infiniment. A propos, où comptez-vous descendre ?

— A Najac.

— Trop tard, vous l'avez dépassé, et je m'en excuse ; c'est la faute de mon bavardage. Du moins ne manquez pas notre intéressant Villefranche... le voici... Cordialement au revoir.

ROUTE DE RODEZ

Et nous abordons Villefranche, une petite ville de bourgeois et d'ouvriers, à mélange égal, nette, claire, agréable, mais plate, ne sentant point le Rouergue hirsute dépeint par notre compagnon. Elle n'est pas des plus anciennes. Le comte Alphonse de Toulouse, prince français, en jeta les fondements au treizième siècle, et sa place centrale, carrée, bordée d'arcades, est le reste achevé et sans retouches de cette première bastide. Sur cette place trois piliers arqués, d'une envergure large et hardie, portent l'énorme clocher, aux fines sculptures, de l'église Notre-Dame, commencée en 1270 et terminée en 1581. Il y a dans cette église de ravissantes choses : quatre tapisseries du seizième siècle, une chaire à prêcher très élégante, une riche clôture de chœur, un banc d'œuvre, entièrement peuplé, aux accotoirs et aux miséricordes, de personnages et d'animaux drolatiques, représentés dans les plus bizarres postures, plus deux statues charmantes, un moine et une dame en prière, qui sont à notre goût les maîtresses pièces de ces remarquables boiseries.

Les joyeuses, trop joyeuses figures des stalles, — vraiment elles sont d'une indécence à décourager les fervents iconologues acharnés à leur trouver un sens mystique, — nous avaient mis le sourire aux lèvres, notre hôtelier s'en aperçut, s'en félicita et nous conseilla aussitôt d'aller voir les chartreux.

— C'est moins amusant, mais c'est plus joli, nous dit-il, en appuyant son opinion d'une tape amicale sur notre abdomen, geste d'une familiarité non rouergate, mais gasconne.

L'ancien couvent des chartreux, transformé en hospice, est à l'extrémité d'un faubourg sur la rive gauche de l'Aveyron. Il remonte, dans l'ensemble de ses constructions, au quinzième siècle, et lui fait honneur. La chapelle des religieux et celle des étrangers, le réfectoire, des salles voûtées en ogive offrent d'excellents modèles d'architecture monastique. Un artiste, au ciseau délicat et sûr, a sculpté dans la pierre, au seuil de la chapelle, un moine déroulant le blason de son abbaye ; d'autres imagiers de talent ont garni les boiseries des bancs d'œuvre d'une foule de petites scènes moins libres d'allure, mais non plus édifiantes que les fantaisies des stalles de Notre-Dame. Les deux cloîtres sont charmants : l'un purement ogival, spacieux, ombré de tilleuls séculaires, l'autre, petit, discret, orné d'arceaux capricieux et de clefs de voûtes historiées, disposées comme les pions d'un damier.... Maintenant nous pouvons quitter Villefranche, mais ce ne sera pas avant d'avoir parcouru les alentours, que l'on nous a beaucoup vantés : la vallée de l'Aveyron à l'ouest et au sud, le causse de Villeneuve au nord.

Cette décision nous ramène à Najac, esquivé tout à l'heure, et que nous regrettions sans le connaître, mais non sans cause. Najac est contemporain de Villefranche comme aux alentours Sauveterre, la Salvetat (lieu de refuge, de *sauveté* pour les peuples victimes de la guerre des Albigeois). Mais avant la bastide du treizième siècle existait une grande forteresse, dressée au-dessus de l'Aveyron, sur un roc, où son donjon fait encore hautaine figure. La petite ville répand sur les côtes ses maisons en pierres sèches couvertes de toits plats en tuiles grisâtres ; elle ne change guère, et l'insouciance de ses habitants lui conserve de très vieux et très incommodes logis du moyen âge. Un de ces logis nous arrête en passant, mais ce qui fixe nos regards, ce ne sont point ses fenêtres arquées en ogives, traversées de meneaux sculptés et encadrées de linteaux à pendentifs, ce n'est pas non plus sa porte, bien qu'elle soit d'un joli dessin et surmontée d'un écusson indéchiffrable, ou plutôt c'est, si vous le voulez, cette porte même, non pour sa valeur héraldique, mais pour la tenture de draps blancs, festonnés et piqués de roses, de lauriers et de bruyères, que les êtres ont clouée au seuil de leur demeure en signe de réjouissance nuptiale. Nous attendons, mêlé aux curieux, la noce, la mariée, le futur époux (le *nobio*). Et les voici. D'abord, le nobio et ses témoins, ses parents, s'avancent comme une troupe armée, précédés d'un tambour qui fait rage. Ils sont de moyenne taille, trapus, très bruns, les traits un peu carrés ont quelque rudesse et beaucoup de franchise, les yeux noirs, un peu farouches, expriment une vive allégresse. Malgré la gravité de leurs costumes cérémonieux — ils ont mis pantalon et veste de fin drap noir, égayés par des flots de rubans tricolores attachés à leur boutonnière et débordant de la ganse de leur chapeau rond à larges bords — on voit qu'ils sont tout au plaisir de la fête. Au moment d'entrer, un d'eux, d'une voix pleine et rauque, chante ces couplets mélancoliques à l'adresse de la fiancée :

> Noubieto, en porte d'ici
> Quito la roso, pren lo souci ;

> Quito la roso dou casau
> Pren lou souci de toun oustau.
>
> Fiancée, en partant d'ici
> Quitte la rose, prends le souci,
> Quitte la rose du jardin,
> Prends le souci de ton logis.

Sur le même ton lent, triste et doux, comme l'angelus du soir au village, le chœur chante à son tour :

> Plourats, caplatos cabiroun
> Perdets la flou de la maisoun.
>
> Pleurez, père, mère, parents,
> Vous perdez la fleur de la maison.

Ensuite, les yeux tournés vers le fiancé auquel il s'adresse :

> Espeo, nobio, coum pourras ha
> Passas la porto sens ploura
> — Le nobio a lous pès mouillatz
> L'arrous nou lous a pas trampatz
> Aco es las larmos qu'an toumbat.
>
> Épie, fiancé, si elle pourrait
> Passer la porte sans pleurer.
> — Le fiancé a les pieds mouillés
> Et ce n'est la rosée qui les a trempés,
> Ce sont les larmes de ses yeux tombées.

Et les compagnons du chanteur reprennent avec lui le refrain :

> Plouratz, caplatos, cabiroun
> Perdetz la flou de la maisoun.

Quand les dernières notes ont retenti, la porte s'ouvre pour laisser entrer le nobio et les siens, et quelques minutes après se rouvre pour laisser le cortège au complet sortir de « l'oustau ». En tête marche le tambour jouant d'interminables rigodons, qui règlent le pas des conviés. La *noubieto*, brune jeune fille de vingt ans, dont la fraîcheur non douteuse se cache sous le hâle gagné aux travaux des champs, donne le bras au nobio. Sa démarche est exempte de timidité, on l'admire : « c'est une belle garce ». Sa robe de soie de couleur, que revêt jusqu'à la ceinture un voile de mousseline couvrant aussi la couronne d'oranger, dessine assez justement ses formes plus vigoureuses que délicates. Elle ne séduirait pas un galant des villes ; ici on la juge forte, capable de supporter aisément les fatigues de la vie rurale, et ces avantages physiques, les plus appréciés de tous, doivent rendre un mari très heureux, surtout quand ils sont agrémentés de quelques biens au soleil. Des regards sympathiques et des murmures flatteurs suivent la noce. Certes, elle ne rencontrera pas sur le chemin de la mairie et de l'église ces malicieux enfumeurs qui brûlent, en guise d'encens, des mauvaises herbes sous les pas des nouveaux époux qu'ils n'aiment point, et dispensé de conjurer cette fâcheuse aventure, le chœur entonnera seulement pour son plaisir le couplet consacré :

> Les chemins devraient fleurir
> Tant belle mariée va sortir.

> Devraient fleurir, devraient gracier
> Tant belle mariée va passer !

Un obligeant « moussu » du pays, à qui nous demandions de nous traduire en français les chants de la langue d'Oc, les commentait en même temps par des traits de mœurs. « Que ne pouvez-vous, ajoutait-il, assister dans deux heures d'ici au repas nuptial dont le fumet arrive jusqu'à nous! Vous n'avez peut-être jamais vu pareille bombance, si grande profusion de mets, et convives plus en train. Les gaillards mangeront et boiront sans trop s'enivrer comme s'ils avaient plusieurs estomacs; on s'apercevra de leur griserie aux chocs de plus en plus fréquents des bouteilles et des verres sur les tables, mais aucune dispute sérieuse ne troublera la fête. C'est à peine si deux ou trois jeunes gens échangeront pour le dessert et dans le jardin quelques horions d'amitié. Quant aux hôtes, ils sont toujours contents, pourvu qu'on fasse honneur au repas, et leur chanson préférée est celle-ci, qu'ils n'oublient jamais d'entonner au moment du rôt :

> Minjats, messius, il pintatz gros,
> Tiratz la car d'autour de l'os;
> Minjats, messius, et minjats bet
> Dinquo entenen peta la pet.

> Mangez, Messieurs, le dindon gros,
> Tirez la chair d'autour de l'os.
> Mangez, Messieurs, et mangez bien,
> Que l'on entende péter la peau!

— Voilà de la poésie de Gargantua, des vers inspirés par le ventre.

— Il est vrai. Nous sommes très positifs dans l'expression de nos sentiments parce que nous sommes sincères. La délicatesse peut en souffrir, jamais la vérité... En voulez-vous la preuve? Venez demain au repas que les parents et les amis des mariés leur offriront... je vous ferai inviter.

— Merci non. La présence d'un étranger à ces réjouissances intimes serait peut-être gênante, et nous n'avons guère plus que le Juif errant le temps de nous amuser en route.

— Permettez-moi du moins de ne pas vous quitter sans vous avoir montré la place où fut écartelé notre héros local, le roi des Croquants, Fourques...

Et nous vîmes la place assignée par la tradition au supplice de ce pauvre et vaillant chef de paysans. On nous rappela les actes d'héroïsme et de brigandage de ces braves, révoltés contre les exactions financières de d'Émeri et de Fouquet. Selon notre interlocuteur, très au fait des annales de son pays, leurs exploits intéressent encore les entretiens de la chaumière. Il ne faut pas s'en étonner. En ces obscurs insurgés, dont la vindicte royale eut vite et cruellement raison, s'incarnait l'âme énergique et fière du vieux Rouergue; ils descendaient en ligne directe des courageux patriotes qui, sous les comtes anciens, chassèrent les Anglais du sol natal, et méritèrent au comte Hugues II le beau titre de

Père de la patrie. Ils précédaient dignement aussi les

CATHÉDRALE DE RODEZ

révolutionnaires affamés de justice de 1789. La légende a dû s'emparer de leurs aventures et les populariser.

Sauveterre, Villeneuve, comme Villefranche, participèrent aux luttes des « croquants ». Un patient annaliste, qui les voudrait raconter, n'aurait pas à restituer à ces bourgades féodales leur physionomie de l'époque; elles semblent n'avoir point changé depuis la minorité de Louis XIV. D'ailleurs toute la région offre ce caractère d'immobilité inhérent peut-être à la nature du sol : quand on bâtit sur le granit avec du granit, c'est pour des siècles. Les hommes, enfermés dans l'horizon austère des montagnes, ne touchent pas volontiers à l'œuvre de leurs devanciers, ils s'y accoutument au contraire, la consolident, si elle se délabre, se croiraient des profanateurs s'ils cherchaient à la détruire pour édifier du nouveau...

Laissons à notre gauche la causse de Villefranche, long plateau parsemé de rocs calcaires, pourtant fertile, planté de maïs, de sarrazin; à notre droite, les immenses champs de seigle, les ségalas de Sanvensa. La vallée de l'Aveyron nous mène à Rodez par d'innombrables détours et circuits pittoresques. Claire, peu profonde, la rivière se joue entre des collines tantôt mollement penchées, vertes, avec des bouquets de chênes et de châtaigniers, tantôt abruptes, dentelées, rougeâtres. De vastes paysages se développent fréquemment, subitement, aux yeux du voyageur assez patient pour gravir des pentes continuelles, afin de toucher aux sommets, mais ils l'étonnent plus qu'ils ne l'enchantent. Ce sont toujours les mêmes lignes sévères, les mêmes formes robustes sans grâce, les mêmes tons d'émeraude et de brique passée au feu. Ils ne sourient pas, ne réjouissent pas, et leur action sur les âmes doit être de les replier sur elles-mêmes, de les isoler dans la réflexion, le raisonnement et le calcul. Une contrée si particulière, mais si fermée, permet-elle à ses enfants les longues et généreuses échappées de l'imagination? Plutôt, bornant fatalement l'essor de leur esprit, les réduirait-elle au respect servile de ce qui est ou de ce qui a été, et au souci mesquin des intérêts matériels. La seule ambition étroite, patiente, acharnée de la fortune pour la fortune, de l'argent pour l'argent, qu'il s'agit d'acquérir par tous les moyens, sans scrupules, remplit la destinée des Rouergats qui ne sont point des idéalistes d'origine et d'éducation. Ceux-ci, heureusement, à notre avis, sont de beaucoup la majorité, et leurs simples vertus, leur droiture, leur désintéressement, leur abnégation, la probité de leur existence honorent assez le Rouergue pour le « caractériser », et démentir le vieux proverbe insultant :

> Ruthenus quod potest rodere rodit,
> Quod non potest rodere, odit (1).

Rodez, où nous voici, est la digne capitale de l'antique province; il en résume l'aspect général, les qualités et les tendances. Nulle part le Passé n'a mis plus for-

---

(1) Ce que peut ronger le Ruthène, il le ronge ; ce qu'il ne peut ronger, il le hait.

tement son empreinte. Il occupe, à peu d'étendue près, l'emplacement de l'oppidum des Ruthènes et du Segodunum des Romains; un aqueduc construit par ces habiles ingénieurs, retrouvé, réparé et complété par Boissonnade, l'abreuve encore d'eau potable. Les fondations de la cathédrale et de l'évêché sont peut-être celles d'un castellum. On y reconnaît facilement les deux parties de la cité du moyen âge, qui, l'une sous le nom de Bourg, l'autre sous le nom de Rodez, furent des comtés indépendantes et puissantes. Le dessin des rues et des carrefours appartient aux premières années du système féodal. Ses artisans, sa bourgeoisie même s'expriment familièrement et de préférence dans la langue d'Oc, accentuée rudement. Les mœurs, les habitudes y semblent immuables. En face du pouvoir séculier, l'autorité de l'Eglise a conservé son prestige; nul ne parle de l'évêque sans l'appeler monseigneur, chacun a la foi praticante, et s'en remet au prêtre — *à moussu l'oblat* — de la direction de sa conscience et presque de sa volonté. Il en est du confort moderne comme des idées progressives, on l'ignore ou on le dédaigne : les vieilles maisons noires, incommodes, et les boues, les ordures stagnant sur les voies publiques témoignent d'une négligence si extraordinaire qu'il ressemble à du mépris pour la propreté.

N'importe, Rodez est une ville originale, devant laquelle on ne saurait passer avec indifférence. L'artiste, au tournant imprévu du chemin, la voit surgir d'un cercle de collines sévères, et couronner magnifiquement, à 120 mètres d'altitude, un promontoire découpé dans le granit par l'Aveyron, et il s'émerveille. Sous ses yeux étonnés, se dressent, en pleine lumière, sur une seule ligne d'ensemble, le front altier de la cité religieuse, la masse puissante de la cathédrale, sa tour énorme, prodige de grâce et de force, le palais épiscopal, colosses de briques d'un effet toujours superbe, que sur eux s'étale la pourpre du soleil, le suaire argenté de la lune, ou le manteau de plomb d'un ciel orageux. Les formes robustes, les chaudes couleurs de ces édifices s'harmonisent aux tons heurtés et vigoureux d'un cadre singulièrement agreste, au vert foncé des plateaux, au jaune cru des pentes dénudées, et Rodez semble l'éclosion naturelle et choisie du sol abrupt, la fleur vermeille de la contrée sauvage.

Vous approchez, une petite ville rugueuse, obscure et laide s'offre à vous, mais son front altier continue de vous séduire. La cathédrale, isolée par une large place, élève un immense vaisseau de briques et de pierres, flanqué de tours, construit du treizième siècle au seizième, avec un mélange d'élégance et de sobriété dans le style gothique. Les murs austères sont coupés d'ornements délicats, plaisants à voir ici, comme un sourire sur une figure grave. De brillantes floraisons contournent l'ogive des portes. Aux trois étages de la majestueuse tour du clocher, à la façade sans portail, l'une et l'autre ouvrages de la Renaissance, les plus fines, les plus charmantes sculptures décorent d'une exquise dentelle les baies, la rose, les balcons, les tourelles, les dais, les pinacles, l'attique. La tour, chef-d'œuvre de l'architecte Cusset, édifiée de 1510 à 1526, monte à 82 mètres, porte au milieu le blason de la cité soutenu par le lion des d'Armagnac, seigneurs de Rodez, et au sommet la statue de Notre-Dame, honorée par les statues des quatre évangélistes, posées sur les angles : rien n'est plus imposant et de meilleur goût.

Les trois nefs, d'une belle ampleur, et le chœur, très prolongé, renferment quelques œuvres de grand prix : un jubé et des portes de sacristie finement sculptés, des stalles ouvragées, deux tombeaux d'évêques : Gailhard de Cardaillan, mort en 1359, et Raymond d'Aigrefeuille, mort en 1361, un sarcophage chrétien du cinquième siècle, et surtout, en une délicieuse chapelle du quatorzième siècle, une *Agonie du Christ*, groupe dont tous les personnages, de grandeur naturelle, sont admirablement traités : Autour de l'Homme-Dieu mourant, se penchent dans une attitude éplorée les saintes femmes et saint Jean, Nicodème et Joseph d'Arimathie, types de méridionaux copiés sur le vif, mimant avec une sincérité naïve et profonde la douleur expressive, violente et plastique que les êtres simples, frappés dans leurs affections, mènent aux obsèques des leurs.

Le palais épiscopal fut bâti au dix-septième siècle. Mais ses fondations, ses hautes murailles, les tours qui flanquent ses murailles et ses méfiantes issues sont, croyons-nous, d'une autre époque ; les évêques de Louis XIV ne se logeaient plus en seigneurs féodaux, et la demeure du prélat ruthénien a l'air d'une forteresse. Monseigneur, du haut de sa terrasse, paraît gouverner la ville en souverain ; il dispose assurément d'une armée de noirs lévites, aussi nombreuse qu'un régiment de ligne, et toute dévouée. A rencontrer par les boulevards les files longues et serrées des élèves du séminaire, on dirait que nulle part le recrutement du clergé n'est aussi facile que dans le Rouergue. Nulle part, en effet, la jeunesse n'embrasse plus volontiers la vocation religieuse ; nulle part, l'idéal catholique ne rallie plus d'intelligences, d'intérêts et de défenseurs.

Aux remparts de l'évêché se rattachent ceux de la ville, maigres débris de l'enceinte du moyen âge, dont les fossés sont remplacés par une suite de boulevards, qu'un flâneur parcourt en moins de vingt minutes. Cette enceinte, qui protégeait la capitale des valeureux comtes Hugues, de la sage et bonne comtesse Cécile, des puissants Armagnac, devait pourtant être redoutable, car elle suffit à repousser l'approche des Anglais, des routiers, des calvinistes, s'ouvrit seulement au dauphin Louis, fils de Charles VII, vainqueur du comte Jean IV. Mais sa force n'était point dans son étendue ni dans son épaisseur : regardez en passant les esplanades où elle s'élargit, où brusquement elle s'arrête au bord d'un ravin à pic, et d'où se développe soudainement, sans limites, une immense campagne, la vallée de l'Aveyron, les monts d'Aubrac, les chaînes estompées des Palanges et du Levezou, et vous comprendrez qu'une telle place, un observatoire d'une telle portée put déjouer et défier toutes les attaques. Mais la situation qui fit la sécurité de Rodez aux périodes militantes a fait sa faiblesse aux époques de calme et de progrès ; respectée, mais isolée et comme enfermée dans une muraille de la Chine, elle a été aussi longtemps inaccessible aux lumières modernes, qu'autrefois aux agressions de l'ennemi.

Des rues étroites, sombres, humides, bizarrement contournées, débouchent sur les boulevards, et se croisent en divers carrefours et places, dont les plus spacieuses sont la place de la Cité, où s'élève la statue du célèbre archevêque de Paris, Denis-Auguste Affre, et la place du Bourg, aux nobles logis historiques. Celle-ci était le centre du comté féodal, créé au douzième siècle par le comte de Toulouse, Raymond de Saint-Gilles, quand il donna en fief une portion de Rodez au fils puîné du vicomte de Milhau. Le Bourg, petit chef-lieu d'un assez grand État, avait des magistrats indépendants ; un d'eux, le consul Béranger de Nottes, s'illustra au lendemain de Brétigny, qui faisait du Rouergue une province anglaise : osant pousser ses concitoyens à chasser l'envahisseur, il se mit à leur tête et réussit à délivrer son pays. Pourquoi, en ces années de statuomanie, où la France dénombre ses moindres gloires, voire ses glorioles, la statue du consul patriote Béranger de Nottes ne décorerait-elle pas la place du Bourg?..... Ici, entre plusieurs maisons de bois, curieusement chevronnées et pansues, une maison vaste, très jolie, ornée de médaillons représentant des dames et des seigneurs du seizième siècle, se nomme la Maison d'Armagnac; les personnages sculptés sont

RODELLE (ENVIRONS DE RODEZ)

probablement les derniers membres de cette famille qui possédèrent le Rouergue.

Maintenant, débrouillez seul l'écheveau des rues, vous découvrirez vite et sans lunettes les modestes attraits de la ville : le lycée, que vous recommandent une porte et une chapelle de la Renaissance, le musée de la Société des sciences et des lettres, où sont conservées quelques épaves de la Ruthénie gallo-romaine et du Rouergue féodal; les substructions d'arènes gallo-romaines au nord de la cathédrale, l'hôtel Biney, vanté à la ronde pour sa cuisine gargantuesque et ses pâtés de foie gras succulents; la maison natale d'Alexis Monteil, au n° 21 de la rue Neuve, et sur l'Esplanade la statue de l'excellent écrivain. L'auteur sensé, fin, spirituel, naturel, savant et plein de ressources, systématique, il est vrai, mais par générosité d'âme, de l'*Histoire des Français des divers États*, personnifia de la plus brillante manière et la plus digne le génie particulier du Rouergue; son livre où l'imagination se mêle avec tant de charme à la raison, où le fait prouvé balance si justement l'hypothèse hardie, et la réalité l'idéal, est la parfaite expression de l'esprit rouergat. Un jeune sculpteur aveyronnais, Denis Puech, a merveilleusement fixé les traits de son compatriote.

Et puis... vous chercherez peut-être dans une rue plus obscure et plus sourde que toutes les autres, dans la sinistre rue des Hebdomadiers, la sinistre maison Bancal où fut soigné Fualdès, vous ne la trouverez point : il y a des années que fut démoli le « théâtre » de ce crime d'une férocité si originale. Suivez-nous plutôt dans la tortueuse, longue, sombre et gluante rue de l'Embergue, dont la chaussée est si menue et les auvents si ventrus que le soleil n'y pénètre jamais. Il y a dans cette rue, le croirait-on, d'aristocratiques hôtels précédés ou suivis de vieux jardins; l'un d'eux nous ouvrira volontiers sa basse porte écussonnée. Il fut construit du quatorzième au quinzième siècle; c'était la demeure de la glorieuse famille des seigneurs d'Estaing;

aujourd'hui, il renferme l'imprimerie de M. Rathery Virenque, et les rédacteurs, les compositeurs, les imprimeurs du journal libéral *le Courrier républicain de l'Aveyron* gravissent son escalier en escargot. Là nous attendent des amis de vieille date, dont le caractère justifie pleinement l'appréciation d'Alexis Monteil : « Les Ruthéniens sont francs, loyaux et d'un commerce sûr... » Pour les revoir et serrer leurs mains cordiales, nous adoptons volontiers le dicton local :

> Roude que roudoras
> A Roudez tournoras.

..... Les alentours de Rodez sont intéressants, pittoresques ; nous ne pouvons les visiter tous, mais de ci, de là, nous allons, et ces excursions nous laissent de durables souvenirs. Nous nous rappelons surtout le gracieux vallon de Salles-la-Source, ses roches granitiques, aux formes puissantes, aux étranges silhouettes, aux noires futaies de sapins et de chênes, ses doux coteaux hérissés de ceps florissants. Un village se groupe au creux d'une gorge profonde, où jase une rivière, un autre le surplombe et s'éparpille près de la route, un autre encore se groupe au-dessus de ce dernier, autour d'une église blanche, d'un château et d'une fabrique. Des hauteurs tombent, au printemps, deux cascades dont s'emplit une grotte charmante, ravissante même en ce tableau de Monteil : « elle forme un fer à cheval ; sa voûte s'élève en entonnoir ; son entrée, couronnée de frênes, de figuiers sauvages, de lierre, de scolopendres, de polypodes et de plusieurs plantes sarmenteuses qui pendent en festons, est taillée en arc très ouvert, et laisse pénétrer dans l'intérieur les reflets du soleil renvoyés par la surface des deux bassins ; sa cavité se remplit alors d'une vive clarté ; les mousses fraîches dont elle est tapissée ressemblent à une tenture d'un velours vert chatoyant, et les gouttes d'eau qui tombent de tous les points de la voûte à des poignées de perles jetées du haut de cette magnifique coupole... Ah! si Fénelon eût vu ce beau vallon, cette belle verdure, ces belles eaux, cette belle grotte, l'île de Calypso en eût été bien plus délicieuse et ses nymphes bien plus séduisantes... »

Le Tibur du Rouergue possède une autre grotte, celle de la *Gorge aux Loups*, mais elle est d'un accès difficile ; son ouverture étroite, béante au milieu d'un roc, ne se peut atteindre qu'avec le secours d'une échelle hasardeuse, posée sur un chaos. Un jeune Rouergat, intelligent et causeur, assujettissait l'échelle aux parois du roc tandis que nous y grimpions ; et quand nous eûmes, à sa suite, essayé d'explorer la caverne humide et glissante, sans pouvoir y réussir :

— Voulez-vous, nous dit-il obligeamment, visiter le *tindoul*, ou l'abîme de la Veyssière ?

— Comment donc !

Et nous pénétrons, sur les pas de ce guide enthousiaste et sûr, dans l'immense Causse central. Les plaines mornes, désertes, incultes, se déroulent, interminables, et par leur étendue nous rappellent les vastes espaces semés d'alfa et d'os de chameaux, que les Arabes de l'Algérie nomment le *Bland-ol-aleugh*, pays de la soif. Ici, l'herbe dure et les ronces, où nos pieds s'embarrassent et se trempent de rosée, remplacent l'alfa;

VIVIEZ

des bouquets de chênes nains parsèment le sol blanc et rugueux. Quelques plantations de maïs et de sarrazin avortent, incapables d'enfoncer leurs racines dans la terre rocheuse, hérissée de pointes calcaires qui déchirent son mince épiderme végétal. Point de chemins ni de sentiers; le guide, dont nous emboîtons strictement les traces, règle sa marche assurée d'après le soleil et des indices vagues connus de lui seul et des pâtres. L'étranger s'égarerait en plein jour dans ces solitudes, traversées seulement par de grandes routes indistinctes ; la nuit, le tindoul, effroyable piège, l'engloutirait. Cette excavation singulière s'ouvre à ras du sol ; sa bouche énorme a 130 mètres de circonférence, ses parois à pic tombent à 47 mètres de profondeur, mais des galeries latérales inondées, peut-être inaccessibles, se rattachent au fond visible, où l'on peut descendre au moyen d'une corde, et prolongent l'abîme à des distances mystérieuses.

Cependant, le Causse central n'est pas un désert entièrement sauvage. Ses bocages sont des propriétés, ses chênes rabougris et ses ronces servent à chauffer le four des paysans, les chasseurs y vont tirer le lièvre, le perdreau rouge et le pluvier... jadis même des armées l'ont parcouru, y ont planté leurs tentes, et livré des batailles, révélées aujourd'hui à Souyris, à Cadeyrac, par les squelettes des combattants, les débris de leurs armes... Mais, en toute saison, un vent glacial désole le Causse, trempe les vigoureux caractères des hommes.

A Marcillac dévale brusquement le plateau du Causse central, élevé de 800 à 850 mètres. Un peu plus loin, au nord-ouest, le terrain se relève : c'est la région tourmentée de Cransac, d'Aubin, de Decazeville ; le vaste bassin houiller dont la production considérable (annuellement 800,000 tonnes de houille et 5,000 de lignite, en chiffres ronds), les grandes industries, fixent une population de 28 à 30,000 âmes. Ce pays d'un aspect tranché ne manque pas d'intérêt, même aux yeux du voyageur indifférent aux œuvres du travail. Ses montagnes enflammées depuis des siècles par la combustion lente des houillères à fleur de sol jettent la nuit des lueurs fantastiques, violettes avec des langues écarlates, qui font songer au brûlant Ténare des poètes anciens. Il s'échappe des cavernes de Cransac des vapeurs sulfureuses qu'un imaginatif comparerait au souffle de l'enfer. Les énormes ateliers du Gua, où la compagnie des chemins de fer d'Orléans fabrique ses rails, ceux de Decazeville, aussi importants, les usines de Penchot, de Firmi, l'éclat des forges, les panaches de flammes des hauts fourneaux, les amas brillants de scories dont les gaz se consument en plein air, composent des tableaux d'une couleur étonnante. Rudes comme la terre où ils vivent, comme le fer qu'ils domptent, sont les ouvriers de la Mine et de la Métallurgie : la plupart, enfants du Rouergue, volontaires, entêtés, mais patients, sobres, faciles à diriger. Ils se mettent rarement en grève, mais leurs révoltes sont d'autant plus spontanées et terribles qu'elles sont moins fréquentes ; ce sont de véritables explosions de haines silencieusement couvées contre de réels griefs, d'injustes exigences, des calculs odieux.

ESPALION

D'œuvres d'art, aucune, sinon la jolie église romane

d'Aubin et le château renaissance de Bournazel. Firmi, Cransac, aux eaux minérales, Aubin, grandis par le moderne mouvement industriel, étaient jadis d'humbles villages de vignerons. Decazeville doit l'existence au duc Decazes, le premier ministre de Louis XVIII ayant obtenu de son gracieux souverain la concession de ses mi-

DECAZEVILLE

nes jusqu'alors à peine exploitées. Mais allez vers l'est, vers les rives du Lot, vous y rencontrez une des belles œuvres architecturales du moyen âge, l'église abbatiale de Conques, rebâtie au XI° siècle, après avoir été détruite par les Sarrasins, et solide comme un bloc de granit. De forme carrée, lourde et puissante, l'édifice a la physionomie même de la contrée qu'il décore ; ses massifs contreforts, ses hautes tours couronnées d'arcades romanes et

ESPALION

de toits pareils à des ruches, sa coupole surmontée d'un robuste octogone, l'entrée ample de sa façade dont le cintre offre un saisissant haut-relief du Jugement dernier, sont remarquables par la force du style. Phénomène rarissime, l'église possède encore l'opulent trésor de l'abbaye; les visiteurs de l'exposition universelle de 1889 ont pu en admirer au Trocadéro les magnifiques pièces : statuettes d'ivoire et d'argent, croix processionnelles, ciboires, reliquaires, orfèvreries précieuses accumulées par les moines depuis l'empereur Charlemagne, tapisseries, retables, boiseries....

Bien d'autres monuments du passé, bien d'autres paysages solliciteraient le voyageur de loisir ; il lui faudrait alors, à moins qu'il ne fût bon cavalier, endurer de longs trajets en de primitives diligences à travers une région toujours accidentée, ardue, vexée par de changeantes températures. Il irait dans les roides monts d'Aubrac visiter l'abbaye de Bonneval, que l'on vient de restaurer, Laguiole aux fromages gras, le château féodal d'Estaing, l'hôtel de ville renaissance d'Espalion et son église de Pers, si intéressante pour l'archéologue, le site extraordinaire de Bozouls, enfoui dans les gorges du Dourdon, ses cascades du Gour d'Enfer. Il irait encore, se rapprochant de Rodez, errer dans la superbe vallée de Viaur où s'est maintenue l'abbaye de Bonnecombe, renommée jadis pour maintes vertus, et entre autres pour son hospitalité et la bonne chère qu'on y faisait, témoin les joyeuses anecdotes contées par les spirituels annalistes de l'Aveyron : Monteil et Saint-Cernin (P. Soulié) (1). Voici, voyageur de loisir, de quoi t'occuper plaisamment tout un été.

Mais nous sommes obligé de te fausser compagnie ; d'autres contrées nous réclament. Nous allons entrer dans les causses de la Lozère, les gorges du Tarn, et le train nous conduit à la porte de cette région, hier ignorée, célèbre et fréquentée maintenant, — à Séverac-le-Château. Nous reviendrons bientôt dans la seconde partie du Rouergue appelée la Haute-Marche.

---

(1) Ma mère nous parlait souvent d'un oncle paternel, moine à la riche abbaye de Bonnecombe près de Rodez, nommé dom Mazet. Il venait de temps en temps faire mauvaise chère chez son frère, c'est-à-dire se mettre à son ordinaire. Quand ses deux ou trois mentons s'étaient suffisamment réduits il repartait.

« Voici maintenant un fait extraordinaire et que j'atteste tenir de trois personnes qui l'avaient vu. Le couvent de Bonnecombe nourrissait un beau chien dont le nom était Marquis. Ce chien suivait ordinairement mon grand-oncle ou les domestiques lorsqu'ils venaient à la maison de ma mère. Mais quelquefois il venait seul. On lui donnait des os, de la soupe grasse ; il ne voulait que de l'eau et un peu de pain sec. Après quelques jours de diète, Marquis reprenait seul le chemin de Bonnecombe. »

Éphémérides de Montaigne, *passim, loc. cit.*, par P. Soulié dans *Notes au crayon* (Mœurs Ruthénoises).

CHAPITRE VI

LES CAUSSES

Il y a dix ans, moins encore, personne ne s'intéressait à l'étrange région où le chemin de fer va nous transporter; plus d'un Français ignorait même le mot par lequel on la désigne, le mot *Causse,* dérivé du latin *calx* (chaux), et plus d'un peut-être aurait fait à qui lui en eût demandé la route la plaisante réponse adressée à certain voyageur anglais, curieux de visiter ces solitudes de la Lozère, et s'en informant : « L'Écosse, l'Écosse, mais vous devez savoir mieux que nous comment y arriver; n'est-ce pas une province de votre pays? »

De ceci les géographes modernes n'étaient pas responsables. Élisée et Onésime Reclus ont largement décrit les misérables plateaux du *toit de la France* et le contraste enchanteur des gorges profondes creusées au pied de leurs murailles. On les croyait sur parole. On abandonnait les causses aux recherches et aux hypothèses des géologues, à la science et aux Caussenards. Artistes ni touristes ne soupçonnaient qu'il y eût pour eux dans ce coin perdu de la France, le plus pauvre, le plus désolé et le plus dédaigné de tous, un trésor d'impressions nouvelles à recueillir, une nature vierge à découvrir, de merveilleux spectacles à contempler.

Mais un alpiniste se risque dans ces parages, tombe en extase devant leur puissante originalité, les révèle à son club, s'imaginant les annoncer au monde, mène le bruit d'un explorateur extraordinaire et, la presse aidant, entraîne le public sur les eaux bleues du Tarn, de la Jonte et de la Dourbie, dans leurs grottes et vers les roches accumulées de Montpellier-le-Vieux, qualifié gravement de « cité diabolique ». C'est aujourd'hui chose faite. Des calèches et des diligences promènent d'enthousiastes oisifs dans l'immense désert des causses; des bateaux les bercent au fond des gorges sublimes, sur les rivières périlleuses. Déjà les impressarii de villégiature rêvent d'importer dans la pauvre Lozère leurs hôtels confortables, leurs casinos insupportables et leurs ennuyeuses villas; une authoress compare le Tarn au « Pactole roulant des sables d'or », et se préoccupe des prochaines métamorphoses que produira la richesse sur les riverains.

« Le lit sablonneux du Tarn atteindra la valeur d'un site parisien, écrit sérieusement Mistress Edwards dans *The roof of France*. Cette vue matérielle de la question suggère divers sentiments. J'ai présentes à l'esprit la frugalité de ces campagnards, leur énergie au travail, leurs manières simples, droites, franches. Je ne puis que leur désirer du bien, même au prix d'un fâcheux désenchantement. Au lieu des hôtelleries rustiques de Sainte-Enimie, de gigantesques hôtels à la façon des chalets suisses bâtis pour les touristes; la solitude des causses rompue par d'admiratifs bavardages, des flottilles chargées de touristes portant l'enseigne de Cook ou de Gaze effleurant les eaux cristallines du Tarn majestueusement environné!... »

Par bonheur, nous n'en sommes pas encore là. Mais pourquoi, au pied de la colline de Séverac, ces hôtels battant neuf dont la blancheur tranche sur le ton grisâtre des masures de ce faubourg de gare, pourquoi, sinon en prévision de cet avenir? A coup sûr, venue la belle saison, les touristes ne manquent pas à ce rendez-vous commode.

En attendant le train de Mende ou la patache de La Canourgue, ils ont le temps de visiter les ruines du château fort, si imposantes à vol d'oiseau, si nettement découpées au sommet de la hauteur, dans l'azur ou le blanc de l'horizon. Apparence illusoire, réalité jadis. Séverac fut l'une des grandes seigneuries du Rouergue, une place de premier ordre, et le berceau d'une famille illustre. Le château a subi plusieurs sièges, les Anglais échouèrent devant ses murailles, mais Guy de Montfort, frère du chef de la croisade, s'en empara pour le châtier de soutenir les Albigeois, et le dauphin Louis, fils de Charles VII, le prit aux d'Armagnac. Il était solide encore, habitable aux derniers siècles, car le duc Louis d'Arpajon de Séverac, ancien ministre d'État, y résidait, ce qui lui valait à la cour de Louis XIV le surnom moqueur de *duc des Bruyères*.

A vingt minutes de Séverac, au pied de la tour de Sermeillet, l'Aveyron prend source, mais aurez-vous le loisir d'aller jusque-là? l'heure vous presse, et la curiosité; et le train vous emporte vers Mende. Il franchit avec une lenteur obligée, favorable à l'observateur, le haut plateau du morne causse de Sauveterre; le voilà dans les gorges du Lot, il rampe auprès de la rivière limoneuse et jaune, entre des montagnes de granit, il côtoie La Canourgue, et sa belle source de Saint-Frézal, Banassas, adopté par les touristes, Balsièges dont les dolmens attestent l'antiquité; puis, la gorge s'élargissant en vallon, il s'arrête dans l'espace étroit cerclé de hauteurs grises, d'un gris funèbre, où se tasse le chef-lieu de la Lozère, affreusement banal, dénué, écrasé, lamentable de tristesse et d'ennui.

Des rues et des ruelles obscures, indifférentes et puantes, suivent peureusement les contours d'une enceinte abolie, remplacée par un boulevard, où se délassent les gens endimanchés, dans un va-et-vient perpétuel de captifs en cage; la cathédrale, au centre des logis noirs et malsains, dresse son front lugubre et dominateur. Elle règne despotiquement sur la misère. Elle symbolise à ne pas s'y méprendre la puissance temporelle si longtemps absolue et incontestée des seigneurs évêques, proclamés tels, depuis le XIIe siècle, par la charte dite Bulle d'Or, délivrée par le roi de France

Louis VII, en outre, vicomtes de Grèges et comtes du Gévaudan. Deux clochers, deux tours énormes, serrent, étouffent une façade nue, trouée au milieu d'une rosace, menaçante comme l'œil unique du Cyclope. Un des clochers, le plus haut, offre de belles lignes, d'élégantes sculptures, des tourelles et des pinacles sveltes que de hardis arc-boutants attachent à la flèche légère et ciselée, une fine galerie d'arcades, une balustrade charmante, mais dans la stature roide et massive de l'ensemble ces détails disparaissent. A l'intérieur trois nefs gercées, glacées ; sur le maître autel deux candélabres en bois sculpté, ouvrages d'artistes de la Renaissance, rappelant le faste éclipsé de l'église.

MENDE

Le féodal édifice date du quatorzième siècle et du seizième ; son « bâtisseur » fut le pontife dont la statue en bronze se dresse en face du parvis : Guillaume de Grimoard, né à Grizac, dans le Gévaudan, élu pape le 6 novembre 1362, sous le nom d'Urbain V. C'était un prélat magnifique et généreux. Il fonda à Montpellier un collège pour les étudiants en médecine de son pays natal, et dota la cathédrale d'une sonnerie fameuse détruite par les bandits protestants du capitaine Mathieu de Merle; le bourdon principal s'appelait la *Nompareille;* on en possède encore le battant qui mesure 2^m,35 de hauteur sur 1^m,10 de circonférence.

PONT NOTRE-DAME A MENDE

Auprès de l'église d'Urbain V, l'ancien palais épiscopal, reconstruit dans le style Louis XIII et transformé en hôtel de la Préfecture, conserve la belle galerie des évêques qu'un peintre du dix-septième siècle, Antoine Bénard, décora d'assez jolis panneaux. Avec les tableaux, les reliques gallo-romaines, épars au Musée, voilà toute la richesse de Mende, et son éclairage électrique par les lampes Edison, — récente innovation favorisée par de grosses chutes d'eau utilisées en forces motrices, — ne pourrait nous en montrer davantage, quand il pénétrerait dans les plus sombres réduits, et jusque dans les caves du treizième siècle, sur lesquelles se haussent de grises maisons dénuées de style. La capitale dut perdre tous ses biens et toute physionomie au seizième siècle. Menées avec l'obstination, la rigueur particulières aux natifs de cette région, caractères forgés d'un seul métal, froids, concentrés, les guerres religieuses lui furent horiblement cruelles. Le farouche de Merle qui y entra par surprise et trahison, le 25 décembre 1579, tua, pilla, incendia, saccagea, durant trois jours. On parvint à le chasser, il revint, ne consentit à s'éloigner qu'après avoir obtenu d'énormes contributions en argent, des terres, et quarante mulets pour transporter ses rapines en lieu sûr. Il eut des successeurs, de nobles affamés, qui pressurèrent jusqu'au sang les mamelles de la maigre province. Les États du Gévaudan accordèrent des milliers d'écus au mignon de Henri III, Joyeuse, pour bâtir une citadelle dévouée aux seuls ligueurs, et des milliers de livres, cent mille, au gouverneur protestant Montmorency-Fosseuse, pour rendre la même citadelle aux mains d'Henri IV. De même jadis ils avaient essayé vainement à prix d'or d'écarter les Routiers. Entre temps, on dévastait, on brûlait deux cents villages aux environs de Mende. L'atroce guerre des Camisards acheva l'épuisement du pays; jamais il ne s'est relevé.

Dans la banlieue de Mende l'ermitage de Saint-Privat, taillé dans le roc, honore le premier évêque des Gabales, massacré par les Vandales ou, au témoignage de Grégoire de Tours, par les Alemans, et rappelle l'origine de la cité. Elle s'agrégea autour du tombeau du saint, fut un pèlerinage, remplaça et dépeupla Javols : l'antique Andertum, la Civitas Gabalorum des Latins. Plus loin, mais à moins de deux lieues, l'humble village Lanuéjols garde un beau mausolée gallo-romain, élevé, suivant une claire inscription, aux enfants regrettés de Bassianus et de Regoyo. Les dolmens de Chanac, les trois belles portes fortifiées de Marvejols exigent d'autres voyages. Mais ce qui nous attire, nous captive en Lozère, ce ne sont point les vestiges de l'histoire, ce sont les traces terrifiantes des grandes et longues actions de la nature, des cataclysmes diluviens, des naufrages de la terre, partout visibles sur le sol des causses desséché, nu, semé de cailloux innombrables comme les galets des plages.

Que la patache du courrier nous transporte donc au niveau, puis au-dessus, bien au-dessus du clocher de

Mende, aux altitudes frigides de 900 à 1,000 mètres, qu'elle passe les eaux troubles du Lot, et s'élève par les continuels lacets d'un chemin de montagne sur le plateau encore souriant, cultivé, du causse de Mende, où des vignes achèvent de mourir à côté de belles moissons de céréales, où les châtaigniers croissent sur les pentes et les chênes sur les hauteurs... Voici que s'efface peu à peu cette campagne fraîche et fertile, elle n'est plus qu'une tache verte, au bout d'une immense solitude, et cette tache même disparaît, le désert du causse de Sauveterre remplit tout entier l'horizon morne. Nous roulons dans la plaine pierreuse, sans eau, sans arbres, sans ombre, ou par endroits de mièvres cultures de sarrazin, d'orge, d'avoine et de pommes de terres arrachent un peu de sève à l'avarice du sol. Toute l'eau du ciel tombe et s'enfouit dans les gouffres ou *avens* béants au sommet des monticules, *puechs*, *trucs* ou *couronnes*, visibles çà et là, élevés de cinquante à cent mètres, et, de ces abîmes insondables coule en des fissures inconnues, se filtre dans la chaux et l'argile pour reparaître au jour, claire et belle comme la lumière, dans les fontaines des gorges. Cependant, ici comme ailleurs, l'homme ne renonce pas à dompter la nature rebelle, souvent triomphe. On voit, comme un trophée de sa victoire, devant les murs d'un petit castel féodal, réparé, modernisé, un gigantesque tas de pierres ratissées d'un vaste terrain transformé en champs arables féconds. Voyez-vous plus loin une verdure sombre pointer, s'étendre en ligne brune ? ce sont les plants de résineux, entrepris par l'État, pour absorber les ondes pluviales et former une couche d'humus. Seuls, nous dit-on, les propriétaires des grands troupeaux s'opposent, égoïstes, afin de se réserver les maigres pâtures du Causse, à ce reboisement gros d'avenir...

Un escarpement de granit, barrant un trou, un sotch, vallonet imperceptible de la route, et dans ce trou, un tas de masures littéralement enfouies, aveugles du côté de la plaine, éclairées dans le cercle obscur du vallonet par une porte, une fenêtre, coiffées de toits arrondis pour supporter le poids des neiges, flanquées de potagers, de vergers, d'amandiers étiques et poudreux, crevant de soif et d'anémie : nous sommes à Sauveterre. Une centaine d'âmes végètent dans ce hameau, lugubres limbes de l'enfer des Causses. Elles se nourrissent des fruits chétifs de leurs jardinets, s'abreuvent de l'eau vaseuse d'une citerne rarement pleine, s'habituent à la faim et à la soif ainsi que leurs bêtes, et pendant six mois d'hiver et trois mois de déluges printaniers se terrent, ignorées du reste du monde, sous leurs cabanes enfumées. Nulle expression ne reflétera l'aspect souffreteux, mélancolique et désespéré de Sauveterre, amas de tanières humaines.

A courte distance : fertilité, lumière, joie. Le causse brusquement dévale, le terrain s'échancre et cède, une pente tombe au long d'un fossé rapide. Du bord de la subite excavation, les regards aperçoivent les bords abrupts d'un autre causse, le causse Méjean, séparé par un abîme de plusieurs centaines de mètres de profondeur et large de 1,250 à 2,500 mètres, du causse de Sauveterre, auquel en des âges préhistoriques il s'unissait. Cet abîme, la route en descend la paroi par une chaîne de lacets côtoyant les ravins à pic, dont les tournants découvrent déjà les toits, pareils à des lamelles de rocher, du village Sainte-Enimie, assis en amphithéâtre sur la rive droite du Tarn. On dépasse la mince couche du calcaire jurassique divisé à l'infini, éparpillé en cailloux par l'érosion des mers, et des roches ou dolomies se dressent, verticales, heurtées, rougeâtres et grises, dessinant d'étranges profils. En leurs crevasses poussent des arbustes tordus, tendus contre la rage des tempêtes, les ronces hargneuses, et la douce lavande que les femmes et les enfants moissonnent pour les usines de la Provence.

Aux murailles gigantesques du causse, taillées en plates-formes, s'adossent les blanches maisonnettes de Sainte-Enimie, charmantes avec leurs festons de roses, de pêchers, de vignes et leurs menus vergers d'une luxuriance heureuse. Les dernières se mirent dans le Tarn, sonore au fond des gorges, du bruit, doublé par l'écho, que mène la chute des sources de Burle et de Crassac lui versant les eaux bleues apportées des avens. A ce joli tableau les ruines ogivales d'un monastère ajoutent l'intérêt romantique des lieux très anciens poétisés par la légende. Ce monastère, si l'on en croit de pieuses annales, — et pourquoi pas ? — est celui que fonda la chaste et fervente mérovingienne Enimie, fille de Clotaire II, sœur de Dagobert, en ces circonstances : sollicitée au mariage, bien qu'ayant fait vœu de chasteté, elle pria Dieu de l'enlaidir pour écarter les prétendants ; Dieu l'exauce ; la lèpre horrible ronge son corps, son visage. Alors, effrayée, elle se repent, et de la part de Dieu pitoyable un ange consolateur lui prescrit d'aller se baigner dans les eaux de la fontaine de Burle, chez les Gabales. Elle obéit, guérit, veut aussitôt s'éloigner, mais le mal affreux la reprend, l'oblige à revenir à la fontaine, où de rechef elle obtient guérison. Une fois encore, puis une autre, elle partit, retomba malade en chemin, recourut aux flots bienfaisants. Enfin, comprenant le dessein du ciel, et qu'il fallait à jamais renoncer au monde et demeurer dans la solitude, elle s'occupa de bâtir un couvent destiné à perpétuer le souvenir du miracle obtenu, et se retira pour faire pénitence et mourir, dans une grotte encore assignée par la tradition à sa sépulture.

C'est de Sainte-Enimie qu'un service de bateaux, régulièrement organisé, permet de descendre les gorges du Tarn, entre les paysages extraordinaires. Mais le cours supérieur de la rivière n'est pas sans beauté, plus d'un voyageur voudra, sans doute, le remonter jusqu'à Florac, où s'y jettent le Tarnon et la Fontaine du Pêcher, par d'admirables cascades. Il y sera en pleines Cévennes, dans les parages abrupts des monts du Bougès, de Ramponeuche, et les contreforts avancés de l'Aigoual, dont les cimes atteignent 1,400 et 1,800 mètres ; il lui suffira d'un bon mulet pour gravir sans trop de fatigue le signal de Saint-Maurice de Ventalon. Le voilà bien près des bois d'Altefage, où le 23 juillet 1702, les protestants cévenols se réunirent en vue de résister par la force aux convertisseurs de Louis XIV : publicains corrupteurs de l'intendant de Bâville, dragons de Montrevel. De ces bois, le 24, ils partaient au nombre de deux cents, se dirigeaient sur le bourg Pont-de-Montvert où l'abbé Langlade du Chayla tenait prisonniers six des leurs, six fugitifs, et le guide qui s'était chargé de les conduire à Genève : ils les délivrent, massacrent le prêtre, inaugurent ainsi

CATHÉDRALE DE MENDE

la guerre des Camisards. Errez aux alentours de Saint-Maurice, vous retrouverez les traces de la lutte atroce, les cendres de cent quatre-vingt-dix-neuf villages brûlés méthodiquement, les châteaux rasés ou éventrés. Rien de pittoresque, d'émouvant comme ce théâtre des exploits de Roland et de Jean Cavalier, ces chefs illettrés, énergiques, habiles, capables par leur génie naturel de combattre et de battre les meilleures troupes du grand roi et ses vieux officiers, — vrais précurseurs, en somme, des généraux improvisés de la Révolution...

PORTE FORTIFIÉE A MARVEJOLS

Nous rebroussons chemin au pied des monts de la Lozère, à l'entrée de la région accidentée, sauvage, si curieuse (*par nous décrite dans le premier volume des Fleuves de France : la Loire*) de l'Allier, de la Margeride, de la bête fameuse du Gévaudan. Et nous revenons sur les bords du Tarn, à Ispagnac, où jaillit la source de Vigos. Large encore, la vallée s'étrécit progressivement, encaisse la rivière dans les murailles d'énormes falaises.

Des châteaux, des villages singuliers, pauvres et riants, se détachent en clair sur le fond grisâtre et fauve de ces roches verticales et d'un seul bloc ou bien stratifiées, étagées, et de corniche en corniche, figurant aux regards des tours, des obélisques, des ruines, des monstres. Rocheblave, Quizac, le Buisson, Chambonnel ainsi défilent; Montbrun, à mi-côte du causse Méjean, pique de blancheurs un escarpement haut de plus de 600 mètres; Charbonnières étale un vaste manoir énigmatique ; Castelbouc juche ses lambeaux crénelés sur une roche verte au pied de laquelle un village de quarante maisons se tasse, si étrangement orienté que le soleil n'y pénètre que pendant deux mois de l'année et deux heures par jour. Un dernier village, Prade, et sur la rive opposée, les Égoutals, poreuse muraille du causse Méjean d'où l'eau des sources souterraines, l'hiver, par d'innombrables failles, épanche des cascades brillantes, si le temps est tiède, des cristaux de glace merveilleux, s'il gèle... Sainte-Énimie.

Le soir, sur la berge, un alambic distille la lavande, dont les vapeurs aromatiques se mêlent aux parfums des roses, de la sauge, des bruyères sauvages, du thym. Dans le silence, les épaisses ténèbres, cet ardent foyer, tremblant au souffle de la brise, entouré de silhouettes mouvantes, semble allumé pour faire bouillir le chaudron magique des sorcières. Le Tarn réfléchit ces lueurs de sabbat, et elles nous éclairent le pont jeté du causse de Sauveterre à la route serpentine du causse Méjean. Quelques pas, une ascension d'une heure peut-être, et le désert, le vide nous reprendrait, compliqué de l'horreur secrète de l'ombre ; nous serions au sommet de l'immense monolithe, plus vaste, plus désolé que l'autre, et bordé de toutes parts de fossés où coulent le Tarnon, la Jonte entre des parois d'une taille prodigieuse. Nous avançons un peu... tâtonnements, frayeurs. Quel plaisir de regagner la simple et cordiale auberge de M. Saint-Jean ! Point friande n'est la cuisine, ni choisis les vins, et les draps sont de grosse toile écrue, mais les bonnes gens, les honnêtes et loyales physionomies ! serviables, affables, probes, singulièrement dignes et vrais, comme on voit bien que la civilisation ne les a pas gâtés ! Heureux d'accueillir à bras ouverts les étrangers, les curieux, ils font les honneurs de leur pays et ne cherchent pas à l'exploiter.

— Demain, à l'aube, nous a dit l'hôte obligeant, mes bateliers vous conduiront à Saint-Chély, ce sera la première escale de votre descente du Tarn, les trois autres desservies chacune par d'autres barques et d'autres bateliers, étant La Malène, Saint-Préjet et Le Rosier.

Et ce matin s'est levé prometteur d'un jour splendide. La barque nous attend, se balance sur les eaux violettes, nuancées d'aurore. Munis de longues gaffes, les bateliers la poussent au large, l'avancent dans le courant tortueux, encombré d'écueils, où elle se briserait sans leur adresse. Elle glisse, ondule comme un cygne, d'un mouvement vif, insensible, charmant. Rêvons-nous ? peut-être, car une atmosphère de rêve nous enveloppe. Une légère buée flotte sur le Tarn, un voile de vapeurs diaphanes émoussant les angles des roches brutales, fondues dans l'harmonieux contour du paysage indécis. Aux premiers rayons du soleil Saint-Chély encadre dans une crique les maisons étincelantes de blancheur, les verdures tendres d'un village d'opéra-comique égaré dans l'âpre région des causses. Il a son attraction particulière, une grotte assez profonde dont les voûtes ombrent un « lac », une mare, où le batelet nous promène. Plus d'un lieu voisin possède de semblables cavernes, creusées par l'infiltration des eaux dans les dolomies ; elles sont déjà cataloguées, indiquées par les guides, vantées et tarifées. Cependant elles n'ajoutent guère au plaisir de l'incomparable voyage.

Métamorphose. Le soleil, déjà brillant et chaud, aspire les vapeurs étendues sur la vallée ; elles montent, s'évanouissent aux regards ou, çà et là, déchirées dans leur vol, pendent, lambeaux de mousseline flottante, aux branches des sapins, aux pointes des rocs. Soudain réveillée la vie revêt les choses de leur voile de mystère et d'intimité. Tout prend forme, couleur et voix. En reliefs tourmentés et grandioses les dolomies se dressent ou se profilent, avec un air de menace ; la rivière s'anime, réfléchissant avec une étonnante précision, une mobilité infinie les accidents presque insaisissables du ciel et les jeux les plus fugitifs de la lumière. Au pied des rochers souvent des fontaines jaillissent, versent une onde glauque, nuancée de rose et d'azur, d'une limpidité, d'une splendeur merveilleuses. Ces nymphes, si belles en leurs robes féeriques semées de topazes, de saphirs et d'émeraudes, sont la joie et l'orgueil du paysage; elles lui gardent, sous l'ardeur du jour, un charme irrésistible. Il ne s'échauffe point, il est éclatant et frais. Entre l'eau bleue et les sapins noirs se détachent des roches rouges les ruines grises et vertes de châteaux fantastiques : La Caze, Plagnols, Montesquieu; les moulins, les hameaux, penchés sur l'abîme, comme des nids d'oiseaux audacieux : Pougnadoires, Hauterive... En maints endroits des grottes s'ouvrent, abritent des hommes, qui en ont chassé les aigles ou les ours.

Escale au port de La Malène.

Maintenant nous saisit une impression différente. Les dolomies se rapprochent, hautes et sauvages comme on ne les a pas encore vues, paraissant se joindre, souder le causse de Sauveterre au causse Méjean, et l'illusion est si forte, le mirage si parfait, que l'on songe à revenir sur ses pas pour trouver une issue. Voilà l'instant sublime du voyage, le plus puissant motif d'une symphonie délicieuse. En cette grandiose solitude, toutes les nuances se fondent en une teinte violette infiniment douce, tous les bruits s'apaisent, s'éteignent en un silence qu'un souffle émeut. La majesté de la scène impressionne les choses et les êtres.

Poussée sans effort par les bateliers muets, la barque coule avec le courant sur la rivière placide, et, laissant avec elle aller l'imagination, on peut se croire égaré dans un coin inconnu de l'univers, séparé de tout le reste du monde par les gigantesques murailles entre lesquelles on navigue et qui, brusquement détournées, plaquant sur la route une barrière infranchissable, semblent vraiment, nouvelles Colonnes d'Hercule, marquer pour nous le « bout du monde ». Mais la barque poursuit son chemin, découvre les *détroits*, et voici la Grotte de la Momie, les sources de l'Isson, de la Sompte, les rochers de la Croze, les grottes des Baumes, les Étroits, et pardessus tout cela, deux formidables statures, le monolithe de l'Aiguille et le bloc de la Sourde. De ces roches énormes, rongées par les eaux, les morceaux tombés dans le Tarn s'y entassent en chaos prodigieux sur une longueur de 1,500 mètres, nommée le Pas de Souci; ils en obstruent le cours, obligent la barque à s'arrêter et les touristes à gagner pédestrement le hameau des Vignes, avant-dernière étape du voyage.

Des Vignes au Rosier les roches parsemant le lit du Tarn, sans en interrompre le cours flottable, le resserrent seulement en des passes sinueuses, brusques, difficiles, en des *rapides*, où les bateliers lancent leur barque avec beaucoup d'adresse. Autres émotions. Si vous êtes saturé de sérénité, de couleurs tendres, de mélodies cristallines et d'une navigation rose comme un poème de Watteau, si vous souhaitez un loup dans cette bergerie, soyez contents, vous aurez cette fois la volupté du péril à courir. Quand vos hardis nautonniers, précipitant leur barque sur les tourbillons de la rivière, doubleront hardiment ses rochers écumeux, un accès de frayeur vous sera permis, et vous aurez, madame, le droit de crier un peu. Ne va-t-on pas toucher un écueil, s'y briser ou chavirer ? Vous pourrez même, ô touriste, en souvenance des récits de Fenimore Cooper et de Gustave Aymard, comparer les innocents *rapides* du Tarn à ceux des cañons de l'Amérique, et l'on ne saurait vous empêcher d'évoquer les aventures et les exemples des squatters et des boucaniers ; quelle ressource en cas de naufrage ! Mais votre ingéniosité ne sera pas mise à longue épreuve. Tout danger s'enfuit, et les hameaux le Cambon, la Sablière, Saint-Marcellin se suivent, se pressent ; à gauche déjà s'accuse la masse sombre du causse Noir, à droite se distinguent les maisons du Rosier. Votre beau voyage est à sa fin, mais votre éblouissement dure encore ; de longtemps vous n'oublierez l'image radieuse que le spectacle des gorges vierges a mise au plus profond de vos yeux.

Entre deux rivières, au-dessus du Tarn et au-dessous de la Jonte, est très joliment situé Le Rosier, vis-à-vis le pittoresque village aveyronnais Peyreleau, — et à deux ou trois lieues seulement de Montpellier-le-Vieux, la fameuse « cité diabolique », si l'on y va par le chemin des hauteurs, sauf à revenir, pour abréger la distance, par les sentiers frayés au bord ou au creux d'un lit de torrent, dans les rampes du causse Noir. Cette route élevée développe en même temps les farouches panoramas des trois causses; de certains points culminants on découvre

LE DÉTROIT (GORGES DU TARN)

même les « lèvres » des gorges qui les séparent. A ses bois de résineux, à ses buissons vivaces, à l'abondance de sa flore, se reconnaît le causse Noir, plus fertile, plus cultivé que les autres. Aux abords de Montpellier-le-Vieux, cette végétation s'épaissit, se hérisse, comme pour enliser dans ses mailles tenaces et dérober à tous les regards la grande curiosité naturelle, en outre ensevelie dans un repli du sol de plus en plus accidenté. Vainement, de loin et de haut, s'aidant de la boussole, de la carte et de la longue-vue, on cherche à l'aperce-

MONTPELLIER LE VIEUX. — LA CITADELLE.

voir; il y faut le secours d'un guide. Celui-ci par bonheur vous attend à la ferme isolée de Maubert, où l'on trouve par surcroît la table et le gîte. Maintenant, en quelques pas, nous y sommes.

Étrange et superbe phénomène! sur une vaste étendue aussi nettement délimitée que l'aire d'une ville détruite, des rochers se dressent, d'un gris clair, rehaussés et brillantés par les touffes de verdures sauvages croissant autour d'eux. Ces gigantesques dolomies, témoins immuables des cataclysmes anciens, ont reçu de l'érosion lente ou rapide des mers jurassiques mille formes bizarres et suggestives. Droites, penchées, courbées, superposées, elles affectent des aspects de citadelle écroulée, de pont rompu, d'arcades ruinées, de terrasses renversées, de tours éventrées, de frontons brisés; elles dessinent des temples antiques, des castels gothiques, des statues monstrueuses, des avenues, des places, des boulevards, et se prêtent aux désignations les plus fantaisistes des contemplateurs enthousiastes. Tel, se rappelant la Grèce, Rome et le moyen âge, a baptisé les plus saillantes Porte de Mycònes, Sphinx, Voie des Tombeaux, Porte des Lions, Forum, Tribuneaux harangues, Château-Gaillard... Hélas! est-il besoin d'érudition pour être ému, et d'évoquer en cette merveilleuse solitude les figures de Clytemnestre et d'Œdipe, de Cicéron et du roi Richard? Faut-il non plus songer aux esprits des ruines, aux gnomes, farfadets, lutins, fées et génies, qui se plaisent de hanter les pierres mornes? Sans doute, au clair de lune, les dolomies de Montpellier-le-Vieux, comme les grès de Fontainebleau, attirent ces êtres fantastiques, peut-être donneraient-ils de l'effroi aux imaginatifs les plus braves. Mais à cette heure, sous le soleil, elles n'éveillent en nous que des sensations variées de forme et de couleur. Notre plaisir, qui se passe de réminiscences ambitieuses, est d'errer entre elles, de fouler leurs tapis odorants de linaires, d'euphorbes, de sauges et de myrtilles ; c'est aussi de choisir les plus hautes, d'y grimper et parvenu, non sans peine, à leur faîte, d'embrasser leur immense agglomération dans un fantôme de ville morte, de ville symbolique, perdue entre les mornes étendues des Causses, et résumant au degré suprême la poésie de ces plaines mortes, la poésie des anciennes tourmentes par qui la terre est encore désolée.

Non très loin de Montpellier-le-Vieux, vers le village Meyrueis, à 350 mètres au-dessus de la Jonte, s'ouvre une grotte récemment explorée, déjà célèbre, où les foules mondaines prévues par mistress Edwards n'oublieront pas de prier les cochers de l'agence Cook and C° de les conduire ; c'est la grotte de Dargilan. « Le développement total de ses ramifications, dit l'explorateur des Causses, M. Martel, atteint 2,800 mètres ; elle ne possède pas moins de vingt salles de 20 à 190 mètres de longueur, et de 10 à 70 mètres de hauteur, une rivière de 120 mètres de cours et trois petits lacs ; sa plus grande branche (1,600 mètres d'étendue) descend à 150 mètres au-dessous de l'entrée ; la stalagmite du clocher est peut-être la plus jolie qui existe »... Comme bien on pense, les diverses galeries de la grotte de Dargilan sont décorées de jolis noms, plus ou moins justifiés par des semblances : telles sont les salles de l'Église, des Pieuvres, de la Mosquée, de la Tortue, de la Grande cascade, du Cimetière, du Tombeau... « Malheureusement, ces splendeurs sont à peu près impraticables sans échelles de cordes ; le parcours en est difficile et dangereux... »

Ayant vu Dargilan, les touristes de loisir pousseront peut-être leurs excursions jusqu'aux bords de la Dourbie, dont les gorges pittoresques limitent, au nord, le grand Causse du Larzac. Si près de cette grande solitude, la plus vaste et la plus élevée de toute la région, n'iront-ils point? Ils n'y verraient autre chose que des plaines sans fin, incultes, sèches, où d'innombrables troupeaux de chèvres et de brebis, déshabituées de boire, broutent les herbes aromatiques croissant partout. A peine quelques hameaux, situés près des rivières contournant les 120 kilomètres carrés de ce désert, abritent des bergers, rudes hommes éprouvés par de glaciales températures, trempés et bronzés aux souffles des vents saturés de neige qui sévissent en toutes saisons, librement, à 800 mètres d'altitude. Pour nous, rassasié de ces spectacles, la diligence, suivant la route tracée sur la rive droite du Tarn, nous ramène en terre civilisée. Beau voyage encore! Le paysage s'amplifie sans perdre de son harmonieuse âpreté, de ses vives couleurs, de ses gracieux contrastes. Toujours les roches du causse Noir se dressent au-dessus de la rivière blanche et gaie; toujours, de place en place, leurs escarpements portent des ruines superbes. De l'autre côté, de pentes aux tons cendrés offrent des villages, des petites villes, très gentiment campés, très séduisants dans leurs entours de cultures, de prés, de vergers chargés de fruits, pendant aux arbres, à la portée du passant. Mais le val devient plaine, plaine féconde et magnifique ; des villas apparaissent, la route se change en avenue de majestueux platanes ; voici Millau, ville industrielle et riche.

Au sortir des grandes solitudes, Millau est le séjour désirable pour se reprendre à la vie moderne sans fatigue et sans éblouissement. Ce n'est pas la ville affairée, tumultueuse, dont le tapage vous étourdirait ; c'est une ville active, mouvante, et pourtant rustique, animée au dehors par une foule mélangée, ouvrière et paysanne. Elle possède vingt-six mégisseries, quinze chamoiseries, des fabriques de laine et de serge, des ateliers pour la construction des machines, mais aussi des jardins étendus, des pépinières. La ganterie, dont les chèvres du Larzac fournissent la peau, est par excellence l'industrie locale ; elle occupe beaucoup d'ouvrières travaillant aux pièces et chez elles. Il y a plaisir à rencontrer par les rues longues et étroites, les boulevards ombreux, ces vives et prestes filles apportant ou rapportant l'ouvrage ; la grâce piquante de leur allure, leur enjouement, sont la gaieté de la ville. Il est telle maison, bordée de galeries extérieures où elles s'assoient pour coudre en plein air, que leurs chansons insouciantes, intarissables, transforment en volière joyeuse. Vous voilà loin des lugubres immeubles réservés dans les villes « pratiques » aux esclaves de l'aiguille. Ce n'est pas, cependant, que les Mimi Pinson du Rouergue s'enrichissent à leur métier, mais un mince salaire suffit aux besoins de ces vertueuses grisettes.

Le très ancien Millau est pauvre en ouvrages du passé, ayant beaucoup souffert de la croisade contre les Albigeois et des guerres religieuses du seizième siècle. Forteresse d'hérétiques cathares, puis d'hérétiques protestants, Simon de Montfort et Richelieu lui furent rigoureux, impitoyables. De son enceinte, rasée en 1629, subsiste une porte du douzième siècle. Une tour gothique, servant de beffroi, s'accote à l'hôtel de ville, édifice de la Renaissance. Sur les places de l'Église et du Marché de larges porches en arcades sont ornés de masques truculents; ailleurs est une certaine auberge du seizième siècle, à l'enseigne de la *Réunion*, où l'auteur de la *Chronique* de Charles IX eût volontiers logé ses reîtres luthériens, et dont le style plairait fort aux habitués parisiens des tavernes archaïques.

Les laborieux habitants de Millau ont bien peu de chemin à faire hors de chez eux pour se délasser par de ravissantes promenades dans les vallées inférieures du Tarn, de la Dourbie et du Cernon. Presque à l'issue de la ville, aux confins du Larzac, se forment les belles cascades de Creissels; à l'ouest sont les roches, les chutes de Saint-Rome; plus près, au rustique hameau de Monna, existe encore le manoir où naquit le plus remarquable génie du Rouergue, l'illustre penseur et philosophe de Bonald. Toute cette région est d'un grand charme pittoresque. En peu d'instants le railway vous transporte dans la jolie vallée de la Sorgue, aux alentours de Saint-Affrique, et les lieux célèbres, les paysages d'un grand caractère semblent se multiplier. D'abord, entre Tournemine et Saint-Affrique, à égale distance de l'un et de l'autre, vous attirent, non par leur odeur (ce mot serait d'un mauvais plaisant), mais par leur renommée, les rochers caverneux de Roquefort où, dans vingt-trois grottes naturelles maintenues à la température constante de 12°, achèvent de se confectionner les appétissants fromages que l'on prépare avec le lait des brebis et des chèvres du Larzac. Les maisons de ce village, prospère entre tous, se groupent au pied d'une montagne dont l'altitude est de 800 mètres environ. Cette montagne est le centre de l'industrie fromagère. Dans ses trente-quatre caves et ses grottes, les pains lactés sont rangés par tablettes ou *champs*, et soigneusement écartés, de manière à ce que l'air puisse librement circuler entre eux. Seuls les courants d'air atmosphérique, les *fleurines*, leur donnent, assure-t-on, les couleurs marbrées, le goût et le bouquet estimés des délicats : les pores des roches les laissent pénétrer, ils s'imprègnent, en les traversant, des sels ferrugineux du sol, et insinuent ces sels dans les fromages, où ils transparaissent en veines bleuâtres plus ou moins foncées. Du moins, telle était jadis la pratique et telle encore est la tradition. Mais pour subvenir aux demandes toujours plus nombreuses des amateurs du monde entier, on a recours, aujourd'hui, à d'honnêtes procédés, à des ferments, dont la fonction est d'activer l'œuvre de la nature. Les produits ainsi obtenus sont-ils moins bons ? C'est matière à disserter. Si l'on contestait aux fabricants l'excellence de leurs procédés expéditifs, ils se justifieraient, sans doute, en citant leurs chiffres d'affaires annuelles qui, du huitième mil-

ROQUEFORT

lion total, passent au neuvième, iront au dixième; et quelle réponse opposer à ces arguments victorieux?

N'en cherchez pas, ce serait perdre le temps précieux que réclament vos excursions. Il vous faut visiter, si loin que cela vous paraisse, la petite ville de Vabre qui fut un évêché, comme en témoigne le vaisseau démesuré de son ex-cathédrale, bien nue et bien vide maintenant. Très au sud sont les antiques bains thermaux de Sylvanès, et les restes d'un couvent dont les moines exploitaient les vertus curatives des sources chaudes. Encore un moment : vous regretteriez de quitter ce fruste pays, si attachant dans sa rudesse, sans avoir vu les superbes rochers de Saint-Xist, dressés en pics, tournés en bastion sur un circuit de 17 kilomètres, et toisonnés d'une épaisse forêt de chênes et de sapins. Ce grandiose escarpement couvre la source de la Sorgue, à côté de Cornus, non loin des ruines énormes de Montpaon; et vous voilà de nouveau à la portée du chemin de fer, qui vous amènera, s'il vous plaît, dans le Quercy.

CHAPITRE VII

LE QUERCY

Par les pays déjà vus le chemin de fer nous mène aux confins du Rouergue et du Quercy, près du district houiller d'Aubin, à Capdenac, sur les rives du Lot. Capdenac est un lieu célèbre, une gare centrale où se croisent plusieurs lignes, où stationnent au moins un quart d'heure tous les trains de Paris à Toulouse et des Pyrénées à Paris, un buffet vanté pour sa bonne chère, où les voyageurs septentrionaux goûtent pour la première fois aux mets épicés du Midi. Colonie grandissante d'employés et de mécaniciens, il s'étend dans la plaine, au pied d'une colline de trois cents mètres, surmontée de roches abruptes portant quelques ruines féodales et de grises chaumières. Cette hauteur isolée, romantique, devient, aussitôt le train parti dans la direction de Figeac, le point de mire d'un site brillant; elle couronne alors un promontoire découpé par une lumineuse courbe du Lot, deux fois replié sur lui-même. Voilà-t-il pas en ses traits essentiels l'image de l'énergique cité des Cadurces, Uxellodunum, décrite par les historiens latins d'après les Commentaires perdus de Jules César?

Les archéologues anciens le croyaient, et de nombreux mémoires ont essayé de le prouver.

A vingt minutes de Capdenac, une ville de la plus riante physionomie s'étale en amphithéâtre sur des coteaux vineux, abaissés en pentes douces vers les bords du Célé; blanche et verte, dominée par les dômes singuliers de deux églises, riche, il y paraît au mouvement commercial de la gare; c'est Figeac, jadis abbaye royale, antique, toute-puissante. Mais n'en jugez point sur la mine. Dépassez les modernes faubourgs, franchissez le pont du douzième siècle; de la ville claire et plaisante entrevue, rien ne reste ; elle s'est muée, antithèse énorme, en un amas de maisons crasseuses et vétustes, aux amples porches cintrés, aux petites fenêtres carrées, aux voûtes profondes, aux intérieurs ténébreux, souvent barrées de herses ou de portes massives piquées de gros clous à tête étoilée, toutes bordant un labyrinthe de rues étroites, de ruelles, d'impasses, d'exigus passages, boueux et gluants, d'où s'échappent des miasmes de cloaques. Prisonnière de l'abbaye, la cité vassale des moines conserve ses logis du treizième et du quatorzième siècle. Dans ces habitacles incommodes et sales, auxiliaires des épidémies, des choléras et des pestes, elle vit, insouciante, s'agite, crie, rit, semble heureuse. Heureuse, elle l'était naguère, quand ses plateaux, les plateaux rocailleux du Quercy, prodiguaient en septembre les lourdes vendanges dont se faisaient les vins de Cahors. Moins riche, n'étant plus l'entrepôt de ces opulentes cuvées, elle garde sa bonne humeur, nulle part hôtes plus affables, plus gais, plus obligeants. Comme nous en demandions la raison, un d'eux nous disait :

— Vous nous trouvez sans doute bien arriérés dans notre ville d'autrefois où les chariots d'enfants circulent avec peine, manquant d'espace pour rouler à l'aise. Nos rues pourtant expliquent nos qualités ; rapprochées, elles nous rapprochent, elles nous forcent aux vertus sociales. Comment, vivant coude à coude, nous voyant tous les jours, sans cesse en relations familières, pourrions-nous ne pas être indulgents, complaisants, aimables les uns pour les autres ? Nos bons caractères, l'aménité dont vous nous louez, la cordialité, l'empressement de notre accueil, nos sourires engageants, nos faciles et sincères poignées de mains, autant de fruits de l'existence en commun.

— Devons-nous donc conserver avec un soin jaloux l'établissement de nos ancêtres, leurs rues sans soleil, leurs demeures surannées et malsaines ?

— Je ne sais et n'entends rien prouver. Mais il est vrai que vos symétries urbaines, vos damiers corrects de boulevards et d'avenues trop vastes éloignent les hommes, lorsqu'il faudrait les grouper. Voisins ils ne se connaissent pas, ne s'estiment pas, ne s'entr'aident pas, se conduisent mutuellement en étrangers, comme si des centaines et des milliers de lieues les séparaient.

— Mais c'est la civilisation, cela !

— Tant pis pour la civilisation, car l'isolement des citoyens est la chose du monde la plus triste et la plus malheureuse...

CAPDENAC

...Ne médisons pas trop des antiques maisons de Figeac; plus d'une offre de jolies façades où se croisent d'élégants arceaux, grimacent d'expressives figures : ainsi la maison natale de l'illustre égyptologue Champollion le jeune. L'artiste aime ces curieuses demeures et les regretterait. Il estime aussi, se plaît à visiter les restes du château de Baleine transformé en Palais de Justice. Moins l'intéressent les églises Saint-Sauveur, près du Célé, Notre-Dame-du-Puy, sur la crête de la colline, construites du douzième au quatorzième siècle dans un style assez froid. Près de la seconde, sur une terrasse charmante disposée en jardin public, s'enlacent les arcades d'un cloître, d'où les bénédictins surveillaient aisément leur grasse prébende, la place forte munie de tours et de murailles dont les débris s'élèvent çà et là, le domaine dont la « sauveté » allait jusqu'aux obélisques à aiguilles encore dressés au sud et à l'ouest de la ville (1). La magnifique abbaye fut ruinée par les protestants en 1576, non complètement, car le bon chancelier de Pibrac, l'auteur des *Quatrains moraux*, auquel on l'avait donnée en bénéfice, se plaint amèrement de ne la posséder qu'en expectative, dans une lettre de 1581 à sa reine, Marguerite de Valois et de Navarre : « Aussy tost que je fus arrivé en Quercy, vous me donnastes l'abbaïe de Figeac en Quercy, vaccante par la mort du fils de M. de Cailus. Je faisois bien estat de l'avoir; mais il se trouva que le jeune de Cailus ne l'avoit qu'en garde pour monsieur le cardinal d'Armagnac... De sorte que votre don me demeura stérile. »

Au delà de Figeac, vers le nord-ouest, s'étendent,

---

(1) Suivant M. Élisée Reclus, les deux « aiguilles portaient des fanaux pour guider pendant la nuit les voyageurs égarés sur le plateau et les mener à la ville... » (*Géographie de la France*, passim.)

immenses plateaux calcaires d'un aspect saisissant, les causses du Quercy, bien différents de ceux du Rouergue et de la Lozère beaucoup moins élevés, plus cultivables. D'innombrables blocs et cailloux oolithiques parsèment, comme tombés en pluie, la terre qu'ils blanchissent, assèchent et brillantent, sous l'éclat du soleil. Sur cette trame ardente se plaquent en teintes foncées les verdures fréquentes du blé, du seigle, des arbres fruitiers et des arbres verts, celles aussi, mais plus rares, des vignes mourantes.

Parfois le roc affleure des espaces déserts, arides et farouches. Le sol n'absorbe point l'eau du ciel, elle s'écoule avec celle des sources s'enfouit en des fissures profondes, des puits naturels, des gouffres et des cavernes, aux ramifications inconnues. Cachées à tous les yeux, contraintes à pénétrer entre des couches d'argile imperméable et grossies en rivières, eaux de source et de pluie passent sous l'écorce terrestre, y cheminent longuement par des plans divers avant d'arriver derechef au niveau du sol d'où elles sortent, émergent au jour en fontaines d'une pureté merveilleuse. Des gorges sauvages, aux pentes abruptes, au fond rocheux, barrent ou traversent les causses, comme de gigantesques fossés ou de formidables balafres. A leur versant s'accrochent et pendent la sombre verdure des chênes (*quercus*), si abondants en cette contrée qu'au dire de certains savants ils lui donnèrent le nom de Quercy. Ces anfractuosités au sein de plaines nues et rocailleuses produisent de magnifiques paysages, tel au milieu des causses de Gramat, l'illustre Rocamadour. Pèlerin ou touriste, il y faut aller. Une ou deux heures de voiture à travers le désert y conduisent, les chevaux s'arrêtent d'eux-mêmes à la porte d'un château fortifié,

BORDS DU LOT A FIGEAC

maison de plaisance des évêques de Tulle au quinzième siècle, et le cocher vous indique le chemin du village et du sanctuaire: celui-ci creusé sous vos pieds, dans les étages successifs du roc caverneux dont l'ex-palais épiscopal occupe le sommet; celui-là en avant collé au flanc du val de l'Alzon encore invisible. Vous descendez une longue série de rampes en colimaçon, dont les

ROCAMADOUR

douze plateformes, stations du calvaire mystique, portent chacune le tableau en relief d'une scène de la passion. Êtes-vous las ou vous plaît-il déjeuner? Choisissez entre les cinq ou six hôtelleries aux pieuses enseignes, où l'on entre de plein pied avec la route par le troisième étage. Finie votre halte, rebroussez chemin, repassez devant la rampe en hélice, une porte crénelée, blasonnée, féodale, s'ouvre devant vous; vous y lisez : *Anno infelice M DCCC LXX. Hoc cænobium rexdificatur.* C'est l'entrée du pèlerinage. Gravissez un escalier de 215 marches : des édifices sacrés vous entourent, masquant de leurs façades superposées des grottes naturelles ou creusées à main d'homme pour les besoins du culte.

Là, suivant l'antique légende, au premier siècle de l'ère chrétienne, l'apôtre Zachée, errant par le monde, séduit par la sauvagerie du site, se fixa dans une grotte, prêcha la bonne parole aux Cadurces païens et vécut de leurs aumônes. Ceux-ci l'appelèrent en leur patois Amadour, c'est-à-dire amateur des rochers, sans doute de la solitude. En vérité, le saint anachorète n'eût pu mieux choisir. De la balustrade de son ermitage regardez. Vos yeux à perte de vue découvrent la morne surface du causse; brusquement, comme fendue à la hache par la main d'un colosse, il dévale; le roc tombe vertical dans un abîme où, plongeant la tête, vous avez à le suivre un vertige. Sur le plateau, une seule teinte, celle de la craie ou de l'os calciné, aveuglante de blancheur;

aux parois déclives des touffes d'arbres, d'arbustes, de ronces vivaces, poussées entre les blocs, toute une flore de saxifrages semblant par touffes croître sur de la cendre. Le versant où s'élève l'ermitage, le plus haut des deux, domine ce paysage extraordinaire toujours altéré, bien qu'aux environs de célèbres cloups, le Saut de la Pucelle, l'Igues de Biau, le Puits de Padirac, engouffrent des quantités d'eaux pluviales.

Les sept ou huit chapelles du fameux sanctuaire, construites à diverses époques, du douzième au dix-huitième siècle, restaurées de nos jours, présentent de massives architectures pleines de caractères. Leurs triples et quadruples étages de fenêtres romanes, leurs colonnes dont les chapiteaux sont ornés de têtes d'hommes et de femmes vraiment épiques par la vigueur et l'énergie des traits, les créneaux, les mâchicoulis couronnant leurs terrasses, composent un ensemble étrange et puissant. Elles renferment peu d'œuvres d'art; mais les peintures murales représentent les fastes de l'abbaye; les inscriptions, les ex-voto contemporains vous promènent à travers les âges de la foi. On lit dans la chapelle de Saint-Michel : *L'an MDCCVI, le corps de saint Amadour a été retrouvé intact dans le tombeau où il reposait depuis sa mort...* En la chapelle de la Vierge, les fresques vous montrent Roland, neveu de Charlemagne, offrant à l'abbaye de Rocamadour un poids d'argent égal à celui de l'invincible Durandal; les compagnons du Preux rapportant son corps après Roncevaux ; saint Dominique et saint Garrigues passant une nuit en prières avant d'organiser l'Inquisition. Les portraits de pèlerins éminents décorent l'église de Saint-Sauveur : Alphonse, comte de Boulogne et roi de Portugal, Louis IX et les deux frères du saint roi, Jeanne de Luxembourg, épouse de Charles le Bel, Jean, roi de Bohême, qui mourut à Poitiers, Jean de Valois, duc de Normandie, Robert d'Artois...

CAHORS

Encore citerons-nous les étonnantes figures d'un Christ de 7 mètres de hauteur, et d'un saint Christophe, expressions candides et terrifiantes d'une foi barbare. Les sentiments des modernes fidèles se révèlent en des *ex voto*, des inscriptions de ce genre : « Que mes enfants soient chrétiens avant tout, Marie, ô ma mère ; je vous les consacre entièrement. » « Guérissez mon oncle et ma tante. » « Sauvez mon fils !... » A l'extérieur, au centre du Chemin de la Croix, s'élève encore une grotte fort curieuse : les énormes piliers qui en soutiennent la voûte portent les noms retentissants et souvent l'écusson armorié de ceux qui les firent élever à leurs frais... Mondaines vanités, vanités édifiantes ! il reste encore de la place pour d'autres piliers.

Certes, il nous serait agréable de rester en ce pays, car nous sommes loin d'en avoir épuisé les attraits.

PORTE DE DIANE A CAHORS

Il est à visiter bien d'autres édifices, remarquables par leur architecture ou leur site ; et la terre, à six lieues à la ronde, offre les plus singuliers phénomènes géologiques : des gouffres, des cloups, des puys, des igues béants, insondables. Nous irions visiter au midi, en l'église d'Assier, le tombeau du sire Galiot de Genoilhac, grand-maître de l'artillerie sous Louis XII et François Ier, héros d'Agnadel, de Marignan et de Pavie ; à Prudhomat, le château de Castelnau, perché à près de 300 mètres sur un roc qu'un ravin périlleux détache du massif des collines. Martel, où mourut, en 1183, le roi d'Angleterre, Henri Courmantel, dans un logis que l'on a conservé, nous montrerait le beffroi crénelé de son hôtel de ville du quatorzième siècle et les beaux vitraux de son église. Entre Martel et Veyrac, le village Puy d'Issolu, élevé à 311 mètres d'altitude, sur un promontoire serré entre la Dordogne, la Sourdoire et la Tourmente, nous inviterait à des recherches archéologiques. Selon l'opinion de la science contemporaine, ce lieu fut l'oppidum où Luctérius, chef des Cadurces, allié de Vercingétorix, se réfugia après la défaite d'Alesia, et fut rejoint par le sénon Droppès, l'Uxellodunum que César obligea de se rendre après l'avoir privé d'eau. Peut-être reste-t-il encore quelques débris à recueillir dans le terrain qui livra aux antiquaires des statuettes, des bustes, des médailles consulaires et impériales, des pierres gravées, des lampes, des vases, des poteries...

Nous irions encore à l'abbaye royale de Souillac, près de laquelle est le gouffre du Blagour ; à Gourdon, patrie des Cavaignac, et de ce vaillant seigneur Bertrand de Gourdon, poète et guerrier, qui, pour venger son père, ses frères massacrés par Richard Cœur de Lion, à cause de leur fidélité de bons vassaux à Philippe-Auguste, leur suzerain, s'enferma dans le château de Chalus, où le cupide prince anglais pensait trouver des trésors, et, habile archer, d'une flèche bien tirée, le tua net. Ce sont là des voyages malaisés, n'étant pas aidés du railway. Il est plus facile d'aller à Cahors.

De Capdenac le chemin de fer mène à l'ancienne capitale du Quercy, et, doublant les courbes du Lot, bordures de la ville, développe un tableau d'une rare ampleur et d'une grande beauté. Un pont surmonté de trois tours, de puissants édifices du moyen âge, des murailles d'enceinte, des clochers d'églises se découpent en vifs reliefs, éclairés à la fois du ciel d'août et des lumineuses transparences des larges rivières, le Lot et le Landon.

Les monuments du passé ont dans ce tableau l'importance convenable ; ne font-ils pas aujourd'hui tout l'intérêt du pauvre chef-lieu ruiné par le phylloxéra ? Ils ne manquent ni de grandeur ni de couleur, rendent hommage à son histoire.

Divona, urbs Cadurcorum, était célèbre déjà sous la domination romaine ; sa fontaine des dieux, la Divone, verse encore, à 200 mètres en amont du pont de Valentré,

1000 à 1,200 mètres cubes par seconde d'une eau si limpide que les anciens la jugeaient digne d'abreuver les Immortels. Elle eut de bonne heure des thermes, un théâtre. Au proche village Laroque des Arcs, s'émiettent, parmi d'autres ruines, les vestiges de l'aqueduc qui lui donnait les eaux de la fontaine

PORTE SAINT-MICHEL A CAHORS

Polémie et de la Vers. Une enceinte vide, mais nettement tracée sur le mont Saint-Jean de Lespinousse, se nomme le camp de Césarine. Les poètes latins appellent indifféremment *cadurcum* le lit ou son matelas, celui-ci étant couvert d'une toile fabriquée dans la cité des Cadurces. Au moyen âge, les vicomtes du Quercy, vassaux des comtes de Toulouse, résident à Cahors;

puis les rois anglais, longtemps et à diverses reprises, du douzième au quinzième siècle, y délèguent leurs gou-

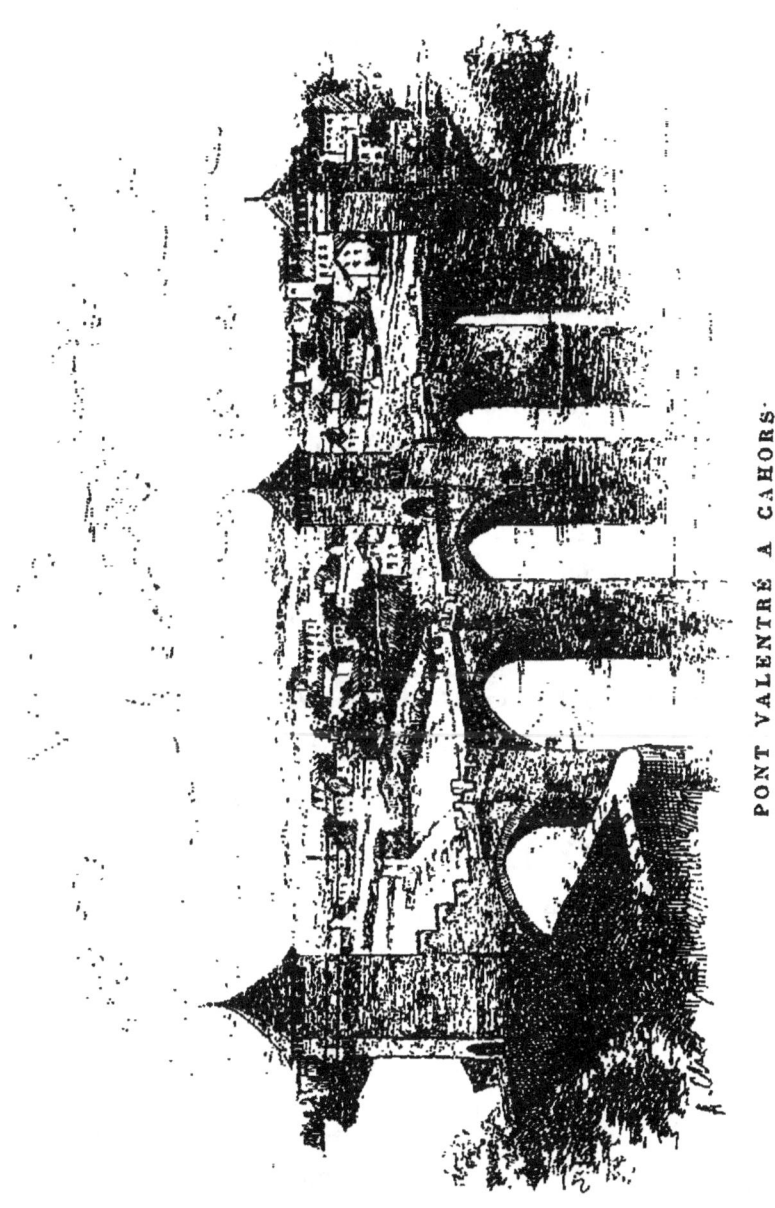

PONT VALENTRÉ A CAHORS.

verneurs. Mais sous ces dominations règne virtuellement l'évêque. L'un d'eux, Ursin, entraîne, au onzième siècle, son peuple dans le parti de Gondovald. Un autre, Guillaume de Cardailhac, combat les Albigeois, et reçoit le titre de comte en récompense de l'hommage prêté à Simon de Montfort et à Louis VIII. Le même Guillaume, avide d'argent, ayant cédé ses droits régaliens au banquier lombard Juvénal, l'introduit dans la ville, et avec lui les abominables usuriers, les changeurs et faussaires de monnaies, ces caorsini que flétrit le Dante en ces vers indignés :

> Puossi for forza nella Deitade,
> Col cuor negando e bestemmiando quella,
> E spregianda natura e sua bontade :
> E pero la minor giron nigella
> Del segno suo e Sodoma e *Coarsa*,
> E chi spregiando Dio col cuor favella.

Un autre évêque, Gérald, convaincu d'hérésie et de sorcellerie, est, au treizième siècle, écorché vif par les ordres de son compatriote, Jacques Deuze, pape sous le nom de Jean XXII. Ses successeurs sont puissants encore au seizième siècle, et soutiennent l'abominable Montluc.

De solides témoins consacrent ces annales.

Quand on a dépassé le banal faubourg de la Gare, empli de casernes et de couvents, la ville commence, moderne d'abord, cerclée d'un large boulevard ombragé. Là, au meilleur endroit de la promenade, se dresse la statue d'un des plus célèbres enfants de Cahors, Léon Gambetta. Vêtu d'une large houppelande que le vent d'hiver, du terrible hiver de 1870, enfle démesurément, le tribun de la défense nationale, debout, dans une attitude d'orateur, le front renversé, dominateur, le bras impérieux, commande à tous le courage suprême. L'œuvre de Falguières eût gagné peut-être à plus de simplicité; mais ici, sous un ciel de feu, elle est à sa place. Et puis de tels événements!... Que l'effigie de l'orateur n'efface point pour nous celle plus modeste, sinon plus juste, du vrai grand homme devant lequel la présomption l'a placée : au milieu d'un charmant jardin public s'élève le marbre de Fénelon, entouré de figures allégoriques louangeant son génie d'écrivain et ses vertus pastorales.

Allons aux églises. Mais une seule nous paraît mériter l'attention : Saint-Étienne, cathédrale, édifiée du onzième au treizième siècle, dans un style ogival et byzantin. Encore serait-elle indifférente sans les violents reliefs de son portail : hommes ou démons accroupis, ridicules, affreux, se grattant dans des poses de quadrumanes la tête, le menton, le nez ou l'oreille, penchés, disloqués, culbutés, comme pour atteindre et gratter leurs plaies ou leur vermine pouilleuse, lépreux, épileptiques, malingreux des siècles misérables. L'intérieur délabré, poudreux et moisi, a des boiseries du temps de Louis XII; dans le chœur, des fresques dues à l'évêque Raymond de Cornélio, et restaurées de nos jours par les soins de l'évêque Grimaldias, remémorent les fastes religieux de Cahors : saint Génulphe, apôtre et fondateur des églises du Quercy, baptisant le préfet romain Dioscoris; Charlemagne offrant à l'église le suaire du Sauveur; saint Martial consacrant l'Oratoire de Saint-Amadour... De la pauvre cathédrale dépend un cloître du quinzième siècle bien ruiné aussi, joli tout de même en son élégance compliquée, avec ses arceaux, ses colonnettes surchargés de chicorées aux longues feuilles, et de pendentifs mutilés qui s'effritent, rongés par l'abandon, dans l'enclos empli d'herbes parasites.

Suivez maintenant les bords du Lot. Tout ce qui relève la banalité de la ville du prestige de l'histoire, tous ses vieux édifices militaires et féodaux vous apparaîtront. Voici d'abord le beau pont de Valentré, bâti en 1308 : « *Poun de Balandré*, dit Jasmin, *que lou diable a bastit — Et qu'un ange dunpey très cats a bénézit.* » Réparé de nos jours, ce pont légendaire est encore un des plus intéressants ouvrages de défense du moyen âge. On y accède par une porte crénelée; il présente ensuite, à intervalles égaux, trois tours rectangulaires coiffées de toits pointus, et dont les portes voûtées, munies de herses, enjambent le tablier, d'un parapet à l'autre. Chacune de ces tours a plusieurs étages percés de meurtrières, un rang de mâchicoulis, des créneaux, et pouvait résister isolément aux attaques de l'ennemi. Les arcades du pont se couronnent aussi de créneaux, et les piliers des arches, creux et fenestrés, au besoin abritaient des archers, des arbalétriers, ou même les balistaires chargés de lancer les pierres des mangeonneaux, la poix bouillante ou le feu grégeois.

Un autre pont, nullement remarquable d'ailleurs, mène au faubourg que décorent les arcades ruinées, élégantes et sveltes d'un couvent de Dominicains, détruit au siège de Cahors par Henri de Navarre, rebâti en 1619, et brûlé peu d'années après. L'inscription, gravée au fronton d'une modeste chapelle voisine, élevée au Sacré-Cœur, constate « que les plus grandes familles du Quercy, un grand nombre d'évêques et, entre autres personnages, les parents du pape Jean XXII, furent inhumés chez les moines de Saint-Dominique, à cette place. »

Revenez sur la rive urbaine. A votre gauche, le long du quai, les murs de clôture se haussent, se prolongent en remparts plus ou moins intacts jusqu'aux champs limitrophes, et de sombres, de massives constructions les dominent. C'est, reconnaissable à ses hautes fenêtres en ogive, le château royal, résidence des gouverneurs, édifié du quatorzième au dix-septième siècle, prison départementale aujourd'hui; c'est la tour carrée, crénelée, énorme, aux grandes baies cintrées et grillées, et les annexes insignifiantes du palais du pape Jean XXII; c'est, enfin, une église romane aux croisées aveugles, et sa haute tour en briques et pierres d'une robuste allure.

Poursuivez : l'ancienne enceinte contourne le roc, s'ouvre à la porte Saint-Michel, se perd dans le cimetière *extra muros*, ferme la ville immobilisée depuis le seizième siècle. Appuyées à des roches, les épaisses murailles, flanquées de tours et de bastions, sont telles que les a faites le terrible siège de mai 1580 : échancrées, trouées, éventrées par endroits, et leurs tours tranchées par moitié, effets des projectiles, boulets de canon, balles de couleuvrines, et pétards lancés par les bombardiers du Béarnais. L'action fut chaude, Cahors étant fervente catholique. Peu d'années avant, le sanguinaire Montluc l'avait purgée, à sa façon, de l'hérésie introduite dans la capitale du Quercy, comme dans toute la province, par Crussol d'Uzès et ses dévoués calvinistes de la Provence et du Dauphiné. Fermement décidée à repousser l'époux de leur souveraine légitime, Marguerite de Valois, qui l'avait eue en dot, elle se défendit avec la plus rare vigueur. Une porte de la cité cédant à l'explosion d'un pétard, puis ébréchée à coups de hache, les protestants du roi de Navarre entrèrent, mais il leur fallut combattre pied à pied un peuple fou d'exaltation, emporter l'une après l'autre les barricades dressées dans toutes les rues, batailler pendant six jours et six nuits sans relâche. Nous sommes en pays de volonté, d'énergie et de bravoure. Ils n'étaient pas inférieurs en courage aux héros de la Foi religieuse, leurs aïeux, les légions de volontaires de 1792, d'où sortirent Bessières et Murat, que des statues nous représentent, ni, certes, non plus les jeunes hommes que moissonna la guerre de 1870-1871, les mobiles et les mobilisés, patriotes du Lot auxquels on a dressé, sur l'Esplanade, au point superbe de la ville, la pyramide où s'adossent, posés dans leur ardeur martiale, un artilleur, un fantassin, un garde mobile, et leur digne chef, le commandant Fouillade.

On retrouve, au dedans de la ville, les façades intérieures, mais défigurées, utilisées des châteaux du moyen âge; elles s'étalent en les étroites et curieuses rues du Portail, du Fouillac, des Augustins, des Trois-Baudus, Château du Roi, Pierre-Bernier, bordées de vieilles demeures à meneaux, mascarons, médaillons et frises délicates bâties du treizième au seizième siècle, quelques-unes jolies et signalées, comme la maison dite d'Henri IV et le collège Pellegri. N'est-il point dommage qu'on ne puisse, entre elles, distinguer et saluer le berceau du gracieux poète Clément Marot? A l'heure où l'on accorde aux pâles rimeurs de la langue d'Oc, à jamais abolie, aux rejetons affaiblis des troubadours, les honneurs du buste et même de la statue en pied, le maître non surpassé de l'épigramme, de l'épître familière, du spirituel et galant badinage, n'a même pas, en sa ville natale, une simple inscription à sa louange. Sans nul doute les arrière-neveux des Cadurces n'auront pas à se plaindre de tant d'ingratitude à l'égard de Léon Gambetta; cependant, au moment que nous écrivons, nulle plaque de marbre à lettres d'or ne distingue des épiceries de la place du Marché celle où se passa l'enfance de l'homme d'État.

La terre, autour de Cahors, comme dans la majeure

étendue du Quercy, est accidentée, semée de roches blanches, sèches et friables. Au midi s'espacent les causses de Sauzet, de Lelbenque, de Limogne... Quels beaux vignobles naguère en cette contrée, et quels bons vins servaient au voyageur ses plus simples auberges ! Il n'en va plus de la sorte, hélas ! vendanges sont faites !

PALAIS ET TOUR DU PAPE JEAN XXII A CAHORS

Cependant, les essais de cultures nouvelles avec les ceps américains, entreprises à grands frais, pour l'exemple, par de riches propriétaires, commencent à donner des résultats. Tel a dépensé 80,000 francs pour replanter ses vignes, et n'a recueilli, après une longue patience, que quatre-vingts barriques d'un vin passable,... mais il a réussi, il a convaincu ses voisins, les paysans,

CLOITRE DE CAHORS

de la bonté de ses expériences, et il a confiance dans les récompenses de l'avenir.

Sur les hauteurs bordant les Causses s'élèvent encore plusieurs des puissantes citadelles bâties au moyen âge contre les envahisseurs anglais, d'Henri II Plantagenet à Henri VI, par les seigneurs de Cardaillac, de Montbrun, de Saint-Sulpice, de Gourdon, de Genoilhac, par bien d'autres champions d'une noblesse jalouse de son indépendance. Puy-l'Évêque, Saint-Antonin, Bruniquel, Bonaguil, offrent à l'archéologue de beaux sujets d'études. On vante encore, et surtout, l'oppidum de Murcens, près de Cras, village du canton de Lauzès; avec son enceinte de 6 à 7 kilomètres de murailles, formées de poutres entrecroisées et de pierres sèches, et contournant les rives de deux rivières, le Saint-Martin et la Rouze, c'est le plus complet squelette de place forte gauloise qui soit en France. Luzech aussi était ville gauloise, juchée à 223 mètres d'altitude, dans une presqu'île, et dans un territoire où les menhirs sont nombreux; on a cru voir, dans cette petite cité, l'Uxellodunum de Jules César, honneur également ambitionné, nous l'avons dit, par Capdenac, Puy-d'Issolu, et même par Cahors. Qui décidera jamais entre ces prétentions également fondées sur la situation des lieux intéressés ?

Donnez un moment d'attention, — c'est l'affaire d'une courte promenade dans les environs de la ville, — au château des évêques de Cahors, construit sur les coteaux de Mercues dans un site agreste ; puis veuillez nous accompagner dans le Haut-Quercy, sur la route, ou plutôt sur les routes de Montauban, car notre itinéraire nous y mène par maints détours, jusqu'à la rencontre du chemin de fer de Lexos. Nous traversons la région ardue, très originale, arrosée par l'Aveyron et ses affluents, le Condé, la Lère... Les cités hautaines ont l'aspect étrangement momifié des bourgs albigeois ; l'aile du temps semble les avoir à peine effleurées. La plupart, édifiées militairement pour surveiller, protéger d'immenses plaines, présentent encore tout l'appareil d'une forteresse ; les autres, fiefs d'églises, ont de belles églises et d'inestimables œuvres d'art. Au groupe de celles-ci appartenait Montpezat, la première sur notre passage ; son ancienne collégiale lui laissa des tapisseries de haute lice, brodées au quinzième siècle, et représentant la légende de *saint Martin de Tours*, un reliquaire en argent sous la forme d'un dyptique ouvragé, des coffrets en bois sculpté, des tombeaux de marbre.

Absorbé dans nos pensées, nous admirions ces richesses, quand la nef autour de nous s'emplit de bruit et de mouvement. Un bedeau allume les cierges posés sur l'estrade du noir catafalque, toujours dressé pour recevoir un cercueil dans les églises des humbles paroisses du midi, afin, on dirait, de représenter sans cesse à la vive imagination des peuples heureux de vivre sous le soleil, dans l'insouciance, l'abondance, la légèreté d'esprit, l'inévitable idée de la mort, ainsi matérialisée dans une image lugubre et saisissante. Le même bedeau, relevant d'un côté la tenture de la sinistre charpente, en montra le vide horrible, plein d'ombre, semblable à la fosse béante, déjà creusée au cimetière pour le défunt qu'on allait amener à cette place, sa dernière et suprême station parmi les vivants. Des gens en deuil, ses amis, ses voisins, étaient entrés et l'attendaient. Il vint, enclos dans une longue et lourde bière, aux mains de grands et robustes fantômes habillés d'une longue robe noire et la tête prise dans une cagoule percée de trous pour les yeux, funèbre costume spécial aux confréries de pénitents chargés encore, en maintes communes, du service des morts.

Derrière les porteurs marchait, ou plutôt se traînait, toute agitée et convulsive, la veuve du défunt. Enveloppée de longs crêpes, le visage rougi par les pleurs, les yeux gros, les lèvres tombantes, elle exprimait, par de grands gestes tragiques, levant les bras, les abaissant, se frappant la poitrine, la douleur la plus violente. Auprès d'elle, ses proches parentes et ses amies, subissant la contagion de ces transports, de ces larmes, pleuraient aussi. Le prêtre, avant de réciter les prières de l'absoute, les apaisa d'un geste grave ; on n'entendit plus que des sanglots étouffés, contenus avec peine dans leur sein par ces véhémentes affligées... Mais nous avions eu, pendant un instant, le spectacle d'une émotion passionnée, chez des femmes admirablement faites pour exprimer les sentiments extrêmes. Pâles sous leurs cheveux bruns, les yeux noirs et profonds, les traits longs et mobiles, ces filles des Ibères et des Gaulois, dont les veines charrient le sang mélangé, révèlent les caractères unis en elles de ces deux races si différentes : l'une, sombre et concentrée dans son

CHATEAU DE MERCUÈS (BORDS DU LOT)

ardeur, l'autre, prodigue de démonstrations vite oubliées, toute en dehors et en éclats fugitifs.

L'office terminé, la veuve rendit un libre cours à son affliction, et ce fut une autre explosion de larmes, de sanglots, de paroles plaintives; et sur le chemin du cimetière, de rauques accents patois, rhythmés, se mêlèrent aux psaumes chantés par les Pénitents :

        Ah !
     Ah ! Ah ! Ah !
     Ah ! Praube !
        Moun Diu.
    Moun Diu ! Moun Diu !
      Qu'ès mort !
  Que tourneratz pas jamès !
      Jamès ! Jamès !

  Seras ben soulet
  Au cementeri
  A questi neit
    E iou
  Te ploureroi
  A l'oustau, Moun Diu !
    Ah !

Longtemps après les avoir écoutées, les voix déchirantes, répercutées par la mémoire, retentissent à nos oreilles...

Franchissons cinq à six lieues, le Causse étendu entre la rive droite de l'Aveyron, la Bonnette et le Condé. A sa limite est Saint-Antonin, groupée sur les rochers énormes d'Anglars, surplombant de 250 mètres de hauteur la rive gauche de l'Aveyron. En ce lieu, nommé alors la Vallée-Noble, et sur l'emplacement d'un municipe gallo-romain où saint Antonin de Pamiers avait prêché l'Évangile, Pépin le Bref fonda un monastère, aujourd'hui complètement effacé. Saint-Antonin eut des vicomtes dès le dixième siècle ; ils étaient parmi les puissants et riches vassaux des comtes de Toulouse. Un d'eux, Raymond Jourdain, s'acquit le nom d'excellent troubadour, pour les chansons qu'il composa en l'honneur d'Adelaïs, dame du château voisin de Penne. La croisade des Albigeois troubla ces brillants seigneurs. En 1212, Simon de Montfort investit leur fief, qui résista vainement. « Ceux de Saint-Antonin, dit le poète, firent acte de hardiesse, poussés par Azémar Jordan; mais quand arriva le moment de la lutte, il n'y en eut pas un qui eût à s'en réjouir. En moins de temps que ce qu'il vous eut fallu pour cuire un œuf, ils (les croisés) s'en emparèrent... Au Moûtier, se réfugièrent bien femmes et hommes, mais on les dépouilla tous et ils restèrent nus... »

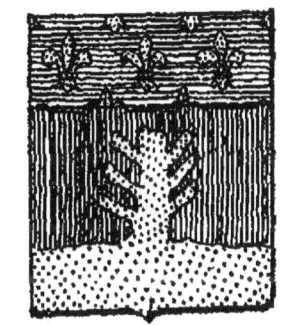

MONTAUBAN

Les croisés respectèrent au moins le remarquable hôtel de ville, édifié sans doute vers 1140, époque où le bourg obtint de ses vicomtes une charte municipale. C'est la plus ancienne maison commune de France, et l'une des plus curieuses par son architecture pleine d'élégance, de fantaisie. Une rangée d'arcades ogivales décore le rez-de-chaussée; au premier étage règne une galerie de colonnes aux chapiteaux grotesques et de piliers auxquels s'appuient des figures symboliques; le second étage est éclairé de jolies fenêtres, la tour d'un beffroi surmonte l'ensemble.

Saint-Antonin est au centre d'une région accidentée, difficile, quasi fermée, où, par conséquent, l'histoire a laissé des traces durables : dolmens, camp romain, ruines d'abbayes et de châteaux gothiques; elle abon-

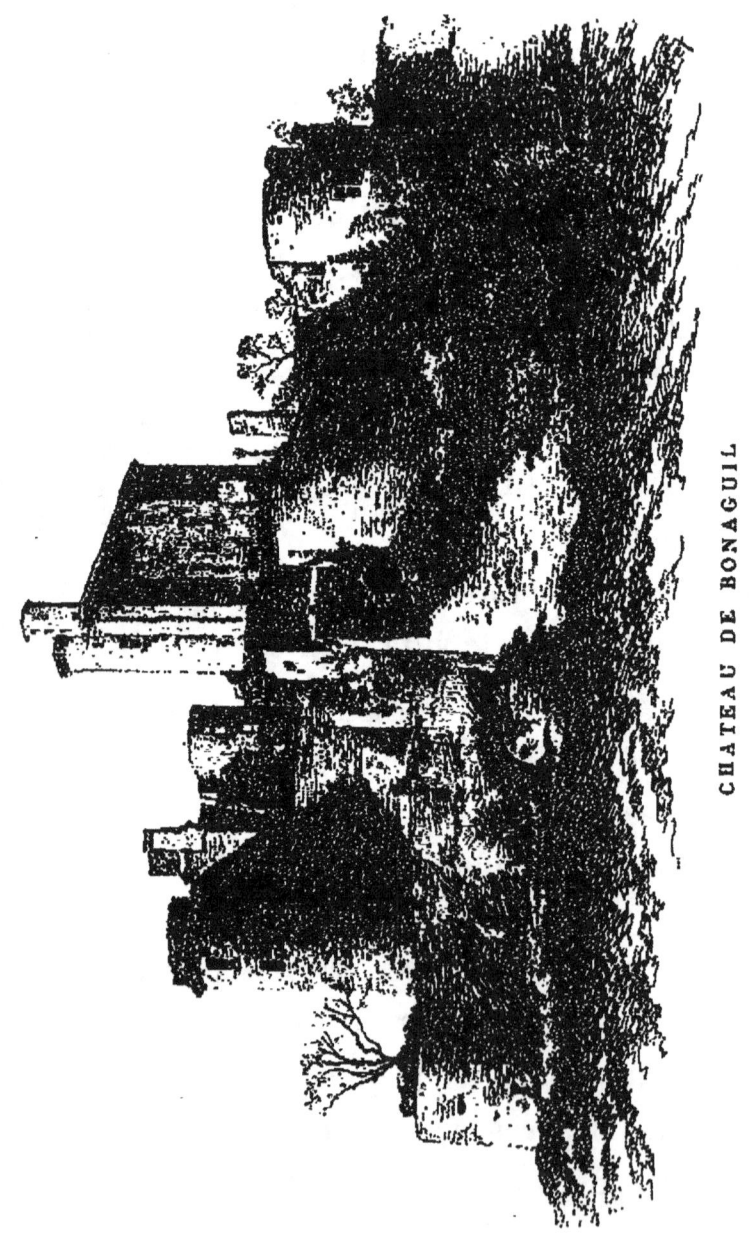

CHATEAU DE BONAGUIL

dait déjà en grottes habitées aux temps des premiers hommes Tout près même de la petite ville féodale,

MONTAUBAN

Ginals possède l'église très vaste de l'abbaye de Beaulieu ou Belloc, fondée par saint Bernard en 1141 ; Parisot, l'antique chapelle de Saint-Clair, pèlerinage fréquenté ; Varen, un autel païen. Plus au nord, par dessus la Bonnette, le gros bourg Caylus offre une église fortifiée et la chapelle ancienne et vénérée de Notre-Dame de Livron. A l'est, non loin des étranges Cordes et Puycelci (que nous avons vus, admirés en Albigeois), Vaour garde un grand château des Templiers, retouché par la Renaissance ; Penne, d'imposants débris et Bruniquel un château fort restauré, agrandi et orné au dix-septième siècle. Il convient de s'arrêter à Bruniquel, dans un site farouche, admirable, entre les vallées de la Vère et de l'Aveyron, sur un escarpement à pic dominant cette rivière, à l'entrée des gorges profondes, où elle s'encaisse dans un lit de rochers, et où elle arrose en passant les abruptes hauteurs de Montricoux, bastide du treizième siècle, cernée, pour ainsi dire, d'antiquités gauloises, dolmens, tombelles et greniers d'abondance souterrains... Et fini ce dernier séjour dans le Quercy rocailleux, tourmenté, si pittoresque, que le chemin de fer vous conduise tout d'une traite à Montauban.

La gare, éloignée de la ville même, débouche à l'extrémité du faubourg de Ville-Bourbon, qu'il faut traverser d'un bout à l'autre pour recevoir d'ensemble une vue originale et colorée du chef-lieu du Haut-Quercy.

Montauban, en dépit de son nom, semble ville de

plaine, mais le Tarn et le Tescou creusant à son front une tranchée large, au fond de laquelle ils coulent, maigres ruisseaux, la découpent en hauteur puissante. On traverse le Tarn sur le pont de briques, aux arches ogivales, aux retraits savants, que bâtirent au seizième siècle Estève de Ferrières et Mathieu de Verdun. Devant vous, derrière vous, se dressent contre les rives les murailles rouges encore très hautes, très solides, de l'enceinte du moyen âge, ruinées par Richelieu. Et voici le premier et frappant tableau :

Au premier plan, des créneaux, des mâchicoulis, des bastions écharpés ; en bas, près de la rivière altérée, de chétives cultures buvant à même l'eau rare, et parmi les débris des fortifications écroulées, des maisonnettes, des cahutes ; en face vos yeux, sous le flamboyant soleil, qui en brutalise tous les aspects, des édifices de briques et de pierres noires ; à gauche, la sombre tour de l'église Saint-Jacques ; à droite, les soubassements flanqués de contreforts de l'ancien palais des comtes de Toulouse ; et sur le tout une lumière d'une incroyable ardeur, un manteau de feu et de flamme, qui fait de chaque pierre un foyer, de chaque brique une fournaise. Devant ces ravins du Tarn, nous évoquions certains paysages inoubliables de l'Algérie, les bords ardus du Roummel, du Chélif et de la Chiffa : ne sont-ce pas les mêmes tons brûlés et farouches, la même netteté de lignes et de contours ? Le ciel même est d'un bleu aussi pur, aussi implacable, et

Montauban, par ce jour d'août, se grave dans notre souvenir en cité toute africaine.

Du onzième siècle, date de sa fondation, au seizième siècle, on ne l'envisageait pas de la sorte ; c'était une cité redoutable. « Jamais, dit le poète historien Guilhem de Tudèle, en plaine, on ne se vit si bien fortifié et les fossés sont grands... » Aussi les croisés de Simon de Montfort hésitent à l'attaquer. « Les personnages de l'armée, ceux qui sont puissants, voient que l'hiver arrive, que l'été se passe et que les habitants se soucient comme d'un gland. » Cette place, si forte, ne put cependant s'opposer à l'entrée des Anglais après le traité de Brétigny ; bientôt, d'un élan de patriotisme, elle les rejeta. Mais la période héroïque de Montauban va du seizième au dix-septième siècle, des premières années de la Réforme au fameux siège de 1621, page mémorable, immortelle, d'histoire locale. Elle s'était donnée sans réserve et sans calcul aux idées nouvelles. En 1556, son évêque, Jean de Lette, pour se marier, dépose la mitre et la crosse. Les calvinistes, devenus la majorité, expulsent les catholiques, incendient leurs églises, détruisent, dans l'excès de leur zèle, la basilique de l'abbaye de Saint-Théodard de Montauriol, fondée au quinzième siècle.

Alors, commence pour la ville une série de luttes impitoyables, presque sans trêve et, de son côté, toujours victorieuses. Elle n'a plus un instant de repos ; jour et nuit en armes, elle doit veiller pour sauvegarder son indépendance et son culte. Nulle part le protestantisme n'a de défenseurs plus énergiques et plus infatigables. Quatre fois assaillie en 1562, quatre fois elle repousse l'agresseur. Ceux de la religion lui rendent hommage, la choisissent pour être une des quatre places de sûreté accordées à leurs vœux, trois fois y réunissent leurs synodes. D'ailleurs, elle sait habilement, avec un bon sens rare, appliquer la doctrine à son organisation intérieure. Ville de libre examen, elle est également ville de liberté. Municipe indépendant, ses magistrats sont élus au suffrage universel. Elle se gouverne comme une république dans le sens élevé du mot, demeure telle quelle à travers toutes les vicissitudes, les désordres du royaume, d'Henri III à Louis XIII, jusqu'en 1617. Alors, fidèle sujette du roi, mais attachée fermement aux franchises concédées par l'édit de Nantes, elle se soulève, s'émeut au premier vent de réaction contre la politique de Henri IV, se joint de toutes ses forces et de toute son âme à la révolte du généralissime duc de Rohan.

On est au mois d'août 1621. L'armée royale, sous les ordres des ducs de Luynes et de Mayenne, le roi présent, marche pour soumettre les rebelles. Aussitôt le consul Dupuy convie les citoyens à relever et à fortifier l'enceinte; en quinze jours il est obéi. L'ennemi trouve la ville dans un état parfait de défense et de résolution; il essaye cependant de la surprendre, le 3 septembre; à minuit, livre un furieux assaut qui, repoussé, lui coûte d'énormes pertes. Il lui faut combattre une population exaltée, enthousiaste, des femmes même mêlées à la lutte, arrachant, brûlant sous le feu de l'artillerie les gabions des tranchées, et parmi lesquelles deux héroïnes, Jeanne Polach et Guillemette de Gasc, s'exposent si vaillamment qu'elles se font tuer, et méritent, étant mortes au champ d'honneur, d'être « inhumées aux frais du Trésor public ».

Accablée par cette résistance imprévue, l'armée royale fond, pour ainsi dire, au soleil ; son chef Mayenne est tué d'une balle dans l'œil. Un assaut général, livré le 17 octobre, achève sa déroute. Après quatre-vingt-six jours de siège, Louis XIII ordonne la retraite, et le connétable de Luynes, peu de temps après, meurt de la honte et du chagrin de sa défaite. Mais soit qu'un si grand effort eût épuisé la glorieuse cité, soit qu'elle dût céder quand même au génie persévérant de Richelieu, elle s'ouvrit devant lui en 1629, perdit ses fortifications, et son rôle militant cessa.

D'une ville si éprouvée l'archéologue attend peu de chose. Le protestantisme, poursuivant dans toutes ses œuvres le passé chrétien, accusé d'idolâtrie, lui a été fatal. Seuls, les souterrains de l'hôtel de ville et le clocher de Saint-Jacques y représentent le moyen âge. La cathédrale, édifice gréco-romain du dix-huitième siècle, n'a de remarquable que le tableau de Ingres, *le Vœu de Louis XIII*, visible dans la sacristie. A la gauche de ce « monument », entre des rues anciennes, se carre la place très intéressante dite place Royale ou des Couverts, dessinée et bâtie sous Louis XIII, dans le style de la Place Royale de Paris (aujourd'hui place des Vosges). Les rez-de-chaussée de ses hautes maisons de briques, d'une architecture noble et régulière, sont bordés de doubles galeries parallèles dont les voûtes surbaissées, à nervures ingénieuses, reposent sur de lourdes colonnes arrondies. Ces arcades abritent des marchands de toute espèce installés en de très simples boutiques, semblables, par leur disposition intérieure et la modestie de leur étalage, à ces magasins des Galeries du Palais, si engageants dans les gravures d'Abraham Bosse.

En dehors de la vieille ville, au midi et à l'ouest, sur les rives du Tarn et du Tescou (celui-ci vous renouvelle l'aspect déjà décrit), s'étendent des faubourgs de casernes, d'auberges, de maisons pauvres. Mais au nord, vers la plaine féconde, de spacieuses demeures, de riches villas, de beaux jardins, entrecoupées de riches établissements d'église, appartiennent aux anciennes noblesse et bourgeoisie montalbanaises, très attachées aux croyances, aux idées d'autrefois, comme le prouva, à l'aurore de la Révolution, leur résistance ouverte aux décrets de la Constituante.

Une jolie promenade sépare la ville laborieuse et plébéienne de ce quartier aristocratique. Là, en bonne place, se dresse le monument élevé au grand peintre Jean-Dominique-Auguste Ingres, né à Montauban, dans le faubourg de Loupiac, en 1781, mort en 1867; il a la forme inattendue d'un mausolée; un des meilleurs élèves du maître, Etex y sculpta son buste, et reproduisit en relief sur une des faces la fameuse *Apothéose d'Homère*.

MONTAUBAN

Le chef de l'art classique en notre siècle, l'apôtre du dessin, de la forme pure, de l'expression idéalisée, reçoit ailleurs un autre hommage : le musée installé dans l'hôtel de ville est consacré à l'exposition de son œuvre. Lui-même, très encouragé à ses humbles débuts, très admiré plus tard par ses compatriotes, légua les pièces les plus intéressantes de cette collection, résumé de sa vie. Voulez-vous assister à la formation, puis au développement de ce talent sévère et vigoureux? suivez-le pas à pas dans les diverses salles décorées selon son goût, où sont appendus aux murs, étalés sous des vitrines, groupés sur des étagères, les esquisses ou les simples ébauches de ses tableaux, les crayons,

CASTEL-SARRAZIN — CANAL LATÉRAL A LA GARONNE

les fusains, les croquis de son adolescence, ses gouaches d'élève des beaux-arts et de l'école de Rome, sa composition de grand premier prix, ses lettres de jeunesse, ses livres préférés, les portraits qui le représentent, enfin les statuettes, les bronzes grecs ou latins, les moulages d'antiques assemblés en Italie avec une passion convaincue par le directeur de l'École française; quoi de plus édifiant pour l'artiste, le critique, le psychologue ! En ces toiles parfaites, comme en ces dessins inachevés, animés de la même inspiration, du même souffle, se révèle l'âme opiniâtre du maître, autant que son génie particulier. On y voit, procédant du simple au complexe, naître, grandir, se fortifier et s'affirmer de plus en plus une volonté nette, un caractère immuable, une vocation que nul obstacle ne pouvait détourner de sa voie. On le voit, moins imaginatif qu'habile, moins poète qu'artiste, adoptant de bonne heure les théories artistiques les plus favorables à son talent de dessinateur impeccable, et l'on conçoit mieux son admiration exclusive, son culte sans réserve pour Raphaël et les émules du divin Sanzio, dont les chefs-d'œuvre furent des modèles toujours présents à son esprit et sous ses yeux. Sa carrière brillante, comblée d'honneurs et de distinctions, fut le triomphe d'une persévérance unique, et d'un système absolu. Sa gloire peut-elle grandir encore ? Il ne le semble pas, à contempler ses meilleurs tableaux déjà si froids, si étranges en leur archaïsme voulu d'idée et d'exécution ; ainsi, par exemple, le *Jésus parmi les docteurs*, le *Tryptique de Phidias*, la *Peinture Antique*, dont l'on a dit : incomparables peintures de missel ou de vitrail. Mais ne chicanons point notre admiration, saluons plutôt très bas, selon ses mérites, l'honnête homme, le maître intègre, l'amant désintéressé de la beauté éternelle, à qui ses contemporains décernèrent tant de médailles, de couronnes d'or et de décorations qu'une salle entière en est remplie.

A l'œuvre de Ingres font cortège de beaux tableaux de Bellini, de Rigaud, de Mignard, de Jouvenet, de Greuze, et plusieurs toiles, non sans valeur, d'un autre peintre, un généreux fils de Montauban, M. Cambon.

Sous les galeries du Musée de peinture, dans les salles basses et voûtées du palais des comtes de Toulouse, d'intelligents collectionneurs ont rassemblé de belles choses : étoffes richement brodées provenant de la Perse et de la Turquie, soieries et broderies d'Espagne, au quinzième siècle, épées, yatagans, cimeterres damasquinés, plats, orfèvreries espagnoles ou moresques délicatement ciselés et d'un rare travail. Vis-à-vis ce second musée, une autre salle renferme quelques débris de l'abbaye de Saint-Théodard, des pierres funéraires, des antiquités de la ville ; le musée installé dans une galerie de la Bourse ajoute quelques débris à cette faible collection et n'est pas sans avoir gardé quelques boulets et biscaïens provenant du siège de 1621.

Il est plus d'une excursion à faire aux alentours de Montauban, très visités par l'Histoire. Jusqu'à la Garonne le pays offre de nombreuses grottes, refuges des paysans pendant les guerres religieuses. On voit sur les bords du fleuve, à Lamotte Capdeville, le Tuc de Cos, où les Gallo-Romains avaient bâti leur cité de Cosa ; près de Grisoles le château de Pompignan, domaine patrimonial au dix-huitième siècle du poète marquis Le Franc de Pompignan et de son frère Georges, l'éminent évêque député à la Constituante. Aux environs de Vernon-sur-Garonne, à Bouret, sont les ruines d'un oppidum gaulois, et celles de l'abbaye cistercienne de Granselve et de l'abbaye du Mas Grenier, fondées avec tant d'autres en cette région par les Carlovingiens. Mais le chemin de fer descendant le cours du fleuve nous mène assez loin de ces souvenirs clairsemés. Il traverse la ville effacée, indifférente de Castel-Sarrazin, le bourg de Saint-Nicolas-de-la-Grave que domine un château bâti par Richard Cœur de Lion et nous arrête au sein de plaines superbes, à Moissac, ville opulente, marché de grains de premier ordre, par surcroît ville artistique, car l'abbaye de Saint-Pierre, une des plus célèbres de la vieille France, y laissa de magnifiques témoins de sa fortune et de son goût. D'après le cartulaire, en 630, sous Dagobert, le saint homme Amand et ses disciples Ambert et Léotade s'établirent en ce lieu alors

AVENUE SAINT-JEAN A CASTEL-SARRAZIN

inconnu, y fondèrent un monastère, asile de vertu et de science, dont la renommée s'étendit très loin. Une

CLOITRE DE MOISSAC

ville florissante se groupa autour des religieux. Ils devinrent riches, puissants. Leur territoire domanial s'étendait bien au delà de Moissac; de nombreux couvents en dépendaient. Pourtant cette ville sainte, trop favorisée de la nature pour n'être de mœurs faciles et voluptueuses, s'étant laissé séduire par les doctrines du manichéisme, s'exposa à la colère et aux entreprises de Simon de Montfort; elle évita la ruine par un soulèvement énergique. Il s'y passa peu d'années après un singulier phénomène politique, relevé également dans les annales de Castel-Sarrazin. Investie de franchises municipales qui la plaçaient sous l'autorité souvent arbitraire d'une oligarchie bourgeoise, elle se lassa d'une apparence de liberté si trompeuse, supplia son suzerain Raymond VII, comte de Toulouse, de reprendre ses dons funestes, d'annuler sa charte communale et de nommer lui-même à l'avenir ses magistrats municipaux. Le comte accéda à ce désir et Moissac s'en trouva mieux.

CLOCHER DE MOISSAC

Les restes de l'abbaye — plusieurs fois reconstruite et restaurée — sont considérables. Il reste de la première basilique consacrée en 1062, et sans doute brûlée par les Normands, un beau porche fortifié. L'église Saint-Pierre, édifiée du douzième au quatorzième siècle, offre un admirable grand portail. En cette page merveilleuse de l'art roman, tous les motifs d'ornementation que les artistes de l'Occident empruntèrent aux Arabes, qui les tenaient des Persans, s'enroulent, se pressent, s'enchaînent et se compliquent autour des colonnes, des piliers et des arcades, ils se mêlent aux masques des chapiteaux, aux figures et aux scènes symboliques des reliefs, brodent une immense guipure de pierres dont les regards sont éblouis avant que l'esprit en ait pu concevoir le sens mystérieux et la savante beauté; à Saint-Pierre attient un cloître digne en tous points de cet incomparable sanctuaire.

CHAPITRE VIII

L'AGENAIS

AGEN

La terre s'est abaissée sous nos pas, nous voici déjà loin des hauteurs rugueuses et des causses infertiles du Quercy, dans la belle et large vallée où la Garonne coule droit vers le nord-ouest sur un lit de sable jaune, entre des coteaux cultivés jusqu'au sommet. Hélas ! ces pentes vertes ne se hérissent plus ainsi que naguère de ceps que l'automne chargeait de grappes savoureuses. Il est passé, le temps où les paysans chantaient de si bon cœur la *cansoum de la Bigno :*

>Planto qui planto,
>Aci la bero planto
>Planten, plantin,
>Planten lou boun biu
>A qui la bero planto en bin.

Il n'est plus, le temps regretté où le bon vin clair et généreux coûtait quatre sous le litre dans les auberges. Mais ici de nouvelles cultures succèdent à la vigne et mieux qu'ailleurs réussissent. En l'heureux pays d'Age-

GRANDE PÊCHE SUR LA GARONNE AUX ENVIRONS D'AGEN

nais, le sol se prête à tous les efforts de l'agriculteur, rend au centuple les moindres semences, prodigue les céréales et les fruits délicieux. Aussi bien, ne le devinez-vous pas dès votre entrée dans sa capitale à la vue souriante, au parfum odorant des fruits entassés en pyramides sur les assiettes, au buffet de la gare? Ces bouquets d'abricots, de prunes, de pêches, de melons, de fraises embaumées, ne sont-ils pas là comme le gracieux emblème de la fécondité de la province?

Les rues proches de la gare vous conduisent au cœur du vieil Agen par des voies longues, obscures, mais traversées de boulevards et de rues modernes bordées de jeunes maisons élégantes, conquêtes de l'air, de la lumière et du confort sur l'incommode et nauséabonde cité du moyen âge. Car la ville célèbre, l'antique oppidum des Nitiobroges, l'Aginnum des Gallo-Romains, le séjour aimable et envié des fortunés patriciens de Rome, tant de fois, à cause de sa richesse, attaqué, envahi, détruit ou meurtri, tant de fois aussi ruiné par les inondations du fleuve, grandit tout de même et se métamorphose. Veuillez, cependant, vous attarder avec nous dans les quartiers surannés d'autrefois, ce sont encore les plus intéressants; seuls ils ont un sens, un langage que vous savez entendre. A leur seuil s'élève l'église de Saint-Caprais, cathédrale depuis la démolition de l'antique Saint-Étienne, où l'on accédait par l'escalier d'un majestueux parvis. Saint Caprais, apôtre du christianisme naissant, le prêcha en Agenais vers le milieu du troisième siècle et, victime de son prosélytisme, y périt par les ordres du préteur; l'église placée sous son invocation est une œuvre diverse dont l'abside et ses trois chapelles rayonnantes, construites au onzième siècle, le transsept, ont du caractère. La nef est séduisante, toute en couleurs vives, mystérieux reflets des vitraux et des fresques murales dues au peintre Bézard, représentant, avec beaucoup de sentiment mystique, les scènes de l'apostolat de saint Caprais, la vie de son émule, sainte Foy, brûlée sous Dioclétien, et la vie de saint Phebade, premier évêque d'Aginnum, au nom duquel il figura au concile tenu à Rimini, l'an 359. Saint-Caprais est le grand sanctuaire d'Agen. Il a possédé d'autres églises, des monastères, des couvents, que ruinèrent les batailles du treizième siècle, et surtout les luttes du seizième. De ces établissements religieux proviennent l'église des Jacobins, édifice du treizième siècle revêtu de peintures murales; l'église Saint-Hilaire, bâtie par les Cordeliers au douzième siècle, et d'une charmante légèreté; l'ancienne chapelle de la collégiale, aujourd'hui collège Saint-Caprais, édifice roman aux très curieux chapiteaux; mais il n'est plus trace d'une basilique de Saint-Vincent, superbe au témoignage de Grégoire de Tours. Elle fut incendiée lors de la révolte de Gondowald, par les Francs de Burgundie, envieux de ses trésors. L'évêque historien raconte ce sinistre, et le miracle dont il fut accompagné : « La vengeance divine se fit sentir à plusieurs d'entre eux (aux pillards de Gontran). La plupart avaient les mains brûlées par un feu mystérieux, et il

LES TANNERIES A AGEN

en sortait une épaisse fumée, comme il arrive dans un incendie. Quelques-uns, poussés du démon, couraient comme des énergumènes en déclamant contre les martyrs. Beaucoup d'autres même, séparés de leurs compagnons, se perçaient de leurs propres lances. »

Vous êtes au centre de la ville ancienne, de ses indus-

MAISON DE JASMIN A AGEN

tries : des tanneries favorisées par le ruisseau d'Agen, des brosseries, des fabriques de dentelles, de cierges, de balais de sorgho et aussi de gourmandises, pâtés de foie gras et de canards truffés, confiseries et sucreries..... La rue Puits-du-Saumon, bordée de galeries à arcades, vous achemine à la place de l'Hôtel-de-Ville ou des *Cornières*, entourée de doubles arcades toutes pareilles soutenues par de gros piliers, et bâtie, comme tant d'autres, suivant un plan uniforme, à la fin du treizième siècle ou au commencement du quatorzième. Près des Cornières est le musée, largement établi dans les trois hôtels d'Estrades, du consul Vaurs et de Las Brémont. Il renferme quelques peintures de choix : *Le triomphe du calife*, de Clairin, *La prise de la Bastille*, de Mélingue, et une bien plaisante série de portraits de nos derniers souverains, transportés après la chute de leur gouvernement, des salons officiels de la préfecture en cette galerie, où leur mérite artistique n'aurait pas dû les conduire. La meilleure portion du musée expose une collection d'antiquités régionales : médailles, monnaies, armes, poteries romaines, mosaïques, bas-reliefs et statuettes trouvés sur l'emplacement des villas patriciennes, vestiges de temples et de cénotaphes funèbres, tablettes de bronze aux inscriptions lisibles : une à la louange de Claudius Cupissinus, consul en 362, une autre relatant l'hommage de la ville d'Auxerre à ses clarissimi...

Voilà tout le vieil Agen, c'est peu ; et ce dénuement vous fait mieux sentir les rigueurs de son passé, que si vous la voyiez encombrée de ruines. Aucune ne fut plus éprouvée. Tour à tour, les peuples barbares du troisième au cinquième siècle se disputent cette riche proie.

En 840, les Normands l'incendient. Elle survit pourtant, renaît de ses cendres « plus brillante et plus belle », prospère par le commerce et l'agriculture, obtient des comtes de Toulouse une charte communale, très favorable à son développement. Dès le onzième siècle, ses intérêts sont administrés par deux consuls électifs et un conseil de prud'hommes, sous le contrôle supérieur de l'évêque, lequel, à la fois seigneur spirituel et temporel, a le titre de comte d'Agen, depuis que l'évêque Gombaut, frère du duc de Gascogne, Guillaume Sanche, ayant reçu ce fief en apanage, l'a transmis à ses successeurs. Elle est tranquille, mais déjà la menace un grand danger. La fortune a corrompu ses mœurs, perverti sa foi. L'hérésie cathare se glisse en elle, serpent sous les fleurs. Ému, l'évêque Armand de Rovingha appelle à lui Simon de Montfort. Le terrible chef des Croisés s'approche; mais au lieu de poursuivre sa route meurtrière, il charge le comte Raymond VI de Toulouse d'avertir ses sujets. Et, dit le poète :

> Lo pros coms de Tolosa s'en torna eu Tolsan
> E intra à Tholosa et pois à Montalban,
> A Moichac e Agen, sa corta en la man,
> Pertot la fei legir (1).

Mais si exigeante et sévère est cette charte que

---

(1)   Le preux comte de Toulouse revient en Toulousain,
      Il entre à Toulouse et puis à Montauban,
      A Moissac et Agen, sa charte en la main,
      Partout la fait lire.

Li bozes de Moichac e sels de Agene
Dizon c'aus fugirian per l'aiga en Bordalès (1).

Il fallut pourtant subir l'Inquisition. Ce tribunal s'établit à Agen en 1249, prononce d'effroyables condamnations, ordonne en un seul jour l'autodafé de quatre-vingts personnes. D'autres calamités, aux siècles

PONT A AGEN

suivants, désolent la ville. Les Anglais s'en emparent, en sont chassés, y reviennent encore avant de disparaître pour toujours. Ces guerres laissent après elles les bandes des grandes compagnies dont le pays souffre cruellement, jusqu'au jour où le connétable Louis de

(1)   Les bourgeois de Moissac et ceux d'Agen
      Disent qu'ils fuiront par eau en Bordelais,

plutôt que de l'accepter, car Bordeaux est aux Anglais, et ils iront, si leur comte le permet, ou en d'autres terres s'il le veut.

Sancerre parvient à les vaincre à Castel-Sarrazin, victoire et délivrance célébrées encore en cette petite ville par une chapelle à Notre-Dame…

CANAL LATÉRAL A LA GARONNE

La Réforme, surtout, fut terrible à la malheureuse cité, sans cesse affligée par les violences alternatives des catholiques et des protestants. En 1560, Montluc poursuit les hérétiques, « car, dès ce temps-là, dit-il en ses *Commentaires*, ces nouvelles gens commencèrent à remuer besongne ». Le prédicateur calviniste Jérôme Vindecus est brûlé vif sur les bords de la Garonne, probablement sur la promenade des Graviers. Combien d'exécutions suivent ce crime! Le capitaine huguenot Truel rivalise de rigueur impitoyable avec Montluc, et leur farouche émulation fait des centaines de victimes. Que de sièges il lui faut subir : par les protestants d'Henri de Navarre, les royalistes de Biron, les ligueurs de Mayenne, soutenus par Marguerite de Valois, apanagiste du comté. Elle passe par toutes les péripéties du drame affreux ; c'est miracle qu'il soit resté pierre sur pierre de l'Agen du seizième siècle.

Allons à la ville moderne, claire et plaisante. De larges boulevards remplaçant l'enceinte militaire la séparent de ses faubourgs, mais le peuple, aux jours oisifs, aux *héros* ou foires urbaines, leur préfère la spacieuse plate-forme du Gravier (grève), jadis couverte par les eaux de la Garonne, qui l'inonde encore fréquemment et la grossit de ses alluvions. Là seulement, pendant les heures torrides de l'été, on trouve quelque fraîcheur sous de belles allées d'arbres, et l'on peut goûter, à la terrasse des cafés, les flâneries de la vie en plein air, si agréables aux méridionaux. D'ailleurs, le Gravier ouvre de larges perspectives sur la campagne agenaise, et dévoile aux premiers plans de jolis tableaux aux lignes très fines et de nuances délicates. Au milieu, une hardie et légère passerelle de 170 mètres de longueur enjambe le fleuve, mène aux prairies, aux bocages étalés au devant d'un laborieux faubourg nommé le Passage ; à droite, le pont-aqueduc, franchissant la Garonne, barre le ciel d'une haute ligne horizontale très élégante, et conduit les eaux du canal latéral au delà du pont de pierres, limite de la ville ; à gauche s'élève, à 161 mètres d'altitude, la côte de l'Hermitage, rendez-vous champêtre des Agenais, et d'où leurs regards embrassent tout entier le panorama de leur ville, ses toits de tuiles rouges, ses jardins, ses avenues, sa Garonne bienfaisante, même en ses ravages, et les plaines diaprées, et les collines boisées ou vineuses d'alentour, édens du Languedoc.

Deux statues décorent le Gravier, celle de Bernard de Palissy et celle du poète Jasmin, celui-ci, un des derniers troubadours de notre âge, le dernier peut-être, car improvisateur inspiré, parfait diseur, il s'en allait de ville en ville, comme ses devanciers de château en château, réciter ses poèmes. Près d'ici même, sur le boulevard Saint-Antoine, est la petite boutique de barbier où il rasait et coiffait la pratique ; il en devint propriétaire ; y mourut en 1864, et la devanture conserve son nom, illustre enseigne. Vis-à-vis la maison de ce charmant figaro se dresse la statue qui le représente debout, enthousiaste, déclamant les vers gracieux « de los papillotos ».

Entre les environs d'Agen, il en est dont chacun

parle volontiers, et qu'il faut voir : la colline de Bonnencontre, que surmonte une statue colossale de la Vierge-Mère, honorée au mois de mai par des théories de pèle-

CHATEAU DE MADAILLAN

rins ; le vallon de Vérone, où le savant Joseph Scaliger, né à Agen, le 4 août 1540, avait sa vigne ; les ruines très imposantes du château fort de Madaillan, construit au treizième siècle ; Layrac, si intéressant par l'église

PORT SAINTE-MARIE

romane de son ancien prieuré de Cluny, et par la vue splendide qu'il développe sur la vallée de la Garonne; enfin, aux portes de la ville, dont nous nous rapprochons pour nous en éloigner bientôt, l'hospice de Saint-Jacques, fondé par Mascaron, et sa chapelle peinte par Bézard, où repose le plus célèbre évêque du diocèse.

Continuons de descendre la Garonne. Le chemin de fer en côtoie la rive droite, le canal latéral la rive gauche; et c'est charmant de voyager dans la plus opulente campagne avec ses belles eaux lumineuses et fraîches. Par elles les plus humbles villages et les plus vieux ont un aspect lointain de blancheur et d'aisance qui réjouit la vue. Comme ils semblent heureux de vivre sous le bon soleil qui réchauffe et mûrit leurs moissons! A l'approche ce mirage s'évanouit. Si riches qu'ils soient, les paysans de l'Agenais tiennent à leurs rues noires, à leurs sombres et chétifs logis, s'obstinent à les garder. Après trente ans d'absence, car nous avons vécu dans ce beau pays, nous le retrouvons comme il était, seulement un peu triste, affligé des longues maladies de la vigne.

L'attachement des villageois à leurs habitations, pareil à celui de l'escargot pour sa coquille, aussi vif et sensible, a du moins un avantage; il conserve à leurs bourgades, à leurs petites villes, une physionomie originale où l'on démêle facilement les traits du passé. L'artiste ne s'y égare point complètement; il sait découvrir des perles dans leur fumier. Port Sainte-Marie, groupé sur la rive droite du fleuve, figé depuis des siècles dans sa forme actuelle, lui montre de curieuses maisons et la belle église Notre-Dame; plus loin, Aiguillon, fondé au quatorzième siècle, étale sur la hauteur son ancien château ducal converti en magasin à tabac. Près d'Aiguillon, la claire rivière que nous avons vue à travers la Lozère, le Rouergue, le Quercy, parcourir tant de pays abrupts, rétifs à la culture, le Lot confluë à la Garonne, à l'issue de la plus florissante vallée. Nous en remonterons le cours, bordé de collines roides encore, mais cette fois toujours vertes de la base au culmen. Là sont les beaux vergers de l'Agenais; là pousse en abondance l'arbre auquel il doit sa fortune commerciale et son renom universel. Nous le verrons à chacun de nos pas sur les routes, les chemins, les sentiers, par plaines, vallons et coteaux, cet arbre fameux, le prunier d'Ente, dont les fruits sous le nom de prune d'Ente ou de pruneau d'Agen se vendent pour des millions de francs sur tous les marchés de France, d'Europe, du monde. Nous le verrons par longues rangées, espacées l'une de l'autre de 12 à 15 mètres, ressembler par sa taille symétrique à une plante d'agrément, au buis ou à l'if des pépinières. Parmi ces jardins se rencontrent de petites villes pittoresques, aisées : Clairac, patrie du poète Théophile de Viau ; Castelmoron qu'une généreuse femme, madame veuve Solar, a doté d'un musée charmant composé de tableaux et d'objets d'art patiemment recueillis avec goût par un connaisseur.....

Villeneuve-sur-Lot est d'une autre envergure ; il a près de 15,000 habitants, des fabriques, des moulins ; second centre de la préparation et du commerce des pruneaux, il en débite annuellement pour un gros denier : trois millions de francs environ. Il date, son nom l'indique un peu, du treizième siècle ; ses annalistes en attribuent la fondation en 1264 à des moines de l'abbaye d'Eysse que suivaient des habitants de Pujols, cité ruinée par la guerre des Albigeois. On y trouve tous les caractères de cette époque du moyen âge : des rues droites, larges et correctes, aboutissant à des cornières dessinées comme celles d'Agen, deux portes flanquées de tours carrées, percées de mâchicoulis dans le faubourg Saint-Étienne ; et un beau pont aux arches romanes reliant ce faubourg à la ville même bâtie sur la rive droite du Lot.

TOUR DE HAUTEFAGE

Près de Villeneuve-sur-Lot une maison centrale occupe les bâtiments de l'abbaye d'Eysse. Penne est de ce côté, Penne où Richard Cœur de Lion possédait un château fort dont les ruines se maintiennent, offrent même de très rares peintures. Le 25 juillet 1212, l'ost des croisés le vint assiéger, mais il était de taille à repousser ses ennemis et le leur fit bien voir. Au témoignage de Guilhem de Tudele : « Le siège fut grand, que

BOULEVARD GAMBETTA A MARMANDE

Jésus me protège! et le château fut fort tellement qu'on ne le put forcer. Tant de pierres y jettent les croisés de Bar avec de grands mangoneaux qu'ils le font presque effondrer. Il y a dedans nombre de chevaliers, de routiers, de navarois. Ugo d'Alfar le tenait pour le comte..... » L'invincible Simon de Montfort multiplia ses moyens de réduire la place héroïque, essaya de l'affamer et de l'altérer et ne put en venir à bout, malgré le feu jeté sur ses remparts, malgré le nombre sans cesse accru des assaillants. Mais, trois siècles et demi plus tard, en 1652, Montluc, si l'on peut dire ainsi, vengeait Montfort, abandonnait Penne au pillage et au carnage, en faisant un monceau de cadavres et de décombres.....

Penne est le point d'où il faut partir, si l'on n'y est allé d'Agen, pour visiter les ruines de Laroque Timbault, la tour superbe de Hautefage élevée au seizième siècle, la motte féodale et les tours écimées des ducs de Brancas, la maison natale de Bernard Palissy à La Capelle Biron..... et, compagnon lecteur, que le chemin de fer nous ramène ensuite dans la vallée de la Garonne. Les gentilles cités agenaises plus propres déjà, plus soignées et coquettes, se ressentent du voisinage immédiat du Bordelais. Tonneins, sur une ample terrasse qui domine le fleuve, réunit plus de 8,000 habitants en deux quartiers distincts nommés simplement, l'un Tonneins-dessus; l'autre Tonneins-dessous; une de nos plus importantes manufactures de tabac y est établie.

Marmande, actif entrepôt des vins de la région, couvre un plateau dont le versant s'abaisse rapidement sur la Garonne, vers un port très achalandé de bateaux marchands. Il possède en son église bâtie du douzième au quinzième siècle un rétable, chef-d'œuvre d'ancienne sculpture, représentant les principales scènes de la vie de saint Benoît; le cloître attenant est éclairé par de beaux vitraux. Les maisons de plaisance, les châteaux d'une riche bourgeoisie se répandent aux alentours, du Mas d'Agenais à Sainte-Bazeille, de Lauzun à Duras, de la fertile vallée de la Garonne à la féconde vallée de la Dropt. Toute la contrée respire la vie plantureuse et facile... Cependant, l'histoire sous les yeux, songeant aux cruautés qui l'ensanglantèrent jadis, au siège de Marmande en 1219, nous relisons par amour de l'antithèse, du contraste violent, ce tableau de Guilhem de Tudele, si étrange en face de la ville paisible, de l'eau brillante du fleuve, du paysage calme et doux : « On court vers la ville avec les armes tranchantes, et alors commence le massacre et l'effroyable boucherie. Les barons, les dames, les petits enfants, les hommes, les femmes dépouillées et nues, sont passés au fil de l'épée. Les chairs, le sang, les cervelles, les troncs, les membres, les corps ouverts et pourfendus, les foies mis en morceaux gisent par les places comme s'il avait plu. Du sang répandu la terre, le sol, la rive sont rougis. Il ne reste homme ni femme, jeune ou vieux, aucune créature n'échappe à moins de s'être tenue cachée. La ville est détruite, le feu l'embrase... »

Avons-nous maintenant vu tout l'Agenais ? Non point. Il a d'autres bourgades et une ville fort intéressante qui ne sont point sur la grande voie du chemin de fer ; la diligence conduit de Marmande à Casteljaloux, une ligne ferrée bien lente à cheminer mène de Port-Sainte-Marie à Nérac. Jasmin a chanté Casteljaloux :

Ia pas mès béro billo
Lo de Casteljalous
Es batido de sable
L'aiguo tout alentour
Lou maçoun qui l'a beito
Demando pas argent
Mès i a béro gouaito
Lo bo per pagament.

NÉRAC

Ce tableautin décrit exactement la petite ville entourée de l'Avance ; il ne dit point toutefois qu'elle garde les ruines du château des sires d'Albret, la maison de Xaintrailles et que sa mairie est un ancien couvent de Templiers. Elle marque l'extrême limite, au midi, de l'Agenais riant et fertile; au delà commencent le Condomois, les landes rases, coupées de plantations de pins, grandissantes, de chênes liège, de vastes forêts. En ce terroir particulier, le tuf imperméable, appelé l'*Alios*, couvre le sol, donne naissance à des fontaines, à des sources fraîches, créatrices çà et là de paysages délicieux. L'autre limite de ce presque désert est tracée

ATTELAGE DU PAYS D'AGEN

par les rivières Bayse et Gélise qui nous ont frayé la route de Nérac. Elles arrosent Viane, Lavardac, Barbaste, villages ou bourgs embellis des restes souvent considérables de l'époque gallo-romaine et du moyen âge; elles coulent non loin du château fort des Xaintrailles, juché sur une telle hauteur que de ces plates-formes on aperçoit les pointes neigeuses des Pyrénées.

Nérac est sur la transparente Bayse. Un peu d'émotion nous saisit au moment de l'aborder. L'histoire, la légende, les causeries des Méridionaux en ont tracé dans notre esprit une peinture idéale. Nous la voyons, avant la lettre, jolie, agréable, contente, gaie. N'était-ce pas l'heureux séjour des rois et des reines de Navarre? La spirituelle, sage et bonne Marguerite d'Angoulême n'y a-t-elle pas semé l'esprit de l'Heptameron? Clément Marot s'y réfugia pour composer en pays libre des psaumes et des madrigaux. Henri de Navarre y tenait sa cour galante ; l'écho de son château royal, du palais de Marianne et du château Nazareth n'aura-t-il rien à nous dire de tant d'amours, de fêtes, de politique et d'actions d'éclat? Or voici une toute petite ville si muette qu'elle semble morte. Ses 8,000 habitants ne font pas même le bruit d'un seul. Le souvenir du Vert Galant s'affirme par une statue de bronze, sculptée par Raggi, et dressée sur un socle où l'on a gravé les remerciements du roi aux « bravez Gascous ». Quant à son château, c'est à la fois une ferme et un magasin où l'on distingue à peine les fines colonnes d'une galerie extérieure.

Cependant Nérac est charmant ; pour l'apprécier, il suffit de traverser la Bayse, d'errer dans l'admirable promenade de la Garonne que suit l'eau courante pendant une demi-lieue. De beaux arbres, des tapis de mousse et de gazons, de ruisselantes fontaines, des rochers, des grottes emplissent ce parc ravissant. La douceur de ses ombrages, la pureté et l'éclat de la rivière, limpide miroir de la splendeur du ciel, commentent à merveille les contes des chroniqueurs et des poètes sur les beautés non pareilles de ce séjour. Aussi n'êtes-vous point surpris d'y rencontrer les traces luxueuses d'une petite ville romaine, les débris d'un palais, d'un temple, de thermes, de mosaïques admirables. Certes, c'était là pour les reines de Navarre et leurs filles d'honneur des bains à souhait, les plus discrets et les plus riants qu'elles pussent rêver.

Nérac est mélancolique; c'est qu'il a perdu sa bonne humeur en perdant ses vins clairets, blancs et rouges, partout vantés. Le misérable petit rongeur Phylloxera a mangé les solides fortunes de ses hobereaux. Ils ne font plus claquer leurs fouets à la saison des chasses, n'éblouissent plus la petite ville de leurs prétentions et de leur faste. Quel deuil! Mais l'industrie ne chôme point pour cela. Laubehimer brasse toujours sa bière légère et piquante et les célèbres terrines de foie gras n'ont point cessé de régaler les gourmets. C'est pour cela sans doute que près de la Bayse, au clair de lune, sous l'ombre des arbres, dans un paysage enchanté, un chœur de voix insouciantes répète le mélodieux refrain populaire « à la mie pastoure » :

> Sur lou pount de Lourdo
> I a un auseron
> Touto la néit canto
> Canto pas per iou
> S'en canto, qu'en canto,
> Canto pas per iou;
> Canto per ma mie
> Qu'es auprès de iou.

CHAPITRE IX

L'ARMAGNAC

Une terre fertile mais sans grâce, de blanches rivières sans fraîcheur, de riches cités sans agrément; nous sommes dans le Gers, au cœur de la Gascogne, en Armagnac.

Du nord au sud, les routes poudreuses ouvertes devant nous longent les cours d'eau presque parallèles, dont la source commune est au plateau de Lannemezan; elles passent au pied des coteaux où mûrissent encore — privilège enviable — les vignes, ici plantées en *hautains* ou tendues en espaliers. Heureuse région ! A ces pampres, à leur rareté comme à leur saveur, elle doit nouvelle fortune. Ses bonnes eaux-de-vie, naguère, avant le désastre des vignobles de la Charente, placées au second rang, sont aujourd'hui les plus estimées de toutes. Dans la France entière, en Europe, en Amérique, l'Armagnac s'appelle cognac. Ce commerce fructueux, à la portée de tous les propriétaires, puisqu'ils sont eux-mêmes leurs bouilleurs de crus, répand l'aisance où fut longtemps la médiocrité. Et le pays des cadets de Gascogne, des chercheurs d'aventures, des capitans, des matamores, des officiers de fortune, le pays de la suffisance, de la vantardise, de la rouerie, parfois de la hardiesse et du courage, se métamorphose. Il a moins d'émigrants; ses bons messieurs de Crac demeurent plus volontiers dans leurs petits castels. Mais les fanfarons, délices de l'observateur, y sont aussi nombreux que jamais. Quoi d'étonnant? N'ont-ils pas à portée de la main l'enivrante

FONTAINE DE FONTÈBE A LECTOURE

liqueur, légère au goût, chaude à la tête, le coup de soleil, qui rend l'outrecuidance si facile et l'illusion si naturelle?

Au seuil de la contrée, une bourgade en synthétise l'esprit; suivant le grave Élisée Reclus, il y faut voir « le chef-lieu des menteurs, hâbleurs et craqueurs ». C'est Montcrabeau, lequel, au dire du même géographe, « possède la *pierre de la vérité* où s'asseyent tous ceux qui aspirent à faire partie de la confrérie du mensonge ».

Le plaisir de toucher du doigt ce banc légendaire, réel sans doute bien qu'improbable, mériterait un détour, mais nous allons à Condom. Condom est l'un des centres de la fabrication des armagnacs ; ses produits, dus à l'excellence des crus de Cazaubon, sont des mieux cotés. Il s'élève en amphithéâtre sur la rive droite de la Bayse ; la puissante stature de son église paroissiale domine des maisons chenues, des moulins et des cottages assez joliment groupés. Cette religieuse enseigne convient à l'ancien évêché dont Bossuet fut titulaire. Elle symbolise également l'origine toute cléricale de la ville, agrégée vers l'an 900 autour d'un monastère de Bénédictins. On monte à l'ex-cathédrale par ces rues noires, étroites et pavées de cailloux pointus, qui font songer au mystique chemin du ciel, et l'on ne découvre pas un chef-d'œuvre. Mais édifiée de 1506 à 1521, par l'évêque Jean de la Marre, dans un style gothique alourdi, elle fut touchée par la Renaissance ; une de ses portes offre de gracieux détails ; le chœur, au dedans, est entouré d'une clôture en pierres ouvragées, chargée de statues en terre cuite d'une expression suave ; et les clefs de voûte historiées ou blasonnées prouvent le faste du fondateur, dont les armes décorent les arcades d'un cloître voisin, abandonné à d'ignobles salissures.

Le chemin de fer desservant Condom cesse à l'entrée d'une autre petite ville, jadis illustre, la plus ancienne de la région : Eauze, chef-lieu des Gaulois Élusates,

Elusa des Romains, métropole, sous Théodose, de toute la vaste province appelée Novempopulanie, évêché dès le troisième siècle, un peu plus tard archevêché, aujourd'hui modeste chef-lieu de canton et marché d'armagnacs. La grandeur première d'Eauze s'éclipsa dès la chute de l'Empire; elle s'abîma sous les coups successifs des Barbares, succomba aux ravages des Normands. Sans le couvent qui vint s'y établir à la fin du dixième siècle, elle eût peut-être disparu Elle se renouvela, mais ne retrouva point la haute situation politique qu'elle devait surtout à l'influence de l'un des siens, le sanguinaire Rufinus, puissant ministre de Théodose. Sa suprématie passa définitivement à sa rivale Auch. Même elle se déplaça, recula à un quart de lieue de la rive gauche de la Gélise... C'est à ce point que s'élève la belle église gothique, surmontée d'une tour octogone, dédiée à son premier évêque, saint Paterne, et elle doit ce remarquable édifice au magnifique prélat qui fit construire la cathédrale de Condom.

Au delà d'Eauze, vers le midi, la diligence nous pourrait conduire à travers la plaine, la lande; que servirait d'encourir ces fatigues? Il n'est rien pour nous tenter en cette région où les villages sont rares, plus rares les villes, et la sagesse nous conseille de gagner, dussions-nous revenir sur nos pas, la vallée du Gers, non plus belle, malgré sa fécondité, du moins plus intéressante. Obéissons à la sagesse, ce sera tout profit

Nous visiterons, en ce retour vers l'Agenais, les antiquités espacées en dehors de la route banale. Elles ne font pas défaut à toute la portion de l'ancienne Aquitaine, qui s'étend au nord, au centre et à l'est du département. Les riches patriciens de Rome, de l'Italie sèche, y retrouvant sans doute les aspects de leurs paysages familiers, s'y plaisaient. Accoutumés aux vents fiévreux de leurs étés, aux notus, aux auster, ils prenaient en patience le vent de sud-est ou d'autan, fléau redoutable de la province, des mois de juin à septembre. Ils s'y établissaient pour de longs séjours, y vivaient leurs meilleures saisons. Aussi l'avaient-ils civilisée, embellie à leur usage. On y rencontre encore leurs *voies* si judicieusement tracées, bornées de pierres milliaires, quelquefois de petites tours, de guérites, où des niches abritaient, selon toute vraisemblance, des statues de Mercure, posées le long du chemin pour appeler sur les voyageurs de commerce la protection surnaturelle que les dieux Terme et Priape donnaient aux propriétés. Les villas étaient nombreuses, somptueuses ; nous pouvons nous les figurer, grâce à la mise au jour, au village de Lasserre, près de Francescas (dont l'église possède une mosaïque romaine), de la villa, dite de Baptesti, située à mi-côte, dans la vallée de la Bayse. En un plan très complet, reconnaissable sous les outrages des siècles, cette maison de campagne et de villégiature, d'il y a quinze ou seize cents ans, présente plusieurs salles à parements de stuc et de marbre, à pavements en mosaïque du meilleur goût; et l'on aurait pu les meubler avec les ustensiles de ménages mondains, les objets de toilette, les vases, les armes décelés par les fouilles.

Après la défaite de Rome, la ruine du royaume wisigoth, les établissements des riches patriciens s'écroulèrent, s'ensevelirent dans l'abandon. Mais la province, qu'ils désignaient aux convoitises des barbares, reprit, avec ces derniers, devenus les maîtres, une nouvelle et différente prospérité. Les monastères fondés par les Carlovingiens, ou par les ducs de Gascogne, les Sanche Mitarra, les Sanche Garcia, les Guillaume, les Béranger, et leurs puissants héritiers, les comtes d'Armagnac, héritèrent des heureuses créations gallo-romaines. Nous rencontrons les débris de plus d'une sur notre passage. A Valence, non loin de Condom, une abbaye de Fleuran, fondée en 1151, a laissé une église

CATHÉDRALE DE LECTOURE

romane, un cloître, une salle capitulaire, une tour de défense, appelée tour Guardès. L'église d'une ancienne collégiale, à La Romieu, garde le tombeau de son fondateur le cardinal Arnauld d'Aux, un donjon, un cloître, le manoir du prélat. Plus en Agenais, sur le chemin de Lectoure, le petit village d'Aubiac possède une église du onzième siècle d'une forme très rare, à la fois romane et byzantine, dessinant un trèfle. Ne quittez pas Aubiac sans avoir vu tout à côté le château d'Estillac, patrimoine des Montluc, restauré par Blaise de Montluc qui y fut inhumé; la statue du terrible chef des catholiques repose toute armée sur son tombeau.

Lectoure, sur la rive droite du Gers, gravit un promontoire où ses hauts édifices, ses fortifications ont assez grande mine; il a le cachet saisissant d'une ville purement féodale. Ce fut en effet une cité militaire de premier ordre; oppidum des Lactoractes, chef-lieu financier d'Aquitaine, dès l'an 27, capitale de la vicomté de Lomagne. Ses évêques le gouvernèrent pendant longtemps; mais, en 1325, il devint la résidence ordinaire des comtes d'Armagnac, la redoutable place de guerre en état de les protéger contre les nombreux ennemis déchaînés par leur ambition effrénée, leur mauvaise foi, leurs violences et leurs turpitudes. La force et la ruse avaient rendu ces terribles féodaux maîtres de presque tout le territoire environnant; ils possédaient le Fezenzac, le Pardiac, le Fezenzaguet, le duché d'Albret, la Lomagne, l'Outrelevent, le Condomois. Les exploits du connétable Bernard VII, allié à la maison de France par son mariage avec la fille du duc Louis d'Orléans, portèrent leur puissance à son comble. Jean IV, héritier du chef de la faction des Armagnacs, osa disputer le Comminge à Charles VII, et sa défaite par le dauphin Louis, qui le tint deux ans captif, n'empêcha point son fils Jean V de redoubler d'audace et de crimes. Ce personnage, un des plus effrayants de l'époque lamentable des Louis XI et des Borgia, marque d'un trait sanglant les annales de Lectoure. Il commence par épouser sa sœur et poignarde de ses propres mains l'aumônier qui s'oppose à l'union incestueuse; il massacre, il incendie, partout autour de ses fiefs, chez les voisins, qu'il provoque et dont il envahit les biens. Mais il commet une faute plus grave que toutes les scélératesses, celle de s'allier aux ennemis de Louis XI. Le vindicatif souverain ne pardonne pas. Bientôt son armée est sous les murs de Lectoure que la famine prend au bout de cinq mois de siège. Jean V y revient pourtant. Derechef une autre armée, sous les ordres de Jouffroy, évêque d'Albi, enveloppe sa capitale. Celle-ci était bien forte encore, car elle résista trois mois à la plus vigoureuse attaque, et peut-être n'eût pas été prise si la trahison n'eût ouvert une de ses portes; elle est à l'instant saccagée, et le comte massacré dans son lit à côté de sa femme, Jeanne de Foix, éclaboussée de son sang, tuée ensuite. Infandum!

Il reste des fragments du château où s'accomplit ce

dernier acte de l'horrible drame. Quelques maisons flanquées de tourelles et percées de mâchicoulis, les débris de quelques églises et d'une abbaye de Saint-Gény, la fontaine ogivale de Houndélie, rappellent également le vieux Lectoure; l'ancienne cathédrale est un édifice souvent remanié, peu remarquable. Les bureaux de la sous-préfecture occupent l'ancien palais épiscopal où cependant on a daigné conserver une belle cheminée de la Renaissance, des portraits historiques, et toute une salle garnie d'antiquités intéressantes.

AUCH

Maintenant nous traversons un des rares pays qui ne subirent pas la domination de la maison d'Armagnac, le comté de Gaure. Fleurance, son chef-lieu, est une de ces bastides fondées en nombre pendant les treizième et quatorzième siècles et dotées par leurs rudes seigneurs, pourtant si impérieux, si absolus, d'institutions singulièrement libérales. Elles se gouvernaient elles-mêmes, moyennant une redevance modérée, nommaient deux conseils municipaux, six ou quatre consuls. Un lieutenant seigneurial et le collecteur des impôts partageaient avec ces magistrats populaires l'administration de la justice et des finances. A peu de différences près, c'étaient là de petites républiques comparables à celles de l'Italie; elles avaient la chose, souvent même le nom. Organisées pareillement, elles ont encore la même physionomie, se meuvent dans un plan uniforme, largement conçu, de manière à pouvoir loger les populations que l'on y appelait de toutes parts, leur promettant, si elles venaient, l'émancipation du servage, des franchises bourgeoises: Des rues correctes, coupées à angles

AUCH

droits, rayonnent vers une place centrale bordée d'arcades, où s'élève l'église et se tient le marché. La bastide Fleurance se distingue par la beauté de son église du quatorzième siècle, recommandable aux artistes pour ses rares vitraux du seizième siècle, attribués à Arnauld de Molès. Il paraît qu'elle se distingue aussi par le charme de son séjour, dont nous avons pu seulement constater l'animation, et par sa richesse inscrite en ce couplet d'un troubadour inconnu :

> A Flouranço la uo damo
> Maridado richament;
> Porta las robos de sedo
> Cousudos dab hin d'argent
> Biro bouquet, boutoun de roso,
> Biro bouquet, boutoun d'argent !

Bien plus que Lectoure, Auch, bâtie à 166 mètres d'altitude, et couronnée de sa haute cathédrale, se détache en vigueur et semble une puissante cité. Il est amusant d'y arriver le soir, sous le clair obscur des étoiles, qui laisse encore discerner les formes vagues des objets, mais les amplifie démesurément. Il revêt alors une apparence formidable, et votre voiture court, entre des rangées de lumières et des vides pleins d'ombre par des pentes si raides et si longues, que vous le diriez immense. Mais la voiture s'arrête au sommet de la hauteur, vous jette tout étourdi dans l'inconnu.

Où êtes-vous ?... Puisse le jour de votre arrivée se trouver un dimanche, un jour de liesse où les gens sont dehors, et votre hôte obligeant vous dire : allez au cours Salins voir la foule et entendre la musique. — Vous monterez quelques marches, les dernières d'un escalier monumental dont les trois cent soixante-treize marches conduisent des bords du Gers à la promenade publique. De belles allées d'arbres s'ouvriront devant vous; un peuple, en habits de fête, les parcourt cérémonieusement; les hommes très cravatés, droits, graves, presque muets; les femmes très bien mises, agréables et réprimant avec peine, il semble, l'envie d'échapper au *cant* provincial, de jaser, d'être coquettes. Plus d'une a les beaux yeux noirs, les petits pieds, la fine cambrure et la taille onduleuse de l'Andalouse; on cherche leur éventail; ce sont de vraies filles des Ibères, ces premiers colons du pays, à moins qu'elles ne descendent de ces immigrants d'au delà des Pyrénées qui, fixés par milliers dans le Gers, ont dû s'unir aux familles françaises. Tout ce monde a l'air heureux et bienveillant; vous en saurez bientôt la cause; c'est que la vie leur est facile.

Au jour, Auch redevient une ville toute bourgeoise, inoffensive, propre, avec de rares beautés, des jardins et de superbes points de vue. Il n'eut jamais d'ailleurs la moindre importance militaire, sinon peut-être aux temps reculés où il s'appelait Illiberis, ville des Ibères, ou bien lorsque, oppidum des Ausci, il recevait dans ses murs les lieutenants de Sertorius et les soutenait contre Rome. Au moyen âge, ses archevêques lui garantirent la paix. Il n'a donc pas subi de profonds changements, s'il est moderne, régulier, agréable, il le doit surtout aux embellissements du célèbre intendant d'Etigny qui résida de 1751 à 1767 dans la capitale de sa généralité.

La cathédrale, dédiée à sainte Marie, rend bon témoignage de la puissance, du faste et du goût des grands prélats d'Aquitaine. Elle se dresse magnifiquement, un peu au-dessous du cours Salins, au niveau de la plateforme supérieure du grand escalier, près de la terrasse dominante où s'élève la tour du palais des archevêques. Ce n'est cependant pas une merveille d'architecture brillant par l'unité majestueuse du style; édifiée de 1482 à 1597, terminée seulement en 1662, elle unit une nef gothique, d'un gothique mitigé par l'art moins fantaisiste de la Renaissance, à l'ordonnance classique d'un portail gréco-romain, à colonnes rondes, massives, et que surmontent deux tours sobrement ornées. Mais pénétrez sous le portique du temple chrétien, donnez un regard à ses deux statues de saint Anselme et de saint Roch, surtout aux fines et capricieuses sculptures de ses portes, et vous serez, dès votre accès dans le sanctuaire, environné de la splendeur artistique d'une parfaite décoration. Le maître peintre Arnauld de Molès a garni les hautes fenêtres du chœur et de l'abside de vitraux représentant, avec une belle largeur de composition, une heureuse franchise de dessin, un coloris superbe, les scènes épiques de la *vie des prophètes et des sibylles* ou prophétesses, leurs épreuves, leurs martyres, leurs miracles, interprétés, suivant la lettre audacieuse de la

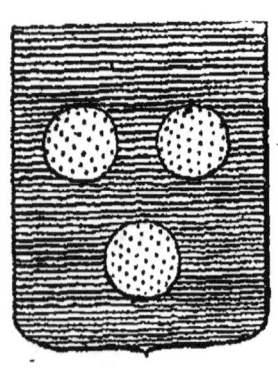

MIRANDE

Bible, par un artiste élevé à l'école de la peinture italienne et plein des réminiscences de l'antiquité. Chacune de ces pages, auxquelles le temps n'a rien ôté à leur éclat, mériterait une description particulière, une étude spéciale. On déplore, en les quittant à regret, de n'emporter au fond des yeux ravis que l'image de plus en plus confuse de leurs sujets, si hardiment posés : rois d'Israël et de Juda à figures altières ou féroces, reines coiffées à la Marie Stuart et dont l'insolente beauté se pare des lourds brocarts, des dentelles et des diadèmes de la cour des Valois, prêtres et prophètes aux longues barbes de patriarche, guerriers et bourreaux brutes et farouches, vaillantes beautés sans voile de chérubins et de femmes, chastes en leur divine nudité.

ÉGLISE DE MIRANDE

Cette admirable galerie de vitraux, exécutés de 1506 à 1513, encadre des boiseries de la même époque parfaitement dignes de leur harmonieuse lumière et ornées de leurs principaux personnages. Ces boiseries enferment le chœur d'une clôture en chêne poli, sculpté, ouvragé minutieusement, déroulant des arabesques, des caprices, des festons, de la plus rare et de la plus exquise distinction. Aux parois intérieures de la clôture s'adossent cent treize stalles, également sculptées dans la perfection, aux dossiers, accoudoirs, et miséricordes. De petites scènes joviales et burlesques, mimées par des hommes et des animaux, peuplent les bras et les dessous de ces fauteuils; les panneaux où ils s'appuient sont décorés des hautes figures des prophètes et des sibylles. De jolies statues en bois, d'un travail achevé, surmontent cette broderie incomparable.

Sainte-Marie est le seul édifice notable de la ville. Çà et là se rencontrent quelques logis du moyen âge; un d'eux offre une inscription documentaire assez curieuse. L'ancienne abbaye ou prieuré de Saint-Orens, une des grandes maisons religieuses de l'Aquitaine et la gloire d'Auch, est occupé par un couvent d'Ursulines et n'a plus de caractère. Un couvent de Cordeliers a laissé en disparaissant une jolie salle de chapitre. Le musée, installé dans l'hôtel de ville et dans le grand séminaire, contient d'intéressants débris de l'époque romaine, des inscriptions qu'il faut consulter pour l'histoire politique de la région, tandis que son histoire naturelle vous est enseignée par la collection géologique, par les fossiles recueillis aux environs, surtout dans les collines de Sansan, par Édouard Lortet.

Un dernier tour, s'il vous plaît, au cours Salins, à seule

fin de contempler le vaste ponorama qu'il développe sur la vallée du Gers et que limitent, au loin, les cimes des Pyrénées. Vous apercevez de célèbres environs : Roquelaure, patrie d'origine du plaisant duc, dont les bouffonneries, les jeux de mots, les mystifications ont fait le type du joyeux gascon; Barran, vieille cité du moyen âge, où les évêques d'Auch habitaient un château de Mazères; Mirande, Gimont, presque indistincts, où nous irons peut-être... Saluez, en passant, la statue bien méritée de l'intendant d'Étigny, celle de l'amiral Villaret-Joyeuse et le buste récemment accordé par les Cigaliers et les Félibres au poète Salluste du Bartas, et... en route !

Mais nous allons vite. Mirande, ancienne capitale de l'Astarac, bastide du treizième siècle, dont les franchises, survivant à son annexion au royaume sous Henri IV, même à l'absolutisme de Louis XIV, duraient encore aux jours de la Révolution, Mirande ne saurait nous retenir. Gimont, à l'est, sur la rive droite de la Gimone, fondée au quatorzième siècle par un abbé de Planselve, sous le nom de Franqueville, garde une belle église, des halles singulières, construites par les soins d'une abbaye riche et très enviable encore à la fin du seizième siècle, malgré les ruines accumulées par les guerres religieuses. Sur ce point, nous renseigne complètement le seigneur d'un lieu voisin, Gui du Faur de Pibrac, lequel s'en explique ainsi dans une lettre du 1ᵉʳ octobre 1581 à la reine Margot : « Vous me donnastes l'abbaie de Gimont, laquelle il fault que je confesse que j'eusse plus désiré avoir que beneffice en France, parce qu'elle est près de ma maison et au lieu de mes parents et amys; mais quand ce vint à obtenir des expéditions nécessaires, le Roy, quelques remontrances et prières que je luy en seusse faire, ne le voullut oncques consentir ny permettre... l'abbaie devant demeurer au fils du maréchal de Bellegarde. »

La seigneurie de Pibrac sera le terme de notre voyage.

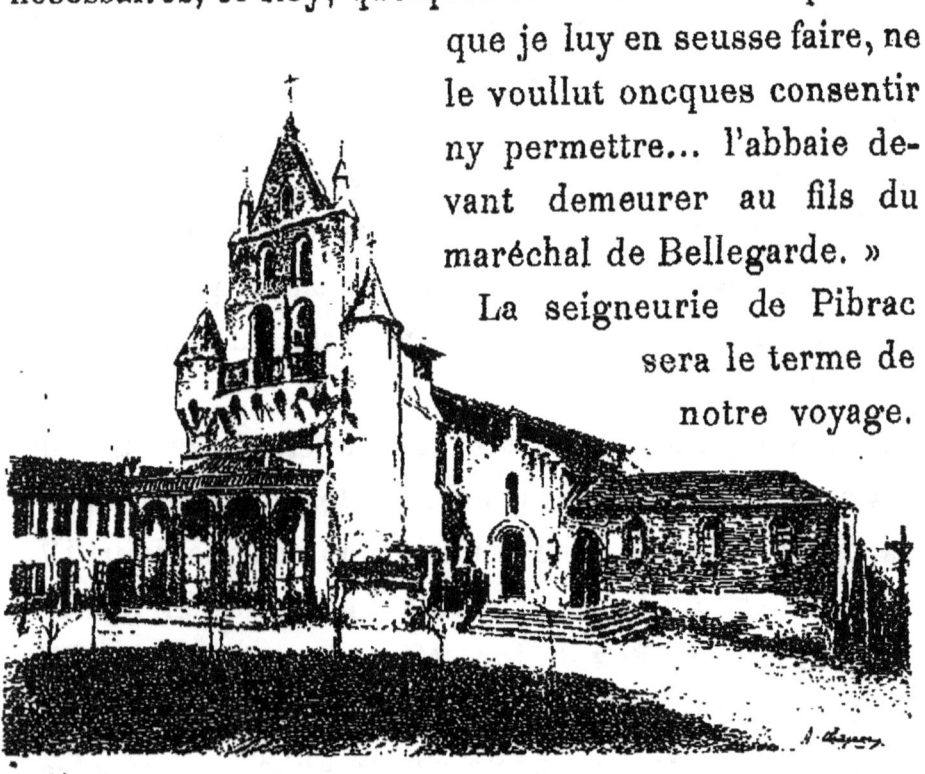

ÉGLISE SAINTE-GERMAINE A PIBRAC

Encore vous souhaitons-nous ce qu'il faut de loisir et de patience pour aller visiter, assez avant dans le midi, sur les bords de la Save, les édifices religieux de Lombez, abbaye dès le huitième siècle, évêché au quatorzième, et de Simorres, monastère aussi ancien et d'une égale opulence; l'une et l'autre ont des églises gothiques, des stalles sculptées, des vitraux...

Nous voici à Pibrac n'ayant fait que traverser la patrie de saint Bertrand de Comminges, L'Île-Jourdain, où Louis XI vainquit Jean IV d'Armagnac. Le village, que remplissent chaque année les pèlerins dévots à la bergère sainte Germaine, est bien tranquille; nous sommes à peu près seul à visiter la maison où elle naquit, l'antique église où elle a ses autels, ses images.

MAISON DE SAINTE-GERMAINE A PIBRAC

Et le chemin de fer nous emporte loin d'une région déjà parcourue, loin de

> ..... la Garonne,
> Si brusque et si fanfaronne ;

comme écrivaient nos amusants devanciers, Chapelle et Bachaumont, — aux montagnes où prend source la Dordogne, dont le cours nous ramènera vers les rives de la Gironde.

LA GARONNE

LA DORDOGNE

CHAPITRE X

HAUTE-AUVERGNE ET LIMOUSIN

Du plateau élevé que domine souverainement le Puy-de-Sancy, le train descend vers les gorges de la Dordogne. A gauche, la naissante rivière, invisible aux voyageurs, se fraye un lit dans les prairies et les bois, serrée de près par les montagnes; souvent, elle glisse entre deux murailles rocheuses. Bientôt ce défilé ne la quitte plus, l'emprisonne dans son ombre, la contraint de rouler sur des blocs basaltiques, à 220, 250 mètres de profondeur, et de couler, droit vers l'ouest, puis brusquement vers le sud. Alors nous la suivons, nous courons auprès d'elle. Beau voyage et impressionnant, sous la demi-teinte d'un jour pluvieux, gris, convenable aux tons amortis des roches tachetées de rouge, à leurs formes rudes, aux feuillages sombres des plantes accrochées à leurs versants et des arbres couvrant leurs sommets. Du ciel ténébreux l'eau tombe incessante, fine, en douches glacées. Des nuées s'étendent d'une colline à l'autre, se balancent comme des écharpes. Plus grosse, plus impétueuse, la rivière devient un torrent aux sonorités puissantes; des cascades contre les rocs, des chutes sur les pierres, retentissent. Parfois, l'horizon s'élargit un peu, découvre des amas de chaumières d'une apparence misérable dans ce paysage mouillé, parmi les cultures penchées, les jardinets défleuris. Et peureux d'aborder ces pays tristes, de marcher dans leur boue grasse et gluante, nous voudrions que le train ne pût s'arrêter avant la résurrection du soleil, dont les rayons, en quittant la terre, en emportent toute la joie. Mais le conducteur à mi-chemin crie un nom, qui nous frappe : Bort, aux orgues fameuses. Nous descendons et n'avons point sujet de nous en repentir; ce chef-lieu d'un canton de la Corrèze offre en un parfait résumé l'aspect de toute une région.

Bort, vraiment pittoresque, s'entoure de collines boisées dont les plus hautes, formant un bastion compact, sont traversées des rayures verticales, que l'on nomme ses orgues. La rivière, au milieu du bourg, jase sur un lit de laves et de cailloux et produit plusieurs chutes tonnantes. Ses habitations, bâties du moyen âge au seizième siècle, et si décrépites, si lézardées, si maculées, qu'une bonne police ordonnerait de les démolir dans l'intérêt de la salubrité publique, bordent des rues noires, semées d'immondices. Ces rues ne sont pas éclairées la nuit; on n'y connaît point le gaz, ni même l'antique réverbère. Comment parvenons-nous à distinguer dans l'ombre un piédestal portant le buste de Marmontel? Pur hasard ou plutôt chance heureuse, car l'auteur des *Contes moraux* nous réconcilie avec son pays natal que nous allions maudire.

Marmontel naquit à Bort en 1723; c'est le grand homme de cette bourgade, où on l'honore avec raison, car nul ne parla mieux, en termes plus simples et plus touchants, de son humble patrie et de sa modeste origine. Écoutez donc :

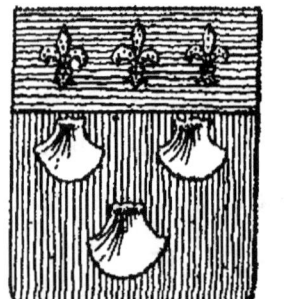

AURILLAC

« Bort est effrayant au premier aspect pour le voyageur qui de loin, du haut de la montagne, le voit au fond d'un précipice, menacé d'être submergé par les torrents que forment les orages, ou écrasé par une chaîne de rochers volcaniques, les uns plantés comme des tours sur la hauteur qui domine la ville, et les autres déjà pendants et à demi déracinés; mais Bort devient un séjour riant lorsque l'œil rassuré se promène dans le vallon. Au-dessus de la ville, une île verdoyante que la rivière embrasse, et qu'animent le mouvement et le bruit d'un moulin, est un bocage peuplé d'oiseaux; sur les deux bords de la rivière, des vergers, des prairies et des champs cultivés par un peuple laborieux forment des tableaux variés. Au-dessous de la ville le vallon se déploie, d'un côté, en un vaste pré que des sources d'eau vive arrosent; de l'autre, en des champs couronnés par une enceinte de collines, dont la douce pente contraste avec les roches opposées. Plus loin, cette enceinte est rompue par un torrent qui, des montagnes, roule et bondit à travers des forêts, des rochers et des précipices, et vient tomber dans la Dordogne, par une des plus belles cataractes de l'Europe... C'est près de là qu'est située cette petite métairie de saint Thomas, où je lisais Virgile à l'ombre des arbres fleuris qui entouraient nos ruches d'abeilles; c'est de l'autre côté de la ville, au-dessus du moulin et sur la pente de la côte, qu'est cet enclos, où les beaux jours de fête, mon père me menait cueillir des raisins de la vigne que lui-même il avait plantée, ou des cerises, des prunes et des pommes des arbres qu'il avait greffés... »

Ce joli tableau est fidèle en tous ses traits; la chute ou Cascade de la Rhue, que l'on appelle le *Saut de la Saule*, paraît superbe, même à ceux dont l'admiration se réserve pour les seuls paysages alpestres. Nous n'oserions pas soutenir que la métairie de l'auteur des *Incas* en soit encore voisine, n'ayant vu dans le charmant paysage qu'un hameau industriel, composé d'une vaste usine pour le moulinage de la soie, de ses dépendances, et d'une chapelle. Mais quelle usine! située en pleine et franche campagne, abreuvée d'air pur et fortifiant, embaumée par les parfums des arbres, comme on voudrait qu'il y en eût beaucoup de semblables ! Le travail en irait-il moins bien ? Les ouvriers ne s'en trouveraient-ils pas mieux? L'usine du Saut de la Saule occupe six cents jeunes filles, dont la bonne mine, l'activité, l'enjouement, prouvent assez l'excellence du milieu. On ne les croirait pas si nombreuses, car elles font à peine le bruit d'une ruche, si bien que rien n'empêcherait un émule de Marmontel, un jeune paysan de Bort, piqué de la tarentule littéraire, de scander des vers au murmure de leurs métiers, qui se mêle au sourd retentissement des cataractes.

Du vivant de Marmontel, Bort était une ville idéale, se suffisant à elle-même :

« Un peu de bien, quelque industrie, ou un petit commerce formaient l'état de presque tous les habitants; la médiocrité y tenait lieu de richesse; chacun y était libre et utilement occupé. Aussi la fierté, la franchise, la noblesse du naturel n'y étaient altérées par aucune sorte d'humiliation, et nulle part le sot orgueil n'était plus mal reçu ni plus tôt corrigé. » Il nous semble bien qu'il en est encore ainsi, seulement l'industrie a pris la première place ; une fabrique de chapeaux de feutre emploie deux cents ouvriers, le reste à l'avenant. Le Progrès arrive à la suite, et s'impose. Bort deviendra plus facile aux piétons ; il appréciera l'utilité de l'éclairage électrique. — Pourquoi, disaient à mes côtés quelques-uns de ses bourgeois, ne pas utiliser les forces naturelles que nous possédons en toute propriété, sans profit pour personne? Nos chutes d'eau ne sont-elles pas des moteurs, d'une puissance admirable et gratuite? Avec un peu d'ingéniosité et l'achat de quelques machines Gramme, nous obtiendrons, à peu de frais, assez de lumière pour lire notre journal en plein minuit.....

Bort changera, mais ses mœurs changeront-elles? Il le faudrait regretter, si elles répondent encore à la délicieuse peinture de Marmontel; oyez cette idylle patriarcale :

« Notre petit jardin produisait presque assez de légumes pour les besoins de la maison; l'enclos nous donnait des fruits, et nos coings, nos pommes, nos poires confits au miel de nos abeilles étaient durant l'hiver, pour les enfants et pour les bonnes vieilles, les déjeuners les plus exquis. Le troupeau de la bergerie de Saint-Thomas habillait de sa laine tantôt les femmes et tantôt les enfants; nos tantes la filaient; elles filaient aussi le chanvre du champ qui nous donnait du linge; et les soirées, où à la lueur d'une lampe qu'alimentait l'huile de nos noyers, la jeunesse du voisinage venait teiller avec nous le beau chanvre, formaient un tableau ravissant. La récolte des grains de la petite métairie assurait notre subsistance; la cire et le miel de nos abeilles, que l'une de nos tantes cultivait avec soin, étaient un revenu qui coûtait peu de frais; l'huile, exprimée de nos noix encore fraîches, avait une saveur, une odeur que nous préférions au goût et au parfum de celle de l'olivier. Nos galettes de sarrazin, humectées, toutes brûlantes, de ce bon beurre du Mont-Dore, étaient pour nous le plus friand régal. Je ne sais pas quel mets nous eût paru meilleur que nos raves et nos châtaignes, et, en hiver, lorsque ces belles raves grillaient le soir à l'entour du foyer, ou que nous entendions bouillonner l'eau du vase où cuisaient les châtaignes si savoureuses et si douces, le cœur nous palpitait de joie.

Je me souviens aussi du parfum qu'exhalait un beau coing rôti sous la cendre; et du plaisir qu'avait notre grand'mère à le partager en-

AURILLAC — DONJON CARRÉ DU XIᵉ SIÈCLE

tre nous. La plus sobre des femmes nous rendait tous gourmands..... »

Cependant, Marmontel, à peine échappé du collège, s'empressa de quitter le charmant pays natal, et ses paisibles habitudes, ses châtaignes, son miel, ses raves. Une tragédie en poche, il courut à Paris tenter la fortune, et la rencontra; elle sourit vite aux jeunes hommes de sa trempe; doux, patients, tolérants, ils se glissent humblement dans les sociétés à la mode, réussissent près des femmes, n'offusquent pas leurs rivaux de leur talent modeste et le font petit à petit reconnaître de tout le monde. Ce fut l'heureux destin du bien défunt Marmontel, immortel en son vivant. Mais son pays natal ne l'a pas oublié; son buste y encourage la jeunesse à l'ambition, et, se souvenant qu'il fut l'ami, le

LES BORDS DE LA JORDANE A AURILLAC

collaborateur des Encyclopédistes, de Voltaire, de Diderot, d'Helvétius et des Holbachiens, on croit logiquement lui être agréable en décorant les rues et les places de la ville des mots : Liberté, Égalité, Fraternité, Convention, Danton, Gambetta.....

Au sud de Bort, le chemin de fer quitte la Dordogne, longe, franchit la Sumène et, toujours à travers des sites sauvages atteint Mauriac, s'y arrête au sein d'une vallée fertile. Nous sommes dans le Cantal, entre deux rayons de l'étoile dessinée par ses puys. Nous pouvons même distinguer parmi ses montagnes inférieures la stature énorme du Plomb, centre de l'étoile : volcan éteint, déchu, ruiné, effondré, sur lequel, au lieu de flammes éclatantes, plane le linceuil des nuées chargées de pluie. Autour du morne cratère, les puys formés de ses débris se rangent en cercle, entourent ses flancs d'une ceinture dentelée, se prolongent jusqu'au niveau du plateau secondaire en longues traînées de basaltes et de trachytes, antiques vomissements du volcan : les unes aplanies, transformées en pâturages, les autres dressées en murailles sourcilleuses, souvent pareilles à des rangées de colonnes ou de tuyaux d'orgues. Entre ces traînées, ces coulées, les limpides et fraîches rivières, la Rhue, la Sumène, la Mars, l'Auze, l'Aspre, la Doire, la Bertrande, la Maronne, l'Anthre, la Jordane, la Cère, la Sénig, la Goul, la Truyère, nées au pied du monstre central, s'insinuent, s'ouvrent un passage dans le roc, arrosent des prairies où paissent les grands troupeaux de chèvres, de brebis et de vaches dont le lait, travaillé sur les hauteurs dans les bien humbles châlets des burons, sert à faire les fromages blancs du Cantal. Ces vallons sont la grâce et le charme inexprimables de cette contrée parsemée de sites grandioses ; ils font un contraste délicieux à leurs masses puissantes et sombres, à leurs aspérités brusques, à la violence des lignes, des contours et des reliefs tracés suivant les lois compliquées de la pesanteur par les éruptions séculaires (1). Et comme la vie est douce, aisée et reposante sous l'ombre des montagnes, en ces vertes oasis! Qui ne connaît pas la haute Auvergne pour y avoir planté sa tente au moins pendant quelques semaines, ne peut savoir combien elle est salutaire à l'étranger, combien ses habitants que, pour les avoir rencontrés dans les grandes villes exerçant avec courage toutes sortes de petits métiers, on croirait volontiers âpres au gain, sordides, sont chez eux probes, soigneux, affables et même désintéressés.

Le robuste et farouche Cantal — farouche en apparence — n'est pas non plus la solitude que l'on supposerait. Il a, lui aussi, de belles ruines, des châteaux anciens, des souvenirs émouvants; l'Histoire ne l'a pas dédaigné. Mauriac, un de ses aimables séjours, fut, dit-on, mais sans preuves suffisantes, la résidence, en un palais inconnu, de Flavius Gratianus, empereur d'Occident. Il subit, comme toute la nation des Arvernes alors si riche, l'invasion de l'avide Mérovingien Thierry, plus cruel que les Vandales. Chastel-Morlhac, castrum Maroliacum, où les Francs durent s'arrêter devant

(1) « Pendant l'âge miocène eut lieu la première éruption, la dernière date du commencement de l'époque quaternaire. Alors la masse de basalte fluide qui s'épancha de la cheminée centrale sortit en telle abondance qu'elle recouvrit comme un manteau toutes les pentes des cônes, s'amassa dans les creux jusqu'à 120 mètres d'épaisseur et s'étendit à 15, 20 kilomètres de la base du volcan sur les amas tertiaires, sur les terrains houillers et les roches cristallines : les anciennes forêts qui croissaient sur la montagne furent converties en une mince couche de charbon que l'on étudie de nos jours avec soin pour y retrouver la flore de ces temps antiques. » (Élisée Reclus. Géographie.)

la résistance d'un camp romain, n'en est pas éloigné. Un fait non douteux, car le témoin existe, c'est que la pieuse Théodéchilde, petite-fille de Clovis, y vint demeurer : elle fonda la chapelle de Notre-Dame des Miracles, entretenue ensuite par un monastère de Bénédictins, détruite, rétablie au treizième siècle. Le sanctuaire actuel date de cette époque, en a gardé le style, le décor, et les foules, ainsi que jadis, y vont en pèlerinage aux reliques de sainte Marguerite.

De Mauriac, la route inégale, montant, descendant des côtes abruptes, conduit tout de même en ligne droite à Aurillac. Salers en est l'étape, petite ville saisissante groupée sur un mamelon basaltique, enfermée dans plusieurs enceintes féodales, et remplie de maisons des quinzième et seizième siècles, extrêmement curieuses avec leurs tourelles d'angle, leurs pignons aigus, les sculptures de leurs façades et les écussons de leurs portes. Il y faudrait rester quelque temps pour visiter d'adorables environs, le Falgoux et sa cascade de Sallon, au pied d'une montagne de 1,800 mètres; les ruines de Fontange, plantées sur un roc; les cascades, les grottes, les sources de la vallée de l'Aspre, le dolmen, le menhir, l'église, les châteaux d'Anglards, du Salers et de Saint-Chamant. Mais le conducteur nous appelle, la voiture reprend sa course, franchit encore plusieurs rivières, passe devant les grottes et les merveilleux abîmes de Saint-Cirgues de Jordane, et roulant enfin dans un espace moins accidenté, elle entre, par un faubourg, dans le maigre chef-lieu du département.

La ville, à l'extrémité du faubourg, s'inscrit, banale et pauvre, dans les courbes successives de sa place centrale, des quais de la Jordane et de ses boulevards. De longues rues étroites, traversant le pâté de ses maisons, sont bordées surtout de noires échoppes, où l'on vend de la ferraille et du bric-à-brac; le seul hôtel, dont on a fait la caisse d'épargne, couvert de charmantes sculptures du seizième siècle, ressort parmi ces vulgarités. Pas une église n'est remarquable, pas même l'ancienne abbatiale de Saint-Géraud; celle-ci, pourtant, se rattache aux grandes annales de la cité, dont l'origine est toute religieuse. Saint Géraud, son patron, né vers le milieu du neuvième siècle dans le château qui la dominait, y fonda, en 890, l'abbaye d'où sortit le savant moine Gerbert, pape sous le nom de Sylvestre II. Ce monastère fut illustre, exerça, sur Aurillac et toute la contrée environnante, une autorité presque absolue. Au treizième siècle seulement, les consuls de la ville obtinrent, par la force, une charte municipale de leurs seigneurs ecclésiastiques.

Riche était le monastère; il possédait un prieuré et une église à Compostelle, « où tous ceux qui accomplissaient des voyages d'adoration prenaient soin, comme les hadjs de La Mecque, d'emporter leurs pacotilles d'échanges ». Ainsi se formèrent les relations des habitants du Cantal avec l'Espagne. Ces relations durent encore, se continuent par les économes émigrants, que le besoin de vivre conduit au delà des Pyrénées : chaudronniers, charbonniers, porteurs d'eau, hommes de peine, que la fin des travaux de la campagne éloigne chaque année de leur pays.

Il reste de l'abbaye quelques bâtiments dénués de style, et d'admirables livres de lutrin exécutés par un bénédictin artiste, le frère Combes; c'est tout... A l'exception de ses quais de la Jordane aux vieux logis de bois colorés et drapés de haillons, à l'exception de la belle statue de Sylvestre II par David d'Angers, et de l'antique château Saint-Étienne, dont les bâtiments du quinzième siècle et le donjon carré du onzième sont juchés au-dessus de la ville, sur le roc Castanet, Aurillac n'a plus rien à nous montrer. Des guerres affreuses, impitoyables, surtout le siège de 1569, où les protestants égorgèrent les malades dans les hôpitaux, lui ravirent tout ce qui nous intéresserait. Hâtons-nous d'échapper à l'ennui qu'il distille ; il nous a fait sentir assez le regret de n'être plus chez les bonnes gens des montagnes.

Que le chemin de fer nous ramène dans le grandiose et le plaisant; instantanément s'efface l'image morose de la ville plate et laide. Comment pourrions-nous y songer, ayant à notre droite, tout contre nous, les roches escarpées et boisées de la vallée de la Cère; à notre gauche, cette jolie vallée elle-même; la rivière sinuant dans les prairies, les bois, les roches, les paysages exquis, et les aspects les plus imposants de cette belle contrée. Aux versants plus ou moins éloignés des collines s'appuient des villages, des bourgs, séduisants par leur blancheur, la coquetterie, la fraîcheur de leur site ; des châteaux gothiques, ajoutant à leur physionomie quelques traits altiers. Le château Pestels, près de Polminhac, dresse, sur des rocs découpés par la Cère, de hautes tours à mâchicoulis ; le château Crospières, où naquit la belle duchesse de Fontanges, étale à côté d'un donjon une noble façade du dix-septième siècle. On voudrait descendre en ces lieux enviables, y mener longtemps une vie de promenades, de lectures et de rêves. Il en est où l'on ne serait pas seul à passer ces douces vacances. Vic-sur-Cère, un des plus jolis, a déjà son groupe de fidèles, les malades qu'il réconforte ou guérit avec ses eaux minérales froides, iodiques, gazeuses, ferrugineuses, comparables à celles de Spa et d'Ems. Thiézac a aussi ses mérites... A ce point, les murailles de la vallée se rapprochent, se haussent, enferment la transparente rivière dans l'étau des gorges du pas de Compaing, puis du pas de la Cère où, s'élevant toujours, elles la précipitent dans un gouffre de 140 mètres de profondeur. C'est l'instant sublime du voyage : le train passe au pied du Plomb du Cantal, il perce les énormes basaltes du Lioran ; un tunnel de près de 2 kilomètres de longueur, et de plus de 1,100 mètres de hauteur, le reçoit, l'enfouit.

On voit, à la lueur des lampes, ruisseler les parois du

souterrain; on entend le bruit de ses cascades sautillant de roches en roches sur des lits de torrent... Puis des viaducs, des tunnels encore se succèdent, et voici

UNE RUE A MURAT

Murat, assis en amphithéâtre à côté du rocher massif, que surmonte la statue colossale de sa protectrice, la vierge de Bonnevie. C'est là une aimable petite ville d'Auvergne. Quand vous aurez vu les restes de ses fortifications, ses maisons gothiques, tassées en des ruelles

VIADUC DE GARABIT

obscures, vous aurez plaisir à vous reposer sous les berceaux de son excellente hôtellerie. En ses environs, le château de Cheylannes, en ruines, se cache parmi des fondrières, des halliers, des torrents, où nous l'avons cherché, tout en cueillant pour notre herbier une moisson de fleurs sauvages et d'églantines; le château gothique d'Auteroche, malgré ses tourelles et ses mâchicoulis, n'est plus qu'une ferme au milieu des bois, mais il vous remet en mémoire le vaillant homme, comte Charles d'Auteroche, officier de la maison du roi qui, à Fontenoy, lança aux Anglais le fameux défi : « Messieurs les Anglais, tirez les premiers ! »

Murat se relie à Neussargues, où les chemins de fer de la ligne du Midi rejoignent, dans une gare commune, ceux de la ligne d'Orléans; c'est de là qu'il faut partir pour achever le tour rapide de la Haute-Auvergne. A faible distance, sur la route de Saint-Flour, le train franchit la vallée large et profonde de la Truyère, sur le célèbre viaduc de Garabit, un des plus étonnants ouvrages de ce siècle et du monde : léger tablier de fer soutenu dans l'espace par des arches dont les piles ont 100 mètres de hauteur, et dont la force de résistance, le solide équilibre, calculés avec une inflexible précision, n'ôtent rien à l'élégance de l'ensemble.

Nous sommes sur le vaste plateau volcanique de la Planèse; un rocher s'en détache, cône tronqué de basalte entouré d'anciens remparts par-dessus lesquels apparaissent les clochers de plusieurs édifices religieux. Ce lieu escarpé, si facile à défendre, est Saint-Flour, abbaye célèbre du moyen âge, sous le patronage de l'apôtre saint Florus, cité épiscopale au quatorzième siècle, place militaire de la haute Auvergne, dont elle ouvrait les portes. Envisagée de la plaine, on dirait d'une cité en pierres de lave, toute noire; elle justifie encore en partie cette vision, pourtant s'éclaircit, se nettoie. De larges rues traversent l'écheveau de ses ruelles nauséabondes; de modernes maisons reluisent parmi ses vieilles demeures comme un sou neuf dans un tas de monnaie rouillée; elle cherche à plaire, car elle a son importance administrative, étant le chef-lieu ecclésiastique et judiciaire du Cantal. La cathédrale, élevée du quatorzième au quinzième siècle, l'église Saint-Vincent, de la même époque, le collège fondé et bâti au seizième siècle, la halle au blé, installée sous les voûtes d'une église ogivale, jettent dans une ville positive, légèrement épaisse et grossière, quelques notes d'art.

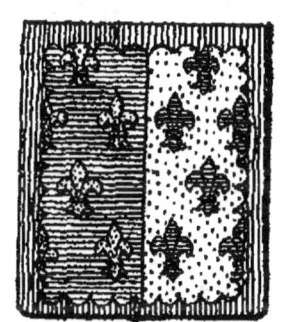

SAINT-FLOUR

Les environs de Saint-Flour ne laissent pas d'être intéressants; il y a de jolis paysages dans les gorges de la Truyère, des cascades, des ruines, des monuments druidiques un peu partout, à Roffiac, aux Ternes, à Ruines, à Andelot. A descendre ces gorges on arrive à Chaudesaigues dont les eaux chaudes, versées par douze sources abondantes, offrent aux rhumatisants, catarrheux ou laryngiteux, un remède qu'ils seraient bien aises de prendre, si les thermes étaient mieux aménagés. Le bourg ne songe pas à tirer parti de ces richesses naturelles ; il en profite seulement pour se chauffer. La plupart de ses habitations empruntent à la source du Har l'eau nécessaire à leur cuisine, elle leur vient d'une fontaine publique par un petit canal en maçonnerie, installé dans chacune au rez-de-chaussée, et communiquant avec un bassin intérieur fermé par une dalle mobile. L'eau dont la température, en sortant de la source, atteint de 57° à 81°, perd en chemin de son calorique, elle suffit néanmoins à répandre la chaleur dans la maison qu'elle arrose avant de circuler plus loin. D'ailleurs, on en peut modérer ou élever le degré à volonté.

Les vapeurs exhalées par les thermes, les ruisseaux de Chaudesaigues, enveloppant le bourg et sa campagne d'un nuage épais et bas, nous dérobent l'horizon des monts d'Aubrac, du Rouergue. Nous n'avons pas à soulever ce voile, il nous faut regagner les rives de la Dordogne pour voir du nouveau...

CHAPITRE XI

DE LIMOUSIN EN PÉRIGORD

Par un long détour inévitable à travers le Quercy, le chemin de fer nous ramène dans le haut Limousin, en Corrèze. Et voici les longs plateaux verdoyants et les petites montagnes à châtaigniers d'une région accidentée, fraîche, fertile, dont les beautés agrestes n'étonnent point les yeux, mais les séduisent par des effets répétés de grâce et d'harmonie, les pénètrent et les attachent. Région nullement grandiose, toute d'intimité et de demi-teinte, robuste néanmoins, propre à former d'heureux tempéraments d'hommes avisés, laborieux, modestes, ambitieux et spirituels avec mesure, en un mot, agréables, comme le typique littérateur Marmontel dont le talent honnête et le bienveillant caractère exprimaient à merveille la quintessence du génie moyen de sa province.

Les sites vantés de la région corrézienne se rencontrent surtout dans les vallées étroites et profondes. Rappelez-vous Bort, ce charmant tableau où de sombres granits entourent de leurs puissants reliefs la terre plantureuse arrosée par la Dordogne; rappelez-vous ses bois de châtaigniers sur les coteaux, ses cultures de lin, de chanvre, de seigle, de sarrazin et d'avoine; ses prairies, parsemées de noyers, ses pâtures pour les gras moutons de la montagne et, dans l'ordre pittoresque, ces chutes, ces cascades bruissantes...

Nous retrouvons ces paysages abaissés, diminués, sur les bords de la même rivière dont les flots abondants et purs coulent, plus larges, entre des versants moins abruptes, mais encore escarpés, et sujets à de brusques ressauts. Et là, comme ailleurs, les souvenirs palpitants de l'histoire se mêlent au spectacle d'une opulente nature, là seulement de petites villes anciennes, des œuvres d'art intéressent et retiennent le voyageur. Voyez. A faible distance de Saint-Denis-Martel, où le train nous a descendu, est Beaulieu, simple chef-lieu de canton selon le style moderne, et selon le style des vieux géographes, illustre abbaye de bénédictins. En deux heures la diligence nous y conduira. Nous apercevrons, en passant, sur un monticule signalant l'issue du val obscur affectionné des moines, les ruines du château d'Estresses près desquelles la tradition place le champ de bataille où les Normands furent défaits par le valeureux Raoul de Bourgogne. Plus loin les coteaux se couvrent de vignes, et Beaulieu, légèrement en amphithéâtre, ayant au-dessus de lui les ceps rougeoyants, à ses pieds la Dordogne, devant lui une forêt de chênes, de bouleaux et d'érables, assemble des chaumières, de curieux logis bâtis du treizième au seizième siècle, des restes de

remparts autour de la vaste église de l'abbaye disparue.
Cet édifice avait des parties admirables ; son portail
ouvert au midi offrait un ensemble de sculptures gothiques pleines de caractère et de talent ; on contemple
aujourd'hui ce que les vandales de la Réforme ou de la
Révolution ont bien voulu en laisser : des reliefs et des

TURENNE

statues plus ou moins brisés ou mutilés figurant des
scènes de la Bible, de l'Évangile, des symboles ; ici
l'Avarice et la Luxure, là Daniel dans la fosse aux lions ;
ailleurs le Jugement dernier présidé par le Christ et
ses douze apôtres. La sacristie contient les débris d'un
trésor qui devait être considérable, une statue de la
vierge en lames d'argent, rehaussée de filigranes et

d'entailles, ouvrage du douzième siècle, des reliquaires, une crosse...

Si l'église de Beaulieu nous est un beau témoignage de la grandeur de la première abbaye du Limousin, aux époques de foi et de naïveté, les ruines du château de Turenne nous représentent de manière en-

LE QUAI A BRIVE

core plus frappante la puissance de sa haute noblesse, pendant et bien après la période féodale. Il se dresse imposant et farouche, dès la sortie de la station. Ses deux hautes tours, l'une appelée tour du Trésor, l'autre tour de César, rattachées à d'énormes lambeaux d'enceinte, couronnent un roc où l'on arrive par une longue route traversant des pentes cultivées et la petite ville, celle-ci peureusement groupée sous les

BORDS DE LA CORRÈZE A BRIVE

murailles menaçantes ou protectrices, et figée dans une forme gothique. Quels hommes de fer, d'autorité et de violence étaient les seigneurs de ce bourg extraordinaire! Comtes établis par Charlemagne et bientôt, sous les débiles héritiers du grand empereur, libérés de toute dépendance, ils affirmaient n'en tenir leur droit que de Dieu et de monseigneur saint Martial. Souverains du mont et de la plaine, ils soumettaient à leur justice d'immenses campagnes du Limousin, du Périgord, du Quercy, ils battaient monnaie, anoblissaient leurs vassaux, levaient à l'occasion un ban de quatre à cinq mille hommes. Le jour où il plut à l'un d'eux, le vicomte Henri de la Tour, depuis duc de Bouillon, de se déclarer protestant, la contrée tout entière dut presque changer de religion. La Morie, maistre de camp de cette petite majesté, attaqua, et prit Tulle en son nom. Richelieu même dut lutter plus d'une fois contre eux, parvint à peine à les contenir. Toutes les forces de la vicomté aidèrent la Fronde à combattre Mazarin; la princesse de Condé y trouva un refuge assuré. L'argent seul eut raison de l'état féodal dont l'indépendance au cœur du royaume bravait l'autorité absolue du monarque; Louis XV l'acheta pour quatre millions deux cent mille francs au vicomte-duc, Charles Godefroy. On a conservé la date de ce marché qui fit rentrer la ville dans les rangs de la nation : c'est le 8 mai 1738.

Noailles, au-dessus et à quelques lieues de Turenne, constituait une seigneurie vassale dont les titulaires grandirent en dignité au dix-septième siècle par la protection de madame de Maintenon. Mais rien ne nous arrête jusqu'à Brive-la-Gaillarde.

Brive, plaisante à voir du chemin de fer, dans un cadre de beaux arbres et de maisons neuves, est la grande ville de la Corrèze, le centre de son commerce, de son industrie, de ses relations ; son importance servie par une gare de premier ordre croît d'année en année ; elle aspire à être le chef-lieu du département et ses antiquités, ses annales justifient ses prétentions. Brive fut une cité gallo-romaine ; Gondowald, au début de sa tentative en 584, y fut proclamé roi d'Aquitaine. Où sont les boulevards modernes, s'élevaient les remparts, élevés par les ordres de Philippe le Bel, de la place forte que ses magistrats livrèrent aux Anglais du duc de Lancastre, ce pourquoi ils furent décapités devant la porte Barbacane, témoin de leur trahison. Cette enceinte n'empêcha pas non plus Brive d'être pris et repris tour à tour par les protestants et les catholiques, c'est la cruelle et ruineuse période de son histoire. Au delà des grandes allées d'ormes, au delà de la Corrèze, sur la rive gauche, la ville se concentre en des rues tortueuses, laides et sales, heureusement assainies par les brises et les parfums de la jolie campagne environnante. La plupart des maisons datent de longtemps ;

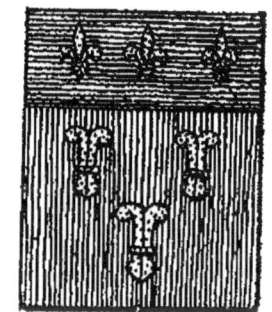

TULLE

plusieurs ont à leurs angles des tourelles des quinzième et seizième siècles, quelques-unes plus âgées étalent les façades gothiques du douzième et du treizième siècle; les hauts édifices, l'église Saint-Martin, l'église Saint-Libéral sont un peu sculptés. Sur la place d'Armes, une statue en bronze honore le maréchal Brune, gloire française mais aussi gloire locale, talent de second ordre et de demi-teinte, l'égal par la fortune et la réputation de son compatriote Marmontel.

Brive ouvre pour nous le chemin de la vallée de la Corrèze suivie par le railway. Nous irons, nous visiterons, chemin faisant, la très belle église d'Aubazine, édifice du douzième siècle dont les fresques, les vitraux en grisaille, les émaux, le tombeau de saint Étienne mériteraient seuls une longue et difficile excursion. Le train, côtoyant la rivière, la franchissant maintes fois, circule entre des roches granitiques souvent très rap-

CATHÉDRALE DE TULLE

prochées, rudes et puissantes ; les bruyères tapissent ces hauteurs, s'étendent même aux longs plateaux hu-

MAISON DE L'ABBÉ, A TULLE

mides et frigides espacés plus loin, révélés à nos regards par de fréquentes éclaircies. Tulle se groupe en amphithéâtre à l'endroit le plus large et le plus creux de ces gorges fortement accusées; la Solane y rejoint la Corrèze et leurs eaux confondues le partagent en deux sections inégales. Au centre de la plus grande, l'église Saint-Martin, cathédrale depuis l'an 1317, élance à 77 mètres de hauteur un élégant clocher bâti au quatorzième siècle et que surmonte une flèche svelte et hardie. Cette église, ornée de reliefs assez fouillés, était celle de l'abbaye qui fut le berceau de la ville et dont subsistent quelques parties : les arcades restaurées d'un cloître du douzième siècle, une salle capitulaire, un clocheton; ailleurs une jolie maison de style Louis XII s'appelle Maison de l'abbé. Tulle n'a point d'autres édifices, si l'on excepte sa manufacture nationale d'armes à feu composée de plusieurs établissements, situés l'un dans sa banlieue au hameau de Souillac pour la fabrication des canons de fusils, les deux autres installés à Laguenne et dans la ville même pour la confection des bois et des autres pièces. Ces trois établissements occupent, suivant l'importance des commandes à exécuter, de deux mille à trois mille ouvriers. La ville leur doit presque tout son mouvement et son commerce.

Il nous faudra maintenant revenir sur nos pas, car notre voyage, long déjà, n'est pas à sa fin et le temps nous presse; mais qui voudra et pourra continuer sa route vers le nord de la Corrèze n'aura sujet de se repentir. Le pays reste charmant jusqu'au bout et les curiosités n'y manquent point. Les cascades de la Montane sur les rochers de Gimel, les ruines du château de Maumont où naquirent les papes Clément VI et Grégoire XI, les ruines superbes de Ventadour, illustré par le poète en langue d'Oc, Bernard, platonique et mélodieux amant de la dame du chastel, les magnifiques gorges de la Diège supérieure, les ruines du château de Rochefort, et, si l'on pousse vers l'ouest, vers les montagnes élevées, la chute de la Vézère, appelée cascade ou Saut de la Virolle : autant de sites ravissants. Ussel, en ces directions, serait l'extrême limite : jolie petite ville, ancienne, car Duguesclin essaya de la prendre aux Anglais et l'eût prise, si une effroyable tempête de neige, fréquente en cette région, ne l'eût obligé à la retraite la plus désastreuse :

> Et ja fut prise Hussel de la françoise gent
> . . . .
> De neige chéi tant et si longuement
> Que lendemain au jour ains prinse vraiement
> Fu de neige cinz et plus, mon essient,
> La covint à meschief départir nostre gent
> De meschief et de froit de faim eusement
> Par voies, par chemins, en moru largement
> Et fu dit des François trestout communiment
> Que Jhesu Crist, le père, le roy du firmament,
> Avoit esté Englois celle nuit proprement.

Ussel couvre de ses habitations une colline découpée en presqu'île par la Diège et la Saronne, situation singulière assez pour que, la similitude du nom aidant, les antiquaires de la province aient cru reconnaître en Ussel l'Uxellodunum de Jules César. Combien de villages, de cités dans les pays des Lemovices et des Cadurces prétendent, sur de semblables apparences, répondre à la description un peu vague des *Commentaires!* Ussel du moins pourrait alléguer l'aigle romaine en granit décorant une de ses places. Mais une autre petite ville de la Corrèze, Uzerche, également assise sur un promontoire contourné par la Vézère, serait en droit de réclamer.

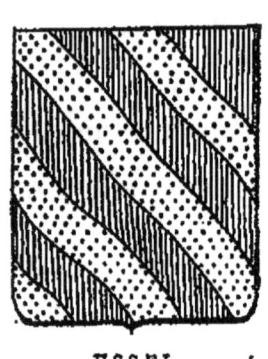

USSEL

Uzerche, où la voiture vous conduira depuis Tulle, assemble au pied d'une fort belle église mi-romane et gothique, des maisons à tourelles et pignons anciens, dont le nombre singulier a créé le proverbe : Qui a maison à Uzerche a château en Limousin. Non loin, sur les bords de la rouge Vézère, est Vigeois qui fut une abbaye. Nous voilà dans les parages de l'intéressant Lubersac, et de Pompadour, où le château de la fameuse marquise, édifice des quinzième, seizième et dix-huitième siècles, flanqué aux angles de tours féodales, avoisine, par la volonté de Choiseul, un des haras les plus complets de la France et des plus utiles à l'élevage. Voilà les ruines de Ségur, lieu d'origine d'une illustre famille...

Une fois à Ségur, nous touchons aux confins du Limousin et du Périgord; quelques pas vers l'ouest nous

UZERCHE

acheminent de la première de ces provinces dans la seconde, de la Corrèze dans la Dordogne. Transition insensible. D'abord on croit n'avoir pas quitté les longs plateaux herbus ni les vallées étroites, mais bientôt les rivières arrosent de plus larges espaces et les pays plats, s'abaissant sans cesse du nord-est au sud-ouest, perdent leur plaisante verdure. Ces plats pays secs, pierreux, rouges ou jaunâtres, sont infertiles ou ne se prêtent qu'à la culture de la vigne ; si les ceps ne se mêlent pas à leurs cailloux, de maigres taillis en dissimulent à peine la stérilité. Le pays est riche cependant. Les belles eaux de la Dordogne, de la Vézère, de l'Isle, de la Dronne, de leurs affluents lui donnent la fécondité et des grâces pittoresques ; les villes se pressent sur leurs rives, aisées, commerçantes, bourgeoises, bien qu'appauvries par les ravages du phylloxéra.

Aux riantes vallées les plateaux opposent le pénible contraste de leur aridité et de leur monotonie ; rares y sont les lieux habités, certain même, vers l'ouest, la vallée de la Double, redouté pour ses brouillards insalubres et fiévreux, est presque une solitude... Nous en sommes loin, en ce moment, où nos yeux aperçoivent les donjons carrés d'Excideuil. Ces donjons, sur une colline élevée au-dessus de la Loue, font partie d'un château construit à diverses époques ; la petite ville groupe au-dessous plusieurs maisons très anciennes, dont la plus remarquable est celle où demeurait le maréchal Bugeaud de la Piconnerie ; l'illustre soldat, moderne Cincinnatus, qui se reposait par l'agriculture de la guerre et de la politique, y avait fait graver sa devise au-dessous de ses armes : *Ense et aratro*.

D'Excideuil, un chemin de fer départemental, récemment inauguré, peut nous conduire à Périgueux, mais serait-ce point dommage, étant tout près de Hautefort,

CHATEAU D'EXCIDEUIL

de n'y pas aller voir les restes du château où naquit le plus brillant des troubadours, Bertram de Born, où ce poète guerrier, Tyrtée du moyen âge, mais Tyrtée sans patriotisme, dont les mâles et farouches sirventes soufflaient le feu de la haine et des combats, fut assiégé par Richard Cœur de Lion et par Henri II, rois d'Angleterre... Les assises du château actuel sont peut-être de son époque, mais elles supportent des bâtiments de style Louis XIII aux grands toits en ardoises et de grosses

CHATEAU DE HAUTEFORT

tours à lanternons. Tout à côté de Hautefort sont les ruines de l'abbaye de Tourtoirac, parmi les murailles rocheuses, les sources fraîches, d'un site de la Haute-Vézère, et dans le cimetière le tombeau d'un contemporain presque fameux, M. de Tonnins, avocat de Périgueux dans la vie civile, et dans la vie politique, Aurélie-Antoine Ier, roi *in partibus* d'Araucanie, souverain méconnu de ses sujets et dédaigné de l'almanach de Gotha.

PÉRIGUEUX

Périgueux, au premier aspect, semble une ville moderne, une ville de maisons blanches et confortables traversée par de larges boulevards. Ces boulevards ombragés mènent aux grands hôtels, aux magasins coquets; sous leurs arbres sont des fontaines et les statues espacées de Montaigne, de Fénelon, de Daumesnil et de Bugeaud. Mais ce n'est là que le seuil de la capitale du Périgord. Dépassez les élégances, descendez un peu jusqu'à la rive droite de l'Isle, la ville ancienne,

TOUR DE VÉSONE A PÉRIGUEUX

celle du moyen âge vous apparaîtra enfermée dans des rues tortueuses. Éloignez-vous encore, prenez une autre direction et vous arriverez aux ruines d'une cité romaine reléguée dans un antique faubourg. Ainsi trois villes, abritant une population de vingt-cinq mille âmes : la dernière Vésunna ou Vésone, la seconde Puy-Saint-Front, la première sans nom précis, création de notre âge. Chacune a ses annales distinctes, dont l'ensemble compose l'histoire de la ville et que représentent des ruines d'un grand caractère ou des édifices pleins d'originalité.

Vésone, oppidum florissant des Pétrocorii, longtemps avant l'ère chrétienne, commerçait déjà avec les Phéniciens de Marseille; soumis à Rome vers l'an 63 avant Jésus-Christ, ses nouveaux maîtres l'embellirent singulièrement. Il eut des temples, des thermes, un cirque plus vaste et peut-être plus beau que ceux que l'on admire encore dans les villes de Provence. Les invasions des barbares, d'innombrables guerres ont détruit ces splendeurs sans pouvoir les effacer. Leurs restes, d'une solidité tellement éprouvée qu'elle semble immuable, couvrent le faubourg actuel, en étayent souvent les basses maisons neuves. Le plus volumineux de ces débris est la tour de Vésone, rotonde aveugle, haute de plus de 27 mètres, debout à l'extrémité de la rue Saint-Pierre-ès-liens. On n'en connaît pas la désignation; était-ce une citadelle, un temple à Vénus, un tombeau colossal, ou une cella élevée aux dieux tutélaires de la cité? Les archéologues n'osent se prononcer, faute de preuves; il nous faut contenter de savoir que cinq voies romaines y venaient aboutir, reliant Vésone à Limoges, Caen, Agen, Bordeaux et Saintes.

Sur la rive droite de l'Isle, quelques pans de murailles en briques cimentées soutenant des voûtes d'une grande fraîcheur, c'est tout ce que le temps a respecté des thermes, construits, d'après une inscription intacte, par Marcilius et restaurés par Marc Pompée. Au delà du faubourg, sur le plateau de la Boissière, on retrouve le tracé et les vestiges d'un camp romain. Entre ces trois points Tour de Vésone, Thermes de Pompée, Camp de la Boissière, limites probables de la cité antique, sont des Arènes et le château Barrière, monuments historiques au premier chef.

Les Arènes, bâties au troisième siècle, étaient dans leur genre un chef-d'œuvre d'élégance et de commodité. Deux étages contenant les loges, décorés chacun d'un ordre corinthien, supportaient l'amphithéâtre de forme ovale, assez vaste et bien aménagé pour permettre à quarante mille spectateurs d'assister aux jeux. Il en subsiste d'énormes lambeaux, des cages d'escaliers, une dizaine de voûtes, une partie des contours écroulés. Le superbe monument, supérieur en ses dimensions au Colisée de Nîmes, avait pourtant résisté à toutes les invasions du quatrième et du cinquième siècle. Le premier seigneur du Périgord, comte Widbod, institué par Charlemagne, l'appropria à son usage et ce fut la demeure de ses héritiers : Wulgrin-Taillefer, la vaillante épée qui pourfendit tant de Normands, Hélie Talleyrand, premier comte issu de la maison de la Marche, Adalbert, dont on connaît l'audacieuse réponse au fondateur de la dynastie capétienne : Qui t'a fait comte ? lui demandait Hugues Capet au siège de Tours. — Qui t'a fait roi ? riposta le seigneur du Périgord. Le jour où ces puissants féodaux cessèrent d'habiter leur palais des Arènes, on commença de les démolir et leurs matériaux servirent à la construction de logis particuliers et d'édi-

PORTE ROMAINE AU CHATEAU BARRIÈRE A PÉRIGUEUX

fices publics. Il n'en resterait rien si l'archéologie ne les eût protégées.

Ayant quitté les Arènes, les comtes du Périgord paraissent avoir habité, du treizième au quinzième siècle, le château Barrière dont les tours et les bâtiments s'adossent presque à l'enceinte de la cité romaine. C'est de là qu'ils dirigèrent la lutte acharnée, longue et parfois meurtrière, de la ville proprement dite contre

MAISON QUEYLAC A PÉRIGUEUX

le bourg du Puy-Saint-Front; de là aussi qu'ils groupèrent toutes les forces de leur peuple pour combattre la domination anglaise imposée à la province par le mariage d'Éléonore de Guyenne à Henri Plantagenet. Nobles et vaillantes guerres patriotiques tout à l'honneur de leur courage, de leur énergie, de leur ténacité. Forcés d'abandonner à l'ennemi les États cédés par leur suzerain, le roi de France, ils y revenaient bientôt réveiller le sentiment national, parvenaient à le chasser. En 1366, Périgueux, trois fois attaqué vigoureusement, trois fois repoussa ses agresseurs. Certes elle méritait bien de la France, la capitale du Périgord; ses enfants, les mobiles de la Dordogne, prouvèrent en 1870 qu'elle n'avait point dégénéré.

Transportons-nous au Puy-Saint-Front. Ce lieu n'existait pas au temps de la fortune de Vésone; une abbaye de bénédictins, établie au sixième siècle auprès du tombeau du premier apôtre des Petrocorii, en jeta les fondations. Il devint assez vite plus important que la ville elle-même, plus peuplé, et les comtes du Périgord, jaloux des abbés de Saint-Front, leur en disputèrent, pendant près d'un siècle, les droits seigneuriaux. L'annexion du bourg à la ville, en 1240, termina cette querelle. Ce changement n'a pas altéré sa physionomie; il raconte le moyen âge comme Vésone l'antiquité, en traits aussi frappants. C'est là qu'il faut chercher les maisons ogivales ou gothiques, les hôtels de la Renaissance, les édifices religieux. L'évêché y occupe les bâtiments transformés de l'abbaye de Saint-Front, et en garde le cloître souterrain. Parmi ses églises très anciennes, Saint-Étienne, naguère cathédrale et Saint-Front, cathédrale actuelle, construites l'une et l'autre au dixième siècle, sont des basiliques romanes d'un type extrêmement rare. Saint-Front, la plus grande et la plus parfaite, d'ailleurs restaurée en toutes ses parties de 1865 à 1875, rappelle l'architecture byzantine de l'église Saint-Marc, de Venise; ce sont les mêmes coupoles, assemblées de manière à former une croix grecque, le même clocher, la même façade rigide aux sobres sculptures hiératiques. Ces curieuses églises étalent à l'extérieur toute leur beauté; les guerres religieuses et surtout les victoires des Calvinistes qui s'emparèrent de Périgueux à plusieurs reprises et l'obtinrent comme place de sûreté les ont sans nul doute appauvries.

Visitez, pour achever de connaître la ville, son musée historique où M. Taillefer a réuni tous les reliquiæ de l'époque romaine, provenant des fouilles opérées à Vésone : sculptures, haches, flèches, poignards, monnaies, médailles... parcourez les quartiers et les faubourgs où s'exercent assez doucement quelques industries, la tonnellerie, la carrosserie, les tourneries en bois, les forges, les fonderies, la filature de laine; asseyez-vous à l'une de ses tables d'hôte pour vous régaler des succulentes terrines de gibier et de foie de canard, bourrées de truffes qu'elle excelle à confectionner, et venez avec nous dans ses environs.

Ils sont presque tous célèbres ou charmants, ces environs. Chancelade, première station au nord de Périgueux, a les restes de son abbaye et ses longues carrières de pierres à bâtir où, il y a deux ans, de malheureux ouvriers furent engloutis; Saint-Astier, au sud-est, a son église bâtie du douzième au seizième siècle; près de Cubjac, à l'ouest, l'engouffrement sonore de la moitié de l'Auvezère au moulin du Souci, et, plus loin, le *gour de Saint-Vincent* qui rend à la lumière du jour l'onde engloutie, et meut les forges de Saint-Vincent d'Excideuil, présentent les plus remarquables phénomènes naturels de la contrée; plus au nord la Dronne roulant

CHATEAU DE BOURDEILLE

les flots purs et lumineux que lui versent sans cesse les sources des fonts et des bouillidous, est littéralement bordée de paysages ravissants. Bourdeille et Brantôme groupent en cette vallée deux bourgs du plus vif intérêt. Tous les deux, très anciens, ont un long passé féodal. Guy, vicomte de Limoges, en fit le siège et les prit en 1263, Du Guesclin en 1377 en chassa les Anglais, sa chronique rapporte cet exploit :

La prmt en cheminant Bertrand le chevalier
Villes, chasteaux et tours ouvrées à mortier
La conquesta Brandonne au traire et au lancier
La ville et le chasteau consquist sans atargier.

Bourdeille conserve son château du quatorzième siècle, dressé sur un roc baigné de trois côtés par la rivière;

BOURDEILLE

il est flanqué d'un donjon haut de 40 mètres, et muni d'une double enceinte à mâchicoulis, créneaux, tours et portes basses. Au seizième siècle, cette forteresse avait pour seigneur le frère de Pierre de Bourdeille; celui-ci possédant la commende de l'abbaye de Brantôme prit ce dernier nom et l'immortalisa. C'est aux alentours de ce domaine, en la commune de Saint-Crépin, et au château de Richemont, bâti par lui-même, qu'il écrivit, pendant sa robuste vieillesse, la plupart de ses attachantes chroniques sur les mœurs héroïques, féroces et galantes de son époque; il y mourut en 1618; on y voit son tombeau.

Une partie du château ou plutôt un château distinct, édifié par sa belle-sœur, date du temps de l'original écrivain; le grand salon de Diane orné de peintures et d'une belle cheminée est l'orgueil de ce logis de la Renaissance.

Privé de ses châteaux, Bourdeille serait encore une petite ville des plus attrayantes par ses promenades en terrasses, son logis des sénéchaux, son église byzantine, ses grottes... Il en est de même de Brantôme, bâti sur un roc caverneux dont les grottes offrent des voûtes soutenues par d'antiques colonnes en marbre, et ornées de bas-reliefs. Au-dessus de la Dronne, presque sur le bord d'un précipice, s'élèvent l'église de l'ancienne

ABBAYE DE BRANTOME

abbaye, son cloître du quinzième siècle, les tours rondes de ses remparts. Toutes ses architectures sont en bon état, d'intelligents propriétaires les entretiennent avec soin.

Poussons au-delà de Bourdeille, vers le nord-ouest de la Dronne, dans les vallées de l'Isle et de la Colle : Thiviers nous montrera son presbytère, couronné de mâchicoulis, et son château de Vaucocour; Saint-Jean de la Côte, son ancienne église abbatiale, surmontée, comme Saint-Front, d'une coupole byzantine, et son château Renaissance de la Marthonie; Jumilhac le Grand, le château le plus complet et le plus joli du Périgord, un vaste édifice encadré et flanqué de pignons aigus, sveltes tourelles, gracieux encorbellements et tours énormes, dont la Touraine, aux splendides demeures seigneuriales, pourrait être jalouse. Mais laissons à l'ouest Ribérac, voisin des tristes parages de la Double, il n'aurait rien à nous dire; mieux est de gagner, près de Sarlat, les rives de la Dordogne, admirables de ce côté et semées d'aspects imprévus. Sarlat est une jolie petite ville de bourgeoisie et de noblesse; elle a de nombreuses maisons de style entre lesquelles on distingue celle où naquit le précoce auteur de la *Servitude volontaire*, l'ami de Montaigne, Etienne de la Boëtie, dont le château patrimonial est aux alentours. Son église fut une cathédrale, bâtie au quatorzième siècle; une autre église de la même époque, mais ruinée, abrite un marché; on voit dans le couvent, ou Clos des sœurs de la Miséricorde, une chapelle sépulcrale, appelée tour des Maures. Entre Sarlat et Carlus, au pittoresque village Sainte-Mondane est le château Renaissance de Fénelon; berceau, en 1651, de François de

SAINT-JEAN DE LACOTE, CHATEAU DE MARTHONIE

la Mothe Salignac Fénelon, l'illustre archevêque de Cambrai.

Mais descendons la Dordogne; les sujets d'étape n'y manquent pas. Domme nous présente le monolithe de son église, taillée dans un rocher; Saint-

Cyprien, les restes d'une abbaye ; Cadouin, une abbaye encore, un cloître magnifique, et le chemin de fer desser-

CHATEAU DE JUMILHAC LE GRAND

vant cette bourgade nous mènerait dans le *Périgord noir*, au château de Biron, d'où sortirent les glorieux maréchaux du seizième siècle. Partout les coteaux cernant la rivière offrent des cavernes, des grottes profondes, souvent ornées de stalactites; celle des Eyziès, au confluent de la Vézère et de la Beuve, contenait des ossements préhistoriques; celle de Miremont, au sud de Cadouin, a plus de 4,000 mètres de développement.

TOUR DU BOURREAU, A SARLAT

A Lalinde, la Dordogne, comprimée par les rochers, resserrée dans un lit très étroit, décrit une ample sinuosité, puis d'un élan subit franchit ses murailles naturelles à deux endroits connus sous les noms de Saut de la Gratusse et Saut du grand Toret. Ces chutes, précipitant ses flots, créent de pittoresques et dangereux rapides, évités aux bateliers par le canal de Lalinde, dont le tracé racourcit de 15 kilomètres le trajet de la navigation.

A partir de Lalinde, de Bergerac, la rivière, toujours plus large et de moins en moins accidentée, féconde une des plus opulentes campagnes de la France. Tous les fruits, toutes les récoltes mûrissent dans cette vallée sans pareille et ses coteaux blanchâtres produisaient naguère en abondance les raisins dont on faisait les vins blancs si estimés de Bergerac. Cette ville, si bien située dans une région fertile, est la seconde du département pour son industrie, ses filatures de laine pourvues de deux mille broches, ses manufactures de linge de table, ses carrosseries, ses distilleries, ses ateliers de construction de machines, son commerce. C'était une des meilleures places du protestantisme, les guerres de la Réforme, la révocation de l'édit de Nantes portèrent de terribles coups à son ancienne prospérité. Aussi, d'apparence, est-elle moderne : ses belles maisons prouvent son aisance, mais elle n'a pas un édifice digne d'être signalé, et le plus érudit de ses habitants ne pourrait même pas nous indiquer la maison natale du spirituel poète, conteur et romancier gascon, Cyrano (de Bergerac), l'auteur de ces Voyages dans le Soleil et dans la Lune qui précédèrent si naïvement. mais avec tant d'esprit les inventions extra-scientifiques et supra-terrestres de M. Jules Verne...

...Laforce, château ducal presque entièrement détruit en 1793, Vélines, Sainte-Foy la Grande, cités vinicoles, Saint-Michel-Bonnefare, Montaigne... Il faut nous arrêter où

> Montaigne, cet auteur charmant,
> Tour à tour profond et frivole,
> Dans son château paisiblement,
> Loin de tout frondeur malévole,
> Doutait de tout impunément,
> Et se moquait très librement
> Des bavards fourrés de l'école.

Le château du grand moraliste des *Essais*, bien qu'un incendie récent l'ait en partie consumé, présente encore une large façade du commencement du seizième siècle,

CHATEAU DE BIRON

très bien caractérisée par deux tours en saillie, une tourelle en encorbellement, des fenêtres à meneaux sculptés, des mâchicoulis, des créneaux, un noble extérieur de logis féodal et militaire, non sans élégance, de jolis détails atténuant une certaine raideur anglaise, marque naturelle du logis seigneurial, bâti quand la province venait à peine d'échapper à la domination de l'Angleterre, par le père de Michel Eyqueym, originaire d'outre-Manche. Malheureusement le feu en a détruit la maîtresse pièce, « la Librairie », où l'écri-

CHATEAU DE MONTAIGNE APRÈS L'INCENDIE

vain aimait se retirer, où il avait réuni ses ouvrages favoris, lus, relus et médités... Ce n'est plus que dans son livre à l'excellent chapitre des *Trois Commerces*, qu'on en peut retrouver l'image : « Elle est au troisième estage d'une tour... Je passe là et la plupart des jours de ma vie et la plupart des heures du jour. Je n'y suis jamais la nuict... La figure en est ronde, et n'a de plat que ce qu'il fault à ma table et à mon siège; et vient m'offrant, en se courbant, d'une veue, touts mes livres, rangez sur des pupitres à cinq degrez tout à l'environ... Là je feuillette à cette heure un livre, à cette heure un aultre sans ordre et sans dessing, à pièce descousue, tantost je resve; tantost j'enregistre et dicte, en me promenant, mes songes... En hyver, j'y suis moins continuellement car ma maison est juchée sur un tertre, comme dict son nom et n'a point de pièces plus esventées que celle-cy qui me plaist d'estre un peu penible et à l'escart, tant pour le fruict de l'exercice, que pour reculer de moy la presse. C'est là mon siège; j'essaye à m'en rendre la domination pure, et à soustraire ce seul coing à la communauté et conjugale, et filiale, et civile; partout ailleurs je n'ay qu'une auctorité verbale, en essence, confuse. Misérable à mon gré, qui n'a chez soy où estre à soy, où se faire particulièrement la court, où se cacher! »

CHAPITRE XII

LE BORDELAIS

Sur la Dordogne agrandie, élargie, mesurant d'une rive à l'autre 200 mètres et roulant des flots jaunâtres, limoneux, chargés d'alluvions fécondantes, s'inclinent à droite, en pente légère, les maisons blanches, les jardins d'une petite ville, agréable par un air de santé et de fortune : c'est Castillon, castellum gallo-romain, chastel anglais, une des *filleules* de Bordeaux au moyen âge, un port, maintenant bien délaissé, où chalands et péniches venaient chercher pour les emporter à la haute mer les vins de Côte et de Grave, rouges et blancs, que son terroir produisait naguère en abondance.

Riche alors, animé, facilement joyeux, il menait d'un bout de l'année à l'autre la fête de la vigne, dépensait sans compter à s'amuser ou à s'embellir les rayons d'or du soleil transmutés, selon le vœu des alchimistes, d'abord en raisins vermeils, cuvées débordantes et pleines futailles, puis en sacs d'écus. Mais les vendanges sont de plus en plus maigres, l'argent de plus en plus rare. Castillon s'attriste, son apparence trompeuse est celle d'une prospérité presque évanouie. Ainsi nous séduiront au premier abord la plupart des villes petites ou grandes, bourgs, bourgades et villages du positif et voluptueux Bordelais.

Castillon nous ouvre les portes de l'opulente province ; il les fermait pour la dernière fois, en 1452, aux

ORATOIRE DE SAINT-ÉMILION

Anglais, ses maîtres depuis trois siècles. La bataille décisive, où, favorisée par l'artillerie de Jean Bureau, qui fit merveille, l'armée de Charles VII défit celle de Talbot, et tua son illustre chef, eut lieu devant ses murs, sinon à l'endroit même où s'élève un monument destiné à rappeler la victoire française...

Un peu à l'écart de la Dordogne se groupe, sur des coteaux aux crus fameux, Saint-Émilion, la ville pittoresque du Bordelais et jadis une de ses meilleures villes religieuses et féodales, la puissante filleule de la

INTÉRIEUR DE L'ÉGLISE DE SAINT-ÉMILION

capitale de la Guyenne, où le roi de France eut une solide forteresse et le roi d'Angleterre de formidables remparts. De beaux édifices groupés sur le versant de ses coteaux, ou taillés dans leurs flancs à même le tuf calcaire, ennoblissent son histoire. Le plus ancien est l'église monolithe si originale, presque unique, dont les portes en pierres, les fenêtres, les murailles extérieures, délicatement sculptées, sont de la belle période de l'art gothique, mais dont les voûtes souterraines, selon diverses conjectures, abritèrent le culte barbare de Teutatès. Aux premiers âges de l'ère chrétienne un pieux ermite, Emilion, purifia ces grottes en y réunissant les chrétiens; plus tard les moines d'une

CONFLUENT DE L'ISLE ET DE LA DORDOGNE A LIBOURNE

abbaye, fondée sous son invocation, les ornèrent dans le goût du treizième siècle. Près de l'église, une élégante rotonde ogivale marque la place où le saint avait son rustique oratoire; au-dessous des voûtes, à 7 mètres de profondeur, une cellule creusée dans le roc représente son ermitage, meublé encore du lit, de l'escabeau et de la table du solitaire.

Au douzième siècle, la primitive église ne suffisant plus à contenir les fidèles, l'abbaye fit bâtir la charmante église paroissiale, dont le clocher isolé, dressé sur les voûtes mêmes de l'église monolithe, élance, au-dessus d'une tour carrée, au-dessus de deux étages de fenêtres exquises, une flèche hardie et légère, ornée de rosaces. Épars dans la ville, les restes d'un couvent

PLACE DE LA MAIRIE A LIBOURNE

de Dominicains et d'un couvent de Cordeliers, la maison du quatorzième siècle nommée palais Cardinal, le donjon de Louis VIII, ou château du roi, la chapelle de Saint-Marsac, l'église Saint-Martin enclose par le cimetière, sont autant de *monuments historiques* pleins d'intérêt.

A l'orient de Saint-Émilion, la Dordogne repliée deux fois sur elle-même trace une double presqu'île : au sommet de la seconde presqu'île, Libourne s'étale juste au bord de la grande rivière, au point où

TOUR DE L'HORLOGE A LIBOURNE

elle s'augmente du confluent de l'Isle. Ville longtemps florissante, chef-lieu de la riche contrée appelée autrefois le Libournais, port très actif, il brille par la régularité symétrique de ses rues tracées au treizième

LA DRONNE A COUTRAS

siècle et bordées d'habitations confortables. Son théâtre, les musées, la riche bibliothèque, les collections installées dans l'hôtel de ville, son hippodrome, ses promenades, la largeur de ses places, dont une offre la statue du duc Decazes (plébéien né aux environs, à Saint-Martin de Laye), le beau pont de pierres jeté sur les 3oo mètres de largeur de la Dordogne, prouvent l'aisance d'une cité, qui fut durant plusieurs siècles l'entrepôt de commerce des vins. Elle décline aujourd'hui. Le port semble bien vide, où les bateaux à quille, trouvant passage et refuge commodes, entretenaient un continuel mouvement d'affaires. Cependant, Libourne n'est pas à plaindre. N'a-t-il pas sa banlieue d'Arveyres, dont les pruniers, les pêchers, les figuiers, les amandiers, croissant en vergers merveilleux sur les *paluds* tous les ans inondés, fertilisés par la Dordogne, fournissent son marché d'assez de fruits pour lui permettre d'attendre patiemment la résurrection de la vigne?

En face de Libourne, contre la Dordogne, le tertre isolé, dominateur de Fronsac (chef-lieu du Fronzadais), porta jadis le célèbre château bâti par Charlemagne, d'où l'Empereur « à la barbe florie » pouvait observer et surveiller une vaste étendue de sa chère Aquitaine, à peine soumise à son autorité et frémissante sous le joug des Francs. Le train, qui frôle un versant de cette éminence singulière, nous mènerait dans les allées de la Dronne et de l'Isle, à la lisière de la Double, de ses pinières, de ses landes et de ses *nauves*, vers Guîtres et Coutras, pour les mérites de leurs églises : celle de Guîtres, grande abbatiale du douzième siècle, celle de Coutras, édifiée du douzième au quinzième siècle.

Mais irons-nous si loin de la route de Bordeaux, but superbe de ce voyage ? En tout cas, le retour serait prompt. Et laissant là le chemin de fer, nous accomplirions tout de même notre désir, enfin réalisé.

Un batelier de Libourne nous accorde à son bord une place de passager; grâces lui soient rendues! Nous descendrons sur sa péniche les rives de la Dordogne, elles s'élargiront sans cesse sous nos yeux, deviendront comme un bras de mer, un golfe agité par les souffles du large, et nous arriverons avec elle dans l'immense Gironde, en vue des crus illustres du Médoc. Donnez le signal du départ, patron; il est temps ! La marée d'équinoxe achève de descendre, son courant aidera les brises de l'est par qui les voiles se gonflent déjà et nous fendrons d'une rapide allure les eaux troubles et clapotantes. Il fait soleil. Les coteaux vineux en bordure de la rivière nous montrent des villages et des châteaux clairs, brillants, très doucement posés comme dans de la mousse; on les dirait endormis ou déserts, juchés là seulement pour l'harmonie du paysage. Au long de la rivière fuyante, nappe d'eau toujours plus large, point de grandes lignes, nul édifice, rien d'éclatant, mais partout l'aveu et la livrée d'une aisance séculaire ou d'une richesse *millionnaire*. Ces terres si fertiles, si vertes, si riantes, de l'Entre-deux-mers, s'éloignent de plus en plus des deux côtés; à Fronsac la Dordogne les met à 500 mètres l'une de l'autre, cette distance s'accroît sensiblement à Cubzac, où la franchit un pont métallique sous lequel on ne passe guère sans regretter l'ancienne passerelle suspendue, la courbe goudronnée flexible et gracieuse, si hardiment jetée par-dessus la rivière, qu'elle passait pour une des merveilles du monde; le vent marin, brisant une de ses piles, a forcé de la démolir.

A droite commence à s'étendre le Blayais, à gauche

ANCIEN PONT DE SAINT-ANDRÉ DE CUBZAC

s'allonge en pointe la presqu'île d'Ambez séparée du port de Bourg-sur-Gironde par 1200 mètres d'eau profonde de 4 ou 5 mètres; nous entrons dans la Gironde. Escale.

Bourg-sur-Gironde, sentinelle de ce passage, était jadis armé comme il convient; ses murailles romaines se compliquèrent au moyen âge de nouvelles fortifications, et des unes et des autres il reste quelques débris, une porte hersée, une tour carrée. Tandis que nous visitons l'antique bourgade, où les archevêques de Bordeaux avaient leur maison de plaisance, le steamer-transport de la Gironde s'est approché du pont d'embarquement, sa cloche appelle les passagers; hâtons-nous d'y courir, nous finirons avec lui la navigation.

REMPARTS DE BLAYE

Le bec d'Ambez est doublé; maintenant l'estuaire nous apparaît très vaste, large de 3 kilomètres d'une rive à l'autre, et s'élargissant toujours, jusqu'à la passe-marine, où commence l'Océan. Il ouvre devant nous une admirable promenade de vingt lieues, parsemée d'îlots, de bancs de sable, qui n'empêchent point les grands navires d'y pénétrer. On distingue à gauche, au delà des îles de Cazau, du Nord, de l'Ile Verte, les vignobles du Haut-Médoc, coteaux légèrement arrondis, mamelonnés, entièrement hérissés d'échalas soutenant les ceps précieux. D'espace en espace, aux points élevés, se détachent en blancheurs, avivées par la ferme verdure d'un parc, d'un bocage ou d'un jardin, les châteaux dont les noms fameux désignent aux gourmets de l'univers les crus incomparables. A ces demeures, simples ou luxueuses, s'appuie quelquefois une tour, ancienne et sombre sous les enlacements du lierre, marquant d'un trait l'âge de la viticulture en ce glorieux pays du Haut-Médoc. A l'avant du bateau, où nous sommes assis, nous apprenons d'un obligeant compagnon de voyage à les distinguer : voici le château de Haut-Brion, le château Margaux, le splendide château Ducru-Beaucaillou, à M. Nataniel Johnston. Dans le fond de ces propriétés, par delà les vignes, l'horizon s'arrête à la ligne noire des pins ou pinadas plantés dans les sables des Landes.

A droite, spectacle différent : point de vignobles sur des côtes plus accusées, mais rongées sans cesse par le fleuve, qui, délaissant la rive gauche, agrandit par ce continuel travail d'érosion l'estuaire dans la direction du nord-est. Vis-à-vis l'île du Pâté, qui porte une tour, et l'île du Médoc, qui porte un fort de défense, des rocs se dressent couronnés d'épaisses murailles rectilignes : c'est Blaye-Sainte-Luce et sa citadelle bâtie par Vauban. Les murailles enclavent, unique curiosité de cette ville morne, un château gothique, aux trois quarts ruiné, dont la chapelle reçut des compagnons de guerre du neveu de Charlemagne la dépouille mortelle du preux Roland tué à Roncevaux, et garde encore le tombeau du prince mérovingien Caribert, fils de Clotaire. Passé les falaises de Blaye, habitations, villages deviennent rares, des bancs de sable masquent la côte abaissée, marécageuse ; il n'est plus qu'à regarder le

BATEAUX A PAUILLAC

Médoc, ses crus et ses châteaux de grand nom et renom : château de Beychevelle, château Lagrange, château Landon, château Latour, château de Saint-Julien, château Giscours... Pauillac... escale.

A Pauillac nous attend la voiture de M. Mortier, aimable régisseur d'un des trois grands crus du Médoc, Château-Laffitte, à Mme la baronne James de Rothschild et au baron Alphonse de Rothschild. Nous parcourrons avec lui la plus belle portion de la contrée merveilleuse ; souvent de certains sommets nous embrasserons d'un coup d'œil ses 20,000 hectares de vignes, solitude sans ombrage, seulement peuplée des filles du soleil.

D'un trot vif la voiture nous emporte et, tandis que nos yeux interrogent l'aspect du pays, s'inquiètent des moindres accidents, notre érudit compagnon, répondant à nos vœux, nous explique les mystères de la première viticulture du monde ; comment, menacés dans leur existence par de nombreux, terribles et presque insaisissables ennemis, les vignobles, dont chaque cep vaut son pesant d'or, se défendent avec autant d'ingéniosité que d'acharnement. Ainsi courant, nous dépassons le château de Branne-Mouton, autre premier grand cru, puis le château Larose. Des collines se haussent, mollement, barrières naturelles du domaine où nous allons ; une courte montée, une visite au gentil hameau de vignerons, dont les rouges maisonnettes sont louées gratuitement aux ouvriers du

PHARE DE CORDOUAN

château, très bien rémunérés d'ailleurs, et nous cheminons à travers les vignes de Château-Laffitte.

Plantées en ceps de provenances diverses et de qualités différentes, toutes, à nos yeux profanes, offrent le même aspect de vigueur et de fécondité... De lourdes grappes mûrissantes apparaissent sous les feuilles larges, mi-vertes et rougeâtres, singulièrement violacées par un fréquent arrosage de sulfate de cuivre. On nous apprend à discerner, sous la saine apparence, les maladies sournoises dont les ceps sont plus ou moins attaqués, les ravages de l'imperceptible insecte Phylloxéra, les destructions de l'envahisseur cryptogame Oïdium, d'autres fléaux moins connus dans leurs causes, presque aussi nuisibles dans leurs effets, le Mildew, le Pourridié. L'un s'attaque aux racines, l'autre à la tige ; celui-ci fait couler la sève, celui-là sèche la moelle ; un feuillage touffu dissimule des grappes avortées ou des branches sans grappes. On les combat sans répit. La poudre de soufre soufflée sur les grains les préserve des suçoirs

ÉGLISE DE SOULAC

de l'oïdium, des canaux souterrains drainent sous les racines l'air atmosphérique préservateur du pourridié, la bouillie bordelaise exténue le mildew, des injections de sulfure de carbone injectées au pied du cep au moyen d'une seringue tuent le phylloxéra. Et la plante, défendue, sans cesse, par le génie surexcité de l'homme menacé dans ses intérêts, survit à ses meurtrissures, sauvegarde le trésor du Haut-Médoc, et parviendra sans doute à repousser définitivement ses ennemis mortels.

Château-Laffitte, résidence, est un modeste pavillon du dix-huitième siècle, flanqué d'un colombier quasi seigneurial ; l'intérieur est lambrissé des boiseries blanches aimées de nos aïeux. Il n'appartint jamais, comme son nom le donnerait à supposer, au banquier libéral, Jacques Laffitte ; le baron Jean de Rothschild l'acheta pour quelques millions, il y a quarante ou trente ans. Ses vastes celliers enferment, méthodiquement rangées dans un ordre parfait, les vendanges de plusieurs années, inestimables richesses liquides dont la valeur s'accroît avec l'âge, et que des rois, des financiers ou des nababs pourraient seuls acheter (1).

Nous reprenons notre route ; et des châteaux encore nous apparaissent titulaires de seconds crus, délices moindres, délices cependant : Pichon-Longueville,

---

(1) Il y a vingt ans, Château-Laffitte produisait, année moyenne, 900 hectolitres de vins de premier ordre, et 200 hectolitres de vins de second ordre : ces chiffres ont un peu varié depuis, et plutôt baissé ; ils se relèvent sensiblement.

Saint-Estèphe, Colon... Mais au petit port de Cadourn cesse le Haut-Médoc, et dans la presqu'île, qui va s'amincissant entre le golfe de Gascogne et la Gironde jusqu'à la pointe de Grave, le Bas-Médoc présente l'uniforme et mélancolique spectacle de ses polders ou marais desséchés, de ses dunes et des pinadas. Çà et là, contre le rivage, un fort, une tour, semblent en état de défendre le chenal contre une improbable incursion de l'ennemi. Le phare de Verdon signale la passe, plus étroite que le large, où l'eau jaune et bourbeuse disparaît, se fond sans tumulte ni bouillonnement, par une insensible transition, dans les eaux vertes de l'Océan. Devant nous se déploie l'infini de la haute mer; nous entendons le murmure de ses vagues, la brise nous jette en plein visage l'humide haleine de sa poitrine soulevée, nous aspirons du sel, et des marsouins se jouent autour des flancs de notre petit navire. Un de nous même a cru entendre la voix du poisson chanteur sciana aquila ou maigre, pareille au bruissement des orgues. Le vapeur va s'embosser au quai du port de Royan, ravissante station mondaine, plage cernée de somptueuses villas où l'été se prélasse, foule heureuse et riche, l'aristocratie bordelaise du commerce et de l'industrie.

Un bateau nous ramène à la rive gauche du fleuve, il passe en vue du roc isolé de Cordouan, sous les feux de son phare brillant au sommet d'une tour élégante. Et le chemin de fer, repris au Verdon, nous reconduit, par la route de terre, jusqu'à la hauteur du bec d'Ambez. Le train circule entre les marais salants et les dunes, laisse apercevoir les ruines de l'abbaye de Soulac, si longtemps enfouies dans les sables, traverse un coin des Landes, franchit la Jalle, dessert Lesparre, court entre de sombres taillis de pins, nous arrête où nous prend le steamer qui retourne à Bordeaux. Lentement les rives se rapprochent, se garnissent de bateaux marchands, les derniers châteaux et les dernières villas d'une banlieue fortunée s'encadrent dans leurs jardins, les maisons se pressent, les rives deviennent des quais et ces quais dessinent l'immense hémicycle du port le plus majestueux, sinon le plus beau de la France. Mille à douze cents navires peuvent, sans se gêner, s'appuyer à cette courbe élégante de hautes murailles et de talus inclinés ; sans crainte de s'enliser dans les boues, ils peuvent jeter l'ancre dans le vaste chenal dont les vases

TOUR DE LESPARRE

sont tous les jours enlevées et nettoyées par le flux marin évalué à 3oo,ooo mètres cubes par seconde, et les quais sont assez spacieux pour contenir leurs chargements, quand ils apporteraient ici les marchandises des deux mondes. Aussi la ville superbe a-t-elle le droit d'inscrire cette image saisissante dans ses armes : « Gueules à la porte de ville de sable à cinq tours d'argent, dont l'une porte en girouette un léopard d'or, et baignant dans une mer d'eau naturelle, au croissant d'argent, au chef d'azur semé de fleurs de lys d'or divin. Devise : *Lilia sola regunt undas, castra, leonem.* »

LESPARRE

A l'hémicycle du port correspond en pleine terre l'hémicycle de la ville même, tracé par les boulevards et les cours, limitant un labyrinthe de places, de carrefours, de squares et de rues innombrables ; peuplés de plus de deux cent vingt mille habitants. Un pont de pierres long de 486 mètres, large de 13, traversé de galeries latérales, qui en allègent le poids énorme, met la ville en communication avec son faubourg de la rive gauche, La Bastide ; un viaduc métallique relie celui-ci

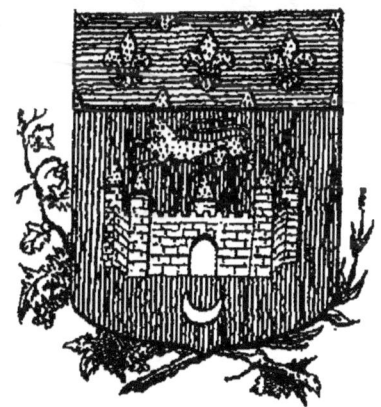

BORDEAUX

au grand réseau des chemins de fer. Irons-nous décrire par le menu une telle ville, vaste et puissant organisme ? Voudrions-nous en assumer la tâche difficile que ce chapitre n'y suffirait pas ; car une double vie l'anime. Elle se partage entre l'Océan et la terre, le commerce et l'industrie, les affaires et le plaisir ; elle fait même une place à la science, aux arts et aux lettres ;

QUAI DE LA BOURSE A BORDEAUX

elle navigue, travaille, s'amuse, s'instruit ; de là une extraordinaire complexité. Ces villes amphibies vous étonnent et vous embarrassent, on ne sait comment les regarder, ni comment les peindre. Essayons cependant.

Laissons là le port, sa forêt de mâts constamment renouvelés, ses centaines de navires de cabotage et de long cours, ses quatre cent cinquante bateaux de pêche,

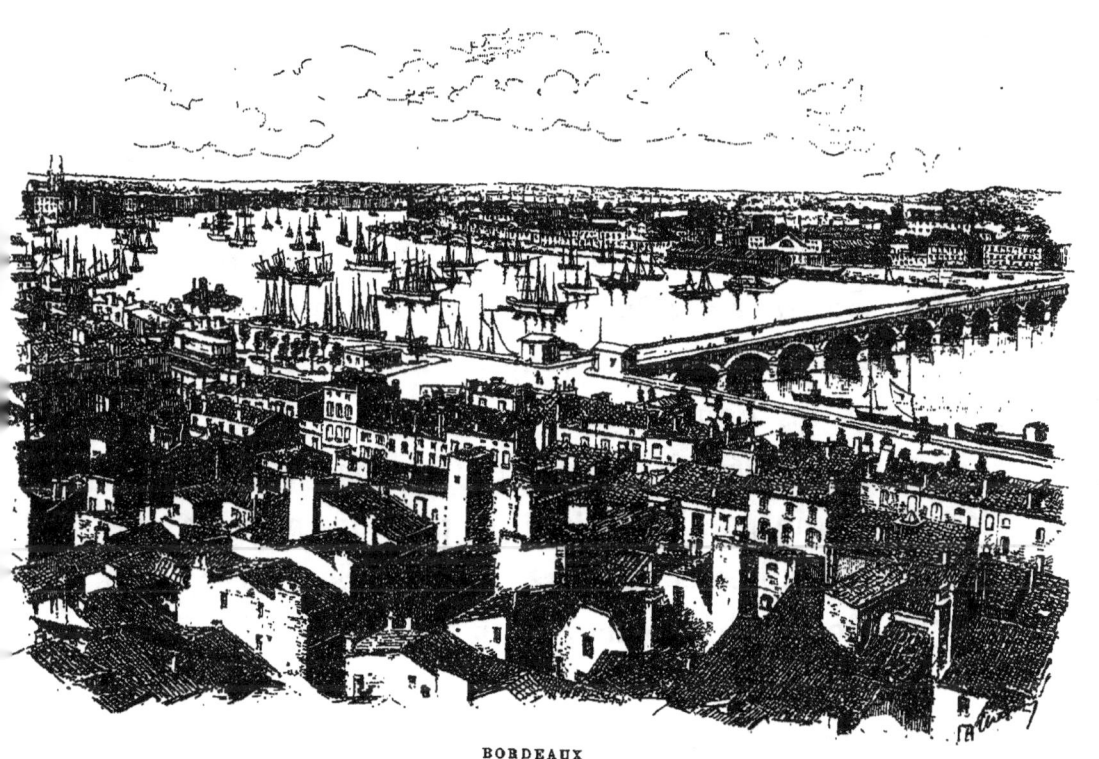
BORDEAUX

ses soixante yachts de plaisance, ses ateliers de radoubements, de mâtures, de voilures, ses corderies, ses docks, ses débardages (1), versant sur les quais par caisses, tonneaux et ballots, les marchandises de l'Amérique, de l'Afrique et des Indes, de l'Espagne, du Portugal, de l'Allemagne, des Pays-Bas, de la Belgique, de la Russie et de la Suède et pénétrons hardiment dans le lacis de ses rues, pour aller, suivant notre habitude, de ce qu'elle a de plus ancien à ce qu'elle a de plus moderne.

Car la ville est des plus antiques. *Oppidum Bituriges Vivisci; Burdigala, civitas libera* des Romains et de Strabon; *Emporium Burdigala* de l'Aquitaine seconde, où résidaient les gouverneurs de cette province; *Aquitaniæ urbs insignis* de Ptomélée, ville embellie par Gallien, agrandie par Dioclétien, et par lui entourée d'un carré de murailles et de tours, long de 780 mètres, large de 480, dotée d'un Sénat, d'un collège de consuls et d'écoles renommées pour leur savoir, elle fait, à la fin du quatrième siècle, l'admiration du consul Ausone, son fils, puissant favori de Valentinien : « O ma patrie, toi célèbre par tes vins, tes fleuves, tes grands hommes, les mœurs et l'esprit de tes citoyens et la noblesse de ton Sénat... Burdigala est le lieu qui m'a vu naître,

---

(1) Mouvement du port par année moyenne : 3 millions de tonneaux importés ou exportés par 3 400 navires au long cours, — 950 000 tonneaux par le cabotage employant 20 000 barques ou navires ; — importation et exportation : 790 millions, répartis en 400 millions pour l'importation, 390 millions pour l'exportation.

PALAIS GALLIEN A BORDEAUX

Burdigala où le ciel est clément et doux... Son fleuve qui bouillonne imite le reflux des mers. L'enceinte carrée de ses murailles élève si haut ses tours superbes que leurs sommets aériens percent les nues. On admire au dedans les rues qui se croisent, l'alignement des maisons et la largeur des places, fidèles à leurs noms, puis les portes qui répondent directement aux carrefours..... »

Les Visigoths chassent les Romains ; au témoignage, il est vrai contredit, de Sidoine Apollinaire, Burdigala ne souffre pas du flux des barbares ; on la reconstruit après l'incendie de 408 et les rois du Midi y tiennent leur cour. « Là, nous voyons le Saxon aux yeux bleus, naguère roi des flots, il tremble aujourd'hui sur le continent... C'est là, vieux Sicambre, qu'après ta défaite tu rejettes en arrière sur ta tête dépouillée tes cheveux qui renaissent ; là sont aussi les Hérules aux joues verdâtres, le Burgonde haut de sept pieds ; ici, toi-même, ô Romain, tu viens supplier pour ta vie. Il accourt, ô Euric, solliciter le secours de ton bras, et sous les auspices de Mars qui règne sur ses bords, il demande à la puissante Garonne de protéger le Tibre affaibli. » Mais la ville dut subir, pendant la domination des Francs ou sous les faibles successeurs de Charlemagne, des ravages où disparurent ses édifices vantés. Rien n'en subsiste que les restes d'un amphithéâtre. Traversez la place des Quinconces, Champs-Élysées sans marionnettes, massifs de fleurs, jets d'eau, toilettes de femmes ni gaietés d'enfants, et par les quartiers luxueux de Tourny et de Fondaudège vous arriverez en face d'arcades, de voûtes et de murs brisés, en briques, cubes de pierres et ciment, c'est ce qu'on appelle palais Gallien, seul débris de l'époque romaine.

QUINCONCES A BORDEAUX

Bien mieux représenté est le moyen âge. Bordeaux, résidence des ducs de Gascogne, des ducs d'Aquitaine, ou cité des rois anglais, choyée par eux pour ses vins, son commerce et sa richesse, leur dut des fortifications, des châteaux, des monastères et des églises, et de ces monuments plusieurs se dressent solides et beaux. Trois siècles dura la domination d'outre-mer, trois siècles favorables au développement de la ville, trois siècles de liberté et de paix relatives. Les Plantagenet lui donnèrent un code maritime, exemptèrent d'impôts ses trafics, en permirent le séjour aux étrangers, et dès le treizième siècle l'organisèrent en commune ou jurade.

A partir de 1235, vingt-quatre jurats, qui nomment le maire et désignent leurs successeurs, administrent ses intérêts ; trente prud'hommes jugent ses différends ; trois cents de ses notables s'assemblent dans les graves circonstances pour décider de la conduite qu'il doit tenir. Un clerc de ville élu par le maire gère les finances municipales. Il grandit en 1251, une nouvelle enceinte l'enveloppe dans 3,000 mètres de murailles munies de dix portes ; il a, pour faire sa police et le défendre, une milice à laquelle se joignent, dans les

BORDEAUX, TOUR DE L'HOTEL-DE-VILLE OU DU BEFFROI

PORTE DU PALAIS A BORDEAUX

cas de guerre, les milices des douze petites villes d'alentour fédérées à la Métropole, et traitées amicalement par elle de *filleules*. Plus tard, ses rois d'Outre-Manche le jugent trop indépendant, restreignent ses franchises; n'importe, ce n'est pas en vain qu'il en a joui; elles lui ont donné la conscience de ses ressources, de ses forces et de son intelligence; il a appris à se gouverner. De là, sans conteste, ses vigoureuses qualités que la monarchie absolue des rois de France n'a pu anéantir : la spontanéité, la décision, le sang-froid dans les affaires, la vivacité, la justesse du coup d'œil et la plus légitime fierté. Bien Français assurément, il a tout de même du sang anglais dans les veines.

Cherchez, à votre gré, — par les rues et carrefours, en prenant pour lignes directrices les grandes voies rayonnantes à gauche des Quinconces : la rue Sainte-Catherine, du matin au soir, aussi populeuse, bruyante, encombrée que la rue Montmartre, le cours d'Alsace-Lorraine, les cours Victor-Hugo, Saint-Jean, d'Aquitaine et d'Albret, — les édifices du moyen âge : portes, églises, tours ogivales flanquées de tourelles. Cherchez la porte de l'hôtel de ville ou de la Grosse-Cloche, féodale entrée de l'ancienne maison commune, orné d'un distique latin, la porte charmante de Çailhau ou du palais, guichet autrefois du palais de l'Ombrière, démoli en 1800, qui fut la résidence des ducs de Gascogne et d'Aquitaine depuis Sanche Mitarra, du prince Noir en 1360, du parlement à partir de 1462. Près de cette dernière porte, bâtie comme l'autre au quinzième siècle, s'élève la belle église Saint-Michel, vaste édifice de la même époque, d'une architecture large, agréable, fleurie, mais sans caractère et légèrement banale, l'art pur et désintéressé n'ayant jamais été qu'une superfluité dans l'existence de la grande ville positive, rebelle à l'idéal, sceptique, il semble, à la manière de Montaigne et de Montesquieu. A l'écart de l'église, au milieu d'un square, est son clocher hexagonal que surmonte une flèche à douze pans ; sa hauteur atteint 108 mètres, et ses contreforts portent de grandes statues de prélats aquitains. Un caveau, sous cette tour, expose, étrange Campo santo, quarante cadavres exhumés d'un cimetière voisin dans un spectral état de conservation. Debout ou penchés, dans l'attitude où la mort les a pris, où le cercueil les a maintenus, où l'argile les a figés, ces squelettes momifiés et de couleur terreuse, accrochant de leurs os les loques de leur linceul, expriment par d'horribles rictus ou des poses affreuses, les débats suprêmes de leur agonie ou l'atone résignation de leur vieillesse expirante. D'aucuns avouent un ensevelissement prématuré en pleine vie cataleptique et l'abominable réveil dans la nuit de la fosse, d'autres la faim, la misère, le suicide par le poison, ou la brusque mort sous la chute d'un fardeau.

A côté de Saint-Michel, la rue Sainte-Croix mène à l'église romane de l'abbaye de Sainte-Croix, l'édifice religieux le plus intéressant de Bordeaux ; sa façade irrégulière, mais ornée d'arcades du meilleur style, couverte de sculptures, peuplée de statues, de statuettes et de masques, est tout à fait remarquable.

La cathédrale Saint-André, non loin de la mouvante rue Sainte-Catherine, sur une grande place silencieuse, présente un beau vaisseau de 126 mètres de longueur surmonté de deux tours et de deux flèches aiguës. Œuvre du treizième et du quatorzième siècle, elle est enclose dans un jardin ; derrière le chevet se dresse la tour distincte du clocher de Pey-Berland, couronnée d'une statue et renfermant le bourdon qui pèse 11,000 kilos. Ce sont là les grandes paroisses de Bordeaux ; il y faut joindre Saint-Seurin ou Séverin bâtie du onzième au treizième siècle. Un de ses portails offre des bas-reliefs et des statues d'un style naïf et gracieux ; le *Jugement dernier;* au tympan, la *Vie de saint Séverin* sur les bandeaux, ailleurs deux étranges statues symbolisant l'*Ancienne et la Nouvelle Loi*, l'*Église et la Synagogue:* celle-ci, le front ceint d'un dragon, image, suivant les iconologues, du bonnet jaune imposé aux Juifs, et tenant un étendard brisé, s'incline, humble, les yeux baissés, devant celle-là, glorieuse. Elle possède des œuvres d'art : bas-reliefs, stalles finement, spirituellement ouvragés ; et sa crypte, entre divers tombeaux, contient un joli cénotaphe en l'honneur de saint Fort, patron des petits enfants ; le jour de sa fête, de pieuses chrétiennes, fidèles à la tradition, font asseoir leurs enfants sur le couvercle de l'édicule « afin de les rendre forts ».

Telles à peu près sont les créations passagères du moyen âge, demeurées debout. Quand il cessa, la ville

BORDEAUX, FAÇADE DE SAINT-MICHEL

eut d'autres monuments plus farouches pour la punir de s'être liguée contre la France et de son attachement à l'Angleterre. Il lui fallut, après le siège de trois mois qui suivit la bataille de Castillon, payer 100,000 écus d'or à Charles VII et deux forts, le Hâ et le château Tropeyte ou Trompette, se chargèrent de la contenir dans l'obéissance. A la moindre tentative de révolte contre l'augmentation des impôts, les exactions de la gabelle ou des aides, ces forteresses se changeaient en prisons. Anne de Montmorency, en 1548, y fit jeter les cent cinquante notables destinés à la potence ou à l'échafaud pour expier le meurtre du gouverneur royal Moneins, que les Jurats durent, avec leurs ongles, déterrer pour lui rendre les honneurs funèbres. Sans doute, le 3 octobre 1572, leurs garnisons protégèrent le massacre de deux cent soixante-quatre calvinistes ; elles protégèrent encore la tyrannie odieuse des ducs d'Epernon, l'émeute aristocratique de la Fronde des princes, les répressions sévères de Louis XIV en 1653 et 1675, et ce fut certainement avec enthousiasme que le peuple, à la nouvelle de la prise de la Bastille parisienne, courut à l'assaut de ces bastilles bordelaises. Elles ont disparu. Le château Trompette cédé par Napoléon fit place, en 1818, aux modernes Quinconces, et il reste une seule tour du Hâ, visible du cours d'Albret, enclavée dans les prisons.

Le dix-huitième siècle paraît n'avoir laissé à Bordeaux que deux édifices, deux églises : l'indifférente Saint-Paul, et la charmante Saint-Bruno, ancienne chapelle d'un couvent de chartreux, décorée de peintures murales, d'un tableau de Philippe de Champaigne et du fastueux mausolée, en marbre blanc, du marquis de

Sourdis. Mais le règne du grand roi fut beaucoup plus généreux envers la capitale insoumise de la Guyenne. Louis XIV ne lui tint pas rigueur du long siège de 1653, la favorisa au contraire de tout son pouvoir ; dès 1654, il rétablit la mairie, accorda à des jurats des lettres de noblesse. Trois ans après la Fronde, Chapelle et Bachaumont, les enjoués voyageurs de 1656, lui trouvent un air merveilleux de fête et de prospérité, ils voient

> ...au milieu des eaux
> Devant eux paraître Bordeaux,
> Dont le port en croissant resserre
> Plus de barques et de vaisseaux
> Qu'aucun autre port de la terre.

Car il a, en cette saison :

> la gloire
> De donner tous les ans à boire
> A presque tous les gens du nord.

Le commerce des vins, âme de la ville, prospérait, nos gens étaient heureux et dans les salons de la bourgeoisie, chez Mgr l'intendant « les journées se passaient le plus agréablement du monde ». Plus tard, Colbert établit à Bordeaux un entrepôt de tabacs ; et successivement il fut doté en 1691 d'une académie de peinture et de sculpture, en 1692 d'une école de marine, en 1694 d'un collège pour l'étude des lois et de la médecine, en 1713 d'une académie des sciences et belles-lettres.

On ne voit pas traces de ces créations si utiles, mais il serait ingrat de les oublier.

Sous Louis XV, Bordeaux se transforma par les soins de l'habile intendant Urbain Aubert, marquis de Tourny; il perd alors sa physionomie de cité féodale et militaire autant que marchande; ses remparts abattus, ses fossés comblés sont remplacés par une série de cours, larges, ombragés. De grandes portes assez semblables à des arcs de triomphe, se substituant aux portes gothiques; nous avons passé, ou nous passerons, sous la porte de Bourgogne, la porte de la Monnaie et la porte d'Aquitaine. Le gouverneur, maréchal duc de Richelieu, lequel attribuait sa longue vieillesse à la vertu des vins de Saint-Émilion, *ce lait des vieillards*, continua l'œuvre de Tourny par ses embellissements. De leur époque, datent les nobles monuments des quais et du centre, la Bourse et la Douane, bâties par Gabriel, l'Hôtel de ville, l'Archevêché et le grand Théâtre, œuvre de l'architecte Louis (1777-1789), vaste, élégant, bien distribué, d'une acoustique irréprochable, presque un chef-d'œuvre du genre.

Ce temple bordelais de l'opéra, de la comédie, du drame et de la danse, a la forme d'un temple antique; de proportions élégantes et justes, il mesure 88 mètres de longueur, 47 de largeur. Une façade, à l'entrée, présente un ordre corinthien rehaussé de douze statues posées en amortissement sur l'axe des colonnes; les autres, autour desquelles s'ouvrent des galeries, offrent

TOUR PEY-BERLAND

un rang d'arcades et de hautes fenêtres, séparées par des pilastres corinthiens. « Au delà du péristyle s'ouvre un vestibule orné de seize colonnes ioniques, supportant la voûte plate au-dessus de laquelle est une grande et riche salle de concerts. Au fond de ce vestibule, règne un double escalier éclairé par la coupole conduisant aux premières loges, au foyer et à la salle de concerts. La salle proprement dite, restaurée et décorée en 1864, est un cercle parfait dont le pourtour est décoré de douze colonnes composites partant du niveau des premières loges adossées à la cloison. »

Ce théâtre, si bien fait de toute façon pour le plaisir des yeux, des oreilles et de l'esprit, évoque pourtant le souvenir d'une scène infiniment douloureuse : c'est là que, le 12 février 1871, l'Assemblée nationale, élue dans un jour de détresse et de cruelle appréhension par un peuple éperdu, se réunit pour délibérer sur les conditions de paix léonines, imposées à la France par la victorieuse Allemagne; c'est là que le 1er mars fut votée, par 546 voix contre 107, la paix dont notre orgueil, notre honneur et nos intérêts souffrent encore si profondément.

Mais pourquoi rappeler ces choses? Qui donc y songe autour de nous? Bordeaux n'a point connu l'amertume de la guerre; il y a des siècles qu'il n'a vu la fumée d'un camp ennemi. Lui reste-t-il encore un peu l'ardeur belliqueuse déployée jadis pour la défense de ses libertés? Répond-il en tous ses traits au jugement que

Montaigne, deux fois élu maire de la cité, en 1581 et 1582, portait de son caractère : « C'est un bon peuple, guerrier et généreux, capable pourtant d'obéissance et discipline, et de servir à quelque bon usage, s'il y est bien guidé? » Sur la simple apparence, un observateur en douterait. Ici, place brillante et vivante, bordée de cafés aux terrasses débordantes, tout respire la vie facile, molle et voluptueuse. Les propos, que l'on surprend au vol, révèlent l'heureuse frivolité, les impressions mobiles, les goûts sensuels d'un peuple marchand, que les affaires occupent sans le posséder et qui cherche le gain pour la dépense, le faste et le plaisir. Ils passent, bien mis, tirés à quatre épingles, marchant droit sans regarder personne, un peu glorieux, en hommes conscients de leur propre valeur; s'ils viennent à s'aborder, ils se sourient, se comblent d'effusions, comme s'ils voulaient mutuellement se plaire et se conquérir; peut-être ne font-ils que s'observer. Spirituels égoïstes, avisés négociants, êtres de finesse et de tact, ils sont bien trop sérieux, trop pratiques pour donner à l'amitié, on dit même à la famille, en deçà du superflu de leurs sentiments. « Mon opinion, avoue l'auteur des *Essais*, est qu'il se fault prester à aultrui, et ne se donner qu'à soy mesme. » Les compatriotes de l'illustre sceptique nous semblent mettre plus ou moins en usage ce précepte d'une sagesse raffinée. Ils accordent à la flânerie légère ce midi de la journée, mais leur pensée intelligente est aux comptoirs de leurs maisons de commerce, aux docks, à la bourse où ils retourneront dans un moment, demeureront jusqu'à l'heure de la bonne chère, du jeu et des autres ivresses. En combien d'endroits choisis, délicats, ouverts ou discrets, pouvons-nous les rencontrer le soir ! Cependant, s'il faut en croire un témoin attentif de leur existence tout extérieure : « la franche gaieté, qui faisait le fond du caractère bordelais, a presque entièrement disparu, le plaisir est sans entrain, les fêtes du carnaval, autrefois si bruyantes, ne sont suivies que par une sorte de routine. »

La bourgeoisie, que nous essayons de peindre d'après elle-même, est, sur la place de la Comédie, au centre de son luxe entre les cours de l'Intendance, du Chapeau-Rouge, de Tourny, du Jardin public, somptueux entours des quartiers opulents. Le dix-neuvième siècle a beaucoup fait pour lui complaire, elle lui doit les allées des Quinconces, ornées de colonnes rostrales portant les figures symboliques de ses divinités, l'Agriculture et le Commerce, et des statues, par Maggési, de ses grands hommes, Montesquieu et Montaigne ; elle lui doit le ravissant Jardin public, vaste, ombreux, frais, aux serres magnifiques, le jardin de l'Hôtel-de-Ville aussi plaisant, un musée d'histoire naturelle, un musée préhistorique, un musée lapidaire contenant le tombeau de Michel Montaigne, un musée des antiques, où elle retrouve inscrits sur des cippes funéraires les noms de ses ancêtres les plus lointains, habitants de Burdi-

GRAND THÉATRE

gala, « aux rudes esprits » ; enfin un musée de peinture et de sculpture, installé dans l'hôtel de ville et renfermant d'admirables tableaux : l'*Amour jaloux de la fidélité,* de Ricci ; la *Vierge, l'Enfant Jésus, Saint Jérôme et Saint Augustin,* du Pérugin ; la *Femme adultère,* du Titien ; deux toiles de Rubens représentant des *Martyrs;* la *Grèce expirante sur les ruines de Missolonghi,* par Eug. Delacroix ; *Tintoret peignant sa fille morte,* par L. Cogniet ; l'*Embarquement de la duchesse d'Angoulême à Pauillac,* par Gros... Ces musées intéressants, ces jardins embaumés, décors de la ville, seraient pourtant des solitudes, même aux jours de loisir, si les femmes n'y promenaient leur délicieuse coquetterie, les femmes, grâce et parure enchanteresses de Bordeaux, fleurs du Midi, dont la beauté rayonnante, l'allure molle et serpentine, les toilettes exquises, laissent au voyageur un souvenir ineffaçable.

Mais les quartiers des riches magasins, des somptueux hôtels, des musées et des promenades, ne sont point tout Bordeaux. A la ville éclatante et d'apparat s'unit, quoique distincte, une ville de travail, active, humble et pauvre. Vous la trouverez, par delà les cours, les faubourgs de luxure, aux environs des quatre gares, aux extrémités des quais, aux Chartrons, à la Bastide. Là se répandent les industries nombreuses : raffineries de sucre, minoteries, fabriques de conserves alimentaires, de biscuits, de chocolats, des huileries, brasseries, filatures de laine, des teintureries, des tanneries, des cordonneries, des fabriques d'espadrilles et de lingerie, des chantiers de construction, puis les industries du vin : tonnelleries, verreries, fabriques de bouchons, de caisses, raffineries de tartres, fabriques de bitter, de vinaigre et d'anisette ; le monde entier connaît l'anisette de Marie-Brizard... A Bacalan, la métallurgie possède deux fonderies de métaux, des ateliers de grosse chaudronnerie, des raffineries de pétrole, des fabriques de porcelaine et de faïences... Une population très diverse, très honnête, un peu flottante, d'ouvriers, de matelots, de manœuvres attachés au service du port, habite en ces parages de grandes rues souvent inachevées, mélancoliques en leur blancheur neuve, et d'un étrange contraste avec les splendeurs du centre de la cité.

Les chais, dont l'installation exige beaucoup d'espace, sont également dans ses faubourgs ; il en est de fort remarquables par leur importance et leur organisation. Nous avons visité, entre autres, ceux de MM. Nathaniel Johnston et fils, fondés sous le nom de *Caves anglaises*, il y a plus de cent cinquante ans. Situés rues de Pessac et de Lamartine, ils offrent un parfait modèle de ce genre d'établissements. Dans un cadre d'allées d'arbres et de parterres, au delà d'un pavillon réservé aux bureaux, des bâtiments spéciaux renferment huit chais de quatre cents tonneaux l'un, douze caves voûtées à 7 mètres au-dessus du sol et pouvant contenir vingt-cinq tonneaux chacune, deux caves de trois cent-cinquante tonneaux, trois caves affectées au logement des bouteilles, dont le nombre dépasse sept cent mille. Ces vastes galeries, où les meilleurs vins rouges et blancs du Médoc, de Côte et de Graves, sont rangés, étiquetés dans un ordre admirable, avec le respect et le soin que méritent leurs qualités sans rivales, nous pa-

BORDEAUX — PONT VIADUC RELIANT LE CHEMIN DE FER D'ORLÉANS A CELUI DU MIDI

raissaient vraiment contenir toute la récolte de la région.

On retrouve dans la longue banlieue de Bordeaux, dans sa campagne plus lointaine, sa richesse, son luxe, son bonheur de vivre ; il s'y est répandu, les a peuplées de villas et de châteaux qu'il habite pendant les mois brûlants de l'été. Au sud-ouest les sombres forêts des Landes éclaircies pour lui plaire, percées de routes carrossables, de sentiers faciles, donnent l'ombre de leurs pins et de leurs chênes à ces promenades vers Arcachon; à l'est la vallée de la Garonne est comme une immense corbeille de fleurs et de fruits dont les saveurs, les parfums, les couleurs sont pour réjouir son goût, son odorat, ses yeux. Nous allons dans cette vallée plus douce, plus agréable et plus amollissante que pas une au monde, composée d'une infinité de petites Capoues

CHATEAU DE BLANQUEFORT

où luit un reflet de la voluptueuse beauté de la métropole.

Le chemin de fer nous conduit, longe le fleuve, nous arrête aux lieux célèbres. Voici, au seuil des Landes, La Brède, chef-lieu de canton assez considérable, pourtant nul à notre esprit, si n'en dépendait le château patrimonial des Montesquieu où vécut l'immortel philosophe de l'*Esprit des lois,* Charles de Secondat, baron de Montesquieu, et que possède encore un de ses descendants. L'habitation du grand écrivain, telle qu'il l'a laissée, se compose de deux corps de bâtiments entourés d'eau et réunis par un pont-levis; l'architecture en est bourgeoise, mais des tourelles d'angle, une grosse tour, coiffées de toits en éteignoirs, un rang de créneaux et de mâchicoulis, leur prêtent une certaine allure féodale. Le donjon carré est du treizième siècle, une chapelle et des bâtiments sont du quinzième. La maîtresse pièce du logis, la pièce vénérable et consacrée, fut le cabinet de travail du maître et garde précieusement son mobilier historique.

Cadillac... Sur une enceinte flanquée de tours carrées, limite du bourg depuis le quatorzième siècle, grimpent débonnairement de rustiques maisonnettes; et pardessus les murailles gothiques et les habitations paysannes, s'élève le château, œuvre superbe de la Renaissance, dont on a fait cependant une maison de détention pour les femmes. On éprouve un plaisir d'artiste à visiter certaines salles où sont de hautes cheminées si divinement sculptées par un maître du seizième siècle, qu'on ne craint pas de les attribuer à Jean Goujon.

Langon... Cette petite ville est jolie, son église ne manque pas d'intérêt, mais elle a surtout le mérite d'être très proche de Mazère, de Saint-Macaire, aux superbes édifices, des illustres coteaux de Sauterne, qui produisent les meilleurs vins blancs du monde et de leur château vanté, au marquis de Lur-Saluces. Saint-Macaire, en terrasse au-dessus du fleuve, est un bourg de moyen âge admirablement conservé : trois enceintes l'enveloppent, l'une enfermant la primitive cité, les autres, élevées au quatorzième siècle, bornant ses faubourgs de Turon et de Randesse. Ces murailles ont perdu, en partie, leurs portes surmontées de tours carrées ; celles que l'on voit encore, la porte de Cadillac et la porte de Turon, les portes de Randesse, offrent de bien curieux spécimens de l'architecture militaire. Aux remparts s'appuient de vieux logis aux façades ogivales, percés d'arcades au rez-de-chaussée ; la place du Marché est toute entourée de ces demeures du treizième siècle. L'église répond au style général de la petite ville; construite du douzième au treizième siècle, suivant un plan singulier, elle possède des peintures de ce temps, des statues, et des vantaux ornés de ferrures compliquées du plus remarquable travail.

Mazère a le château de Roquetaillade : de merveilleux bâtiments gothiques, non pas en ruines, mais habités, et sous leur apparence farouche, d'une élégance toute mondaine. Une enceinte longue de 3oo mètres le presse de trois côtés et défendait à la fois le donjon carré d'un château primitif, une de ses portes et le château plus splendidement édifié au quatorzième siècle par le cardinal de la Mothe, parent du fameux archevêque de Bordeaux, Bertrand de Got, pape sous le nom de Clément V. Ce second château présente un quadrilatère de 35 mètres de côté flanqué de six tours hautes de 28 mètres; un donjon carré domine ces constructions imposantes, environnées d'un jardin, de parcs charmants.

De Mazère à Villandraut, de Villandraut à Bazas, courte est la distance, abrégée par le chemin de fer. Là sont les ruines énormes du château bâti à la fin du trei-

LANGON

zième siècle par le pape Clément V, et tout près est Uzeste, dont l'église, édifiée par les soins et aux frais du même pontife, est vaste, richement ornée et renferme son tombeau mutilé.

Bazas, « bâtie non pas sur le gazon, mais sur la poussière » (1), couronne un rocher découpé en promon-

---

(1) Sidoine Apollinaire.

CHATEAU DE VILLANDRAUT

toire par une limpide rivière, la Beuve. Ville ancienne, oppidum des Vasates, plus tard capitale de la contrée nommée le Bazadais dont faisaient partie Langon, La Réole, Casteljaloux..., il devint au sixième siècle le siège d'un évêché, aboli au Concordat. Il doit à ses évêques la fort belle église, plusieurs fois reconstruite et restaurée, dont la façade, au fond d'une place large et bordée d'antiques maisons, présente trois portes ornées à profusion de statuettes posées dans les voussures, de bas-reliefs et de tableaux représentant, entre diverses scènes de la Bible et de l'Apocalypse, la *Naissance de saint Jean*, le *Festin d'Hérode*, la *Résurrection des morts*, sujets traités avec beaucoup de verve, de finesse et d'énergie.

La Réole... Nous sommes revenus au bord du grand fleuve ; cette ville le domine entièrement, étale en blancheur vive au sommet d'une colline boisée les murailles d'un château du quatorzième siècle et les lambeaux de ses remparts du quatorzième siècle. Derrière ce vêtement féodal sont des édifices intéressants : un couvent de bénédictins, converti en sous-préfecture ; un ancien hôtel de ville bâti du douzième au quinzième siècle ; une maison plus ancienne encore, nommée la Synagogue...

A La Réole, nous touchons à l'Agenais ; rebroussons chemin vers les landes. Le train, à partir de Villandraut, traverse les forêts luxuriantes, les bruyères, les ajoncs, les marécages où les bergers marchent sur des échasses ; il suit, puis franchit la Leyre, approche les étangs du bassin d'Arcachon et nous descend à la célèbre station où triomphe l'élégance bordelaise.

Ville précoce, surgie comme par enchantement en ces

BERGERS DES LANDES

récentes années, d'un désert de sables mobiles et d'eaux saumâtres, conquise de haute lutte sur les dunes enlisantes et sur la mer jalouse ; ville délicieuse parée des créations du luxe, du charme de la nouveauté et des dons de la nature, la devise : *Heri solitudo, Hodie civitas*, inscrite dans ses armes, est sa brève histoire. Il y a moins d'un siècle, Arcachon n'était pas même un hameau, il avait en 1823 un seul hôtel, en 1850 une dizaine de châlets, des cabanes et des huttes groupés autour de l'ermitage de Thomas Illyricus et de la chapelle, où ce solitaire du seizième siècle avait placé une antique statue de la Vierge, enfouie longtemps dans les sables. Et maintenant! Voici qu'il abrite plus de huit mille âmes, vouées la plupart à ses divers services, et qu'il

PLAGE D'ARCACHON

donne asile, année moyenne, à deux cent mille étrangers, les uns hôtes de l'été, venus à sa plage joyeuse et si tranquille pour prendre des bains plus doux et non moins salutaires que ceux de l'Océan, les autres, hôtes de l'hiver, malades touchés à la poitrine, demandant à son climat toujours égal, à sa tiédeur caressante, la guérison de leurs maux, ou la force de les souffrir. Tous sont comblés.

O la brillante, la souriante cité où tous les coûteux désirs sont prévus et satisfaits. De châlets multicolores, de cottages festonnés de glycine, de maisons blanches, de jardins toujours en fleurs et de bouquets de pins sont bordées la Grande-Rue longue d'une lieue et demie, les autres rues correctes, la ville d'hiver et la ville d'été qui se partagent le faubourg Saint-Ferdinand et la plage, si gaie sous le soleil, où les enfants se livrent sans dan-

PARC AUX HUITRES A ARCACHON

ger à leurs jeux. Des châteaux fantaisistes, Renaissance ou Moyen âge, élèvent au-dessus des villas leurs pignons, tourelles et clochetons ardoisés ou leurs façades mi-romaines et mauresques; l'église élance bien haut la flèche de son clocher; le casino, le théâtre, le musée, pimpants dans leur fraîcheur, offrent leurs plaisirs : spectacles, jeux, concerts, bals, amusantes études.

En dehors de ces distractions obligées, combien d'autres! Le bassin d'Arcachon (25 kilomètres de longueur de l'est à l'ouest, 18 kilomètres de largeur) présente un immense parc aux huîtres de *gravette*, organisé de la manière la plus ingénieuse et la plus productive. Du port, qui pourrait être un port si vaste et si commode si l'on osait entreprendre de grands travaux contre l'invasion des dunes, les bateaux pêcheurs partent à toutes les heures favorables pour la pêche en pleine mer, la fructueuse *péougue*. Baigneurs et valétudinaires s'amusent à l'ostréiculture, suivent les mouvements du port, s'intéressent aux marins. Mais au promeneur les joies puissantes, les belles émotions! Les landes sans bornes s'ouvrent devant lui, les vastes forêts de pins et de chênes-liège le reçoivent sous leurs voûtes ténébreuses et parfumées. Il va par des chemins « fuyant en lignes directes à l'infini comme une avenue qui n'atteindrait jamais son château », s'égarer parmi ces géants dont la tige blessée laisse couler, par la plaie ouverte, la sève précieuse, le sang pâle des résines; il foule aux pieds une flore sylvestre de la plus rare magnificence et les branches des arbres lui versent en pluie d'or les rayons du soleil. Soudain la forêt s'arrête, voici la solitude mélancolique, le steppe, la brande vêtue de fougère; on aperçoit au loin des troupeaux de moutons vautrés dans les hautes herbes d'un marécage, sous la surveillance du pâtre haut perché sur ses minces échasses... Après la forêt, la plaine immense, voici les montagnes des dunes, les miroirs troubles des étangs, les touffes éparses des joncs et des gramens, les phares espacés sur de grandes distances, de chétives cabanes de pêcheurs, des postes de douaniers, et l'Océan grondeur dont les flots, infatigables ouvriers du néant, battant sans cesse l'incertain rivage, y déposent, en se retirant, quelques grains de sable de plus.

LE PHARE DU CAP FERRET

INDEX ALPHABÉTIQUE

A

Agen	250
Aiguillon	263
Albi	124
Antignac	9
Arcachon	391
Arreau ou Aure (Vallée d')	11
Artias	32
Assier	214
Aubert	58
Aubiac	278
Aubin	168
Aubrac (Mont d')	170
Auch	282
Aulus	64
Aurillac	301
Aurignac	50
Ax	78

B

Bagnères-de-Luchon	1
Balsièges	175
Barran	287
Bazas	388
Beaulieu	310
Belesta	71
Bergerac	339
Betrem	32
Bigorre (Pic du Midi de)	2
Biron (Chât. de)	337
Blaye	354
Bonnencontre	260
Bordeaux	360
Bort	291
Bosost	27
Bourdeilles	332
Bourg-sur-Gironde	352
Bournazel	168
Bourret	244
Boussens	51
Bozouls	170
Branne-Mouton (Chât. de)	356
Brantôme	334
Brens	116
Brive-la-Gaillarde	315
Bruniquel	234

C

Cadillac	386
Cadouin	337
Cahors	215
Capdenac	202
Capdeville	243
Carla-le-Comte	66
Carmaux	123
Castelbouc	186
Casteljaloux	267

INDEX ALPHABÉTIQUE

Castelmoron	263
Castelnau-de-Levis	133
Castelnau-de-Montmiral	119
Castel-Sarrazin	214
Castelvieil	9
Castillon	343
Castres	135
Caylus	234
Cazères	50
Chanac	179
Chancelade	331
Charbonnières	186
Chaudesaigues	307
Cintegabelle	79
Clairac	263
Condom	274
Conques	168
Cordes	122
Cordouan (Phare de)	359
Coutras	350
Crabère (Pic de)	10
Cransac	167
Cubjac	332
Cubzac	351

D

Dargilan (Grotte de)	193
Decazeville	166
Domme	336
Dropt (Vallée de la)	267
Ducru Beaucaillou	354
Duras	266

E

Eauze	275
Enfer (La rue d')	6
Escuna	32

Espalion	170
Estillac (Château de)	278
Excideuil	322

F

Figeac	203
Firmi	168
Fleuran (Abbaye de)	277
Fleurance	280
Foix	72
Fontange	300
Fos	18
Fousseret	51
France (L'hospice de)	6
Francescas	276
Fronsac	350

G

Gaillac	117
Garabit (Viaduc de)	306
Garin	10
Gesa	32
Gimel	319
Gimont	287
Ginals	234
Gorge aux loups (Grotte de la)	164
Gourdon	215
Graulhet	134
Grésigne (Forêt de)	119
Grisoles	243
Gua	167
Guitres	350

H

Haut-Brion	354
Hautefort	323

INDEX ALPHABÉTIQUE

I

Ispagnac.	185
Izard (Vallée de l').	63

J

Jumilhac-le-Grand.	335
Juzet.	9

L

La Brède.	385
La Capelle-Biron.	266
Laffitte (Château).	355
Laforce.	339
Lagarde.	70
Laguiole.	170
Lalinde.	338
La Malène.	189
Langon.	386
Lanuéjols.	179
La Réole.	390
Laroque des Arcs.	216
Laroque d'Olmés.	70
La Roche-du-Mas.	67
Larose (Château).	356
La Romieu.	278
Laroque Timbault.	266
Lasserre.	276
Lautrec.	135
Lavaur.	139
Layrac.	260
Le Cayla (Château de).	121
Lectoure.	278
Le Falgoux.	300
Léran.	70
Les.	20
Les Cabannes.	77
Lescure.	133
Lesparre.	360
Libourne.	348
Lombers.	135
Lombez.	288
Lordat.	77
Lubersac.	320
Luchon.	3
Luzech.	226
Lys (Vallée du).	6

M

Maladetta (Glacier de la).	2
Marcillac.	166
Margaux (Château).	354
Marmande.	266
Marsan.	58
Martres.	50
Marvéjols.	179
Mauberne.	10
Mauriac.	297
Mazamet.	131
Mazères.	68
Mazères.	387
Méjean (Causse).	182
Mende.	175
Mérignac.	13
Millau.	197
Mirande.	287
Mirepoix.	69
Moissac.	244
Monesties.	123
Monna.	198
Montaigne (Château de).	339
Montaigu.	116
Montans.	116

Montauban............	9
Montauban............	234
Montbrun............	186
Montcrabeau.........	273
Montjoie............	58
Montpaon............	201
Montpellier-le-Vieux....	191
Montpezat...........	227
Montredon...........	135
Montrejeau..........	47
Moustajou (Tour de)....	9
Murat...............	304
Murcens (Oppidum de)...	226
Mylos...............	77

Najac...............	147
Nérac...............	269
Néthou..............	10
Neussargues.........	306
Notre-Dame-du-Puy....	206

O

Oo (Port d').........	6
Ornolac.............	77

P

Pamiers.............	66
Parisot.............	234
Pauillac............	355
Penne...............	234
Penne...............	265
Périgueux...........	324
Peyreleau...........	191
Pibrac..............	289
Pic du Midi.........	36

Pla de Beret........	10
Polminhac...........	303
Pompadour...........	320
Port-Sainte-Marie....	263
Posets (Pic de)......	10
Prade...............	186
Prudhomat...........	214
Puicelcy............	119
Puy d'Issolu........	214
Puylaurens..........	239

R

Rabastens...........	115
Réalmont............	134
Rieux...............	50
Rocamadour..........	108
Rodez...............	155
Roquefort...........	199
Roquetaillade (Château de).	387
Royan...............	359
Rozier (Le).........	190

S

Salardu.............	38
Salers..............	300
Salies de Salat.....	53
Salles..............	9
Salles la Source....	163
Sarlat..............	335
Sauveterre (Causse de)...	181
Ségur...............	320
Sévérac (Le château).	174
Simorre.............	288
Souillac............	245
Soulac..............	360
Sourrouille.........	9
Superbagnères.......	6
Sylvanés............	200

Saints.

Affrique	199
Amans-Soult	138
Antonin	230
Aventin	10
Barthélemy (Pic de)	71
Béat	14
Bertrand-de-Cominges	42
Chély	188
Cirgues-de-Jordannes	300
Cyprien	336
Emilion	346
Enimie	182
Flour	207
Gaudens	47
Girons	53
Jean-de-la-Côte	335
Lizier	54
Macaire	387
Mamet	9
Martory	49
Maurice	185
Michel-Bonnefare	339
Mondane (Sainte)	336
Nicolas-de-la-Grave	244
Privat	179
Rufine (Colline de Ste)	71
Sulpice	115
Xist	201

T

Tarascon	76
Thiézac	303
Thiviers	335
Tonneins	266
Toulouse	80
Trédos	34
Tulle	317
Turenne	312

U

Ussat	76
Ussel	320
Ustou	63
Uzerche	320
Uzeste	388

V

Vabre	200
Valcabrère	47
Val d'Aran	11
Valence	277
Vallier (Mont)	63
Vals	70
Ventadour (Ruines de)	319
Verdon (Phare de)	359
Veyssière (Tindoul de la)	164
Vic-sur-Cère	303
Viella	31
Vieux	118
Vignes (Les)	190
Vigeois	320
Villandraut	388
Villefranche	145
Villeneuve-sur-Lot	264

TABLE DES GRAVURES

Luchon. — Buvette du pré 4
Trou d'enfer. — Vallée du Lys 5
Chute de la Pique à Luchon 8
Vallée du Lys 9
Luchon. — Vue prise du village d'Oo 13
Castel-Viel 16
Saint-Béat 17
Cascade de Juzet près de Luchon 21
Église d'Oo 25
Le casino du pont du Roi 33
Montauban. — Canton de Luchon 37
Saint-Bertrand de Comminges (le Cloître) 41
Saint-Gaudens 48
Encausse. Environs de Saint-Gaudens 49
Saint-Gaudens 53
Couvent Notre-Dame et armes de Pamiers 57
L'Ariège à Benagues près Pamiers 64
Les bords de l'Hers près Gaudières (environs de Pamiers) 65
Foix 72
Foix 73
Tarascon 76
Ussat 77
Le Capitole à Toulouse 81
Les bords de la Garonne à Muret 89
Saint-Sernin à Toulouse 97
Église du Taur à Toulouse 100
Façade du lycée à Toulouse 101
Cathédrale Saint-Etienne à Toulouse 103
Façade de l'hôtel de Felzin à Toulouse 104
Cour du musée à Toulouse 105

La Garonne à Toulouse.	108
Perspective du quai de la Dorade à Toulouse	109
Albi.	113
Mairie de Cordes	120
Albi.	125
Motif de l'église Sainte-Cécile cathédrale d'Albi.	128
Plafond d'une chapelle de la cathédrale d'Albi	129
Castres	135
Castres.	137
Lavaur.	140
Rodez	142
Route de Rodez	145
Cathédrale de Rodez	153
Rodelle (environs de Rodez).	161
Viviez	165
Espalion.	167
Decazeville.	168
Espalion	169
Mende.	176
Pont Notre-Dame à Mende.	177
Cathédrale de Mende	184
Porte fortifiée à Marvejols	185
Le détroit (Gorges du Tarn).	192
Montpellier le Vieux. La citadelle.	193
Roquefort	200
Capdenac	205
Bords du Lot à Figeac.	208
Rocamadour.	209
Cahors.	212
Porte de Diane à Cahors	213
Pont Valentré à Cahors.	216
Cahors. — Anciennes fortifications (porte Saint-Michel). . . .	217
Palais et tour du pape Jean XXII à Cahors.	224
Cloître de Cahors	225
Château de Mercuès (bords du Lot)	229
Montauban	231
Château de Bonaguil.	232
Montauban	233
Montauban.	240

Castel-Sarrazin. — Canal latéral à la Garonne	241
Avenue Saint-Jean à Castel-Sarrazin	244
Moissac	245
Clocher de Moissac	246
Agen	248
Grande pêche sur la Garonne (environs d'Agen)	249
Les tanneries à Agen	252
Maison de Jasmin à Agen	253
Pont à Agen	256
Canal latéral à la Garonne	257
Château de Madaillan du xiiie siècle	260
Pont Sainte-Marie	261
Tour de Hautefage	264
Boulevard Gambetta à Marmande	265
Nérac	268
Attelage du pays d'Agen	269
Fontaine de Fontèbe à Lectoure	273
Cathédrale de Lectoure	277
Auch	280
Auch	281
Mirande	284
Église de Mirande	285
Église Sainte-Germaine à Pibrac	288
Maison de Sainte-Germaine à Pibrac	289
Aurillac	292
Aurillac. — Donjon carré du xie siècle	296
Les bords de la Jordane à Aurillac	297
Une rue à Murat	304
Viaduc de Garabit	305
Saint-Flour	307
Turenne	311
Le quai à Brives	312
Brives (bords de la Corrèze)	313
Tulle	315
Clocher de la cathédrale de Tulle	316
Maison de l'abbé à Tulle	317
Ussel	320
Uzerche	321
Excideuil (le château d')	323

Château de Hautefort (XVIIe siècle)...	324
Périgueux...	324
Tour de Vésone à Périgueux...	325
Porte romaine au château Barrière à Périgueux...	328
Maison Queylac à Périgueux...	329
Château de Bourdeilles...	332
Bourdeilles...	333
Abbaye de Brantôme...	334
Saint-Jean-de-la-Cote. Château de Marthonie (XVe siècle)...	336
Château de Jumilhac-le-Grand...	337
Tour du bourreau à Sarlat...	338
Château de Biron (XVIe siècle)...	340
Château de Montaigne après l'incendie...	341
Oratoire de Saint-Émilion...	344
Intérieur de l'église de Saint-Émilion...	345
Confluent de l'Isle et de la Dordogne à Libourne...	346
Place de la Mairie à Libourne...	347
Tour de l'horloge à Libourne...	348
La Dronne à Coutras...	349
Ancien pont de Saint-André-de-Cubzac...	352
Remparts de Blaye...	353
Bateaux de Pauillac...	355
Phare de Cordouan...	356
Église de Soulac...	357
Tour de Lesparre...	360
Lesparre...	361
Bordeaux...	361
Quai de la Bourse à Bordeaux...	362
Bordeaux...	363
Palais Galien à Bordeaux...	365
Quinconces à Bordeaux...	367
Bordeaux, tour de l'Hôtel-de-ville ou du Beffroi...	368
Porte du palais à Bordeaux...	369
Façade de Saint-Michel à Bordeaux...	373
Tour Pey-Berland...	377
Grand Théâtre...	381
Bordeaux. — Pont viaduc reliant le chemin de fer d'Orléans à celui du Midi...	384
Château de Blanquefort...	385

TABLE DES GRAVURES

Langon 388
Château de Villandraut (XIIIe siècle). 389
Bergers des Landes 391
Plage d'Arcachon 392
Parc aux huîtres à Arcachon 393
Le phare du cap Ferret 395

TABLE DES MATIÈRES

LES PYRÉNÉES

I. — Les sources.	1
II. — L'Ariège	40
III. — Toulouse la Romaine.	80

A TRAVERS LANGUEDOC, GUIENNE ET GASCOGNE

IV. — En Albigeois	112
V. — Le Rouergue.	142
VI. — Les Causses.	172
VII. — Le Quercy	202
VIII. — L'Agenais	248
IX. — L'Armagnac	272

LA GARONNE. — LA DORDOGNE

X. — Haute-Auvergne et Limousin.	290
XI. — De Limousin en Périgord.	309
XII. — Le Bordelais	343

| INDEX ALPHABÉTIQUE. | 397 |
| TABLE DES GRAVURES. | 403 |

www.ingramcontent.com/pod-product-compliance
Lightning Source LLC
Chambersburg PA
CBHW052137230426
43671CB00009B/1277